言葉と世界

ヴィルヘルム・フォン・フンボルト研究

亀山健吉著

法政大学出版局

言葉と世界／目　次

第一章　ヴィルヘルム・フォン・フンボルト——その生涯と活動

はじめに

ヴィルヘルム・フォン・フンボルトほど多面的な活動をした人物は、史上にも稀である。従って、その名を耳にしたとき直ちに脳裡に浮ぶ人物像は、人それぞれの関心に応じて、まさに多様な姿を取るであろう。ベルリン大学創立に際して中心的役割を果たした大学人なのか、それとも、ウィーン会議、パリ平和会議のプロイセン全権として活躍した外交官、もしくは、ハルデンベルク内閣の閣僚として、侃侃諤諤の論陣を張った政治家なのであろうか。それとも、アエスキュロスの『アガメムノン』の訳者であり、ギリシア、ローマの文物をこよなく愛でた古典学者なのか、あるいはまた、ゲーテ、シラーの年少の友人であり、最晩年のゲーテがその心境を吐露する唯一の相手として選んだ文人なのか。それともまた、「言語はエルゴンではなく、エネルゲイアである」という人口に膾炙したテーゼで知られる言語学者なのであろうか。

場合によっては、フンボルト海流、フンボルト・ペンギンを連想して、その命名のもとになったフンボルトを想い浮べる人があるかも知れない。しかしこれは、我々がいま問題にしている文人・政治家・言語学者ヴィルヘルム・フォン・フンボルトではなく、二歳年少の弟、アレキサンダー・フォン・フンボルトのことである。アレキサンダーは、五年にわたる中南米の学術調査と大著『コスモス』で知られる自然研究家で、自然そのものを有機的全体として捉えようとした学者である。

本章では、まず、ヴィルヘルム・フォン・フンボルトの生涯を生成期、活動期の二つに分けて記述し、ついで、そのさまざまな活動の主なものについて触れようと思う。

第一節　フンボルトの生涯

1　生成期（一七六七―一八〇二）

フンボルトは、一七六七年、ベルリンの西南ポツダムに生れた。父は軍人出身の宮内官、母はユグノーの家系に生れ、最初の夫と死別してから、一児を連れての再婚である。この夫妻は、ヴィルヘルム、アレキサンダーの二子を設けたが、父はヴィルヘルムがまだ十二歳のとき急逝した。

フンボルト家は、〈フライヘル〉の称号をもつプロイセンの貴族であり、ポンメルン地方に多くの領地を有する富裕な家であるが、貴族に列せられたのは、ヴィルヘルムの生れるわずか三十年ほど前の一七三八年のことにすぎず、貴族としては新参である。その点、連綿たる家系を誇るユンカーとは異なる雰囲気の支配する家庭であった。

フンボルトは、学校での教育は余り受けなかった。二十歳から二十一歳にかけて、オーデル河畔のフランクフルト大学で一学期、ゲッティンゲン大学で三学期、合せて二年間の大学生活が、彼の学校へ通った期間のすべてである。学校の代りに、幼少年時代には住み込みの家庭教師による教育を受けた。青年になってからは、各地の学者・文人を訪れての個人的な薫陶、当時ベルリンに起りつつあったサロンへの出入り、それに旅行、この三者が彼の学習の場となったのである。そして、少年時代からの終世の伴侶である自発的な読書による自学自修の習慣が、彼の人間形成を貫く中軸となっている。

フンボルトが青年期に接した人物としては、家庭教師のカンペ、クントのほか、ベルリンで指導を受けた〈世俗の哲人〉と呼ばれるエンゲル、わざわざデュッセルドルフ郊外の自宅まで訪れ、数日その家に滞在しては懇談した哲学者のヤコービ、ゲッティンゲン大学で教えを受けた古典学の教授ゴットフリート・ハイネ、またその縁で親交を結ぶようになった教授の女婿のゲオルク・フォルスター、それに、チューリヒでその門を叩いたラーヴァターなどを挙げることができる。シラーやゲーテに出会うまで、フンボルトの成長に影響を与えたのは上記の人たちである。

サロンに出入りするよう奨めたのは、フンボルトの性格を熟知する家庭教師のクントである。フンボルトが犀利な悟性的分析において秀でていても、微妙な感情の動きや感性の働きの理解においては欠けていることを見抜いたクントは、教養あるユダヤ人の女性が主宰するサロンが、その足りない点を補い得る場であると考えたわけである。ベルリンのサロンでは、遠近より知的好奇心の強い男女が集い、同世代の青年の昂揚した連帯感情が称えられ、新しい文学としてゲーテの『ヴェルテル』『ゲッツ』、シラーの『群盗』『ドン・カルロス』が繰り返し朗読されて熱狂的な歓迎を受けていた。フンボルトは、サロンでみずからの資性とは異質な世界に触れたばかりでなく、ここで、彼の妻となるカロリーネと知り合ったのである。

旅行がフンボルトの人間形成のひとつの重要な要素となっていることはすでに触れたところであるが、特に、フランス革命勃発直後の一七八九年八月、パリを訪れたことは重要な意味がある。もとの家庭教師で、フランス革命の運動に心酔するカンペと同行し、勃発後わずか三週間しか経っていないパリで、ほぼ一ヶ月を過したのである。当時四十三歳のカンペは、パリで〈専制主義の埋葬式〉を見出したが、まだ二十二歳のフンボルトはそれほど革命そのものに酔うことなく、パリの病院、刑務所、孤児院などを好んで訪れ、その体験から次第に国家組織とはそもそも何であり、また何であるべきか、という問題意識が固まってくるのを感じていた。この問題意識が、やがて、わずか一年間とはいえ、彼をベルリン高等裁判所の判事補として官途に就くことを決意させることになる。彼はカロリーネと婚約すると同時に、結婚の条件となる職業資格を得るべく、司法官と外交官の国家試験を受けて、合格していたのである。

裁判官になってみると、人が人を裁くという事柄自身に深刻な疑問を持つようになり、結婚直前に退官してしまう。結婚したときは無職であった。

やがて、国家とは何か、国家と個人との関係はどうあるべきか、という問題意識に基づき、彼は二篇の国家論を執筆する。『国家の憲法について——フランスの新しい憲法を機縁として』と『国家活動の限界を決定するための試論』がそれである。前者は『ベルリン月報』に全文が掲載されたが、後者はそのごく一部が『ベルリン月報』とシラーの編する雑誌『ターリア』に載っただけで、まとまって一本として上梓されたのは、フンボルトの歿後十六年も経た一八五一年のことである。それは出版社がみな検閲を恐れたためである。イギリスのジョン・スチュワート・ミルが『自由論』(一八五九)を書いたとき、モットーとして掲げたのは、フンボルトのこの後者の論文の第三章冒頭の文言である。

ところで、フンボルトの『国家活動の限界を決定するための試論』の論文の主眼は、個人の自由の問題である。「国家は人間のために存在するのであって、人間が国家のためにあるのではない。国家の行なうさまざまな施策はそれ自身が目的ではなく、人間の全人的形成(Bildung)に奉仕する手段たるにすぎない。国家のなし得る最も積極的なことは、市民の自発的な活動にいささかでも影響を及ぼすようなことから手を引くことである。……国民の多くは広範な自由に耐えるほど成熟してはいない、というのは抑圧を永続させるための口実にすぎない。」これがフンボルトの国家論の骨子である。

一七九一年、フンボルトはかねて婚約中だったエルフルトの貴族の娘カロリーネ・フォン・ダッヘレーデンと結婚する。フンボルト時に二十五歳、カロリーネ二十六歳。この結婚は、フンボルトとシラーを急速に結びつけてゆくことになる。カロリーネとシラーの妻シャルロッテとは、娘時代親友だったからである。

フンボルトは、短期間裁判官として勤務して退官してから、上述のように国家論を展開したり、その頃知り合うようになった古典学者、ハレ大学教授のヴォルフの影響のもとで、ホメーロスを読んだりしていた。当時ヴォルフは『ホメーロス序論』(一七九五)の執筆に没頭していたときで、やがてこの作品において、ホメーロスの『イーリアス』『オデュッセイア』は、ホメーロスなる一人の盲目詩人の作でなく、多くのラプソーデによって詠われたものの集成である、と主張するに至るのである。フンボルトは、ヴォルフとの交際で古典への傾斜を一層強めてゆく。

ところで、フンボルトは国家論を執筆したり、古典の研究に没頭したりしている最中にも、生涯をかけて取り組むべき収斂した形の課題を見出すことができず、苦慮していた。そこで、彼の脳裏に渦巻いているさまざまな問題を煮詰めてゆくには、厳しい師であると同時に親しい友であるシラーに親近して、常時その示唆を仰ぐに若くはなしと判断し、イェナに住みつき、シラーの近くに居を構えることにした。一七九四年二月のことで、シラーは三十五歳、フンボルト、二十七歳である。

後年フンボルトは、シラーについて記した論文『シラーとその精神的展開について』(一八三〇)の中で、当時を回想してこう書いている。

「その頃シラーとゲーテとの交際が始まったのであるが、そのためにシラーは精神的に生き生きとしてきた。

そこで問題となるのは、彼は一体何をすればよいのか、ということである。その頃、シラーが手を着けていたのは『人間の美的教育についての書翰』だけであった。一七九〇年以降、彼は詩作の試みはしていないし、歴史への関心は冷え切ってしまっていた（註　シラーは『三十年戦争史』執筆中に、歴史から哲学へと関心が移っていった）。彼が心引かれていたのは哲学的研究だったのである（註　シラーはカント哲学の研究に没頭していた）……私はシラーに近づこうとしてイェナに居を移し、我々は日ごと二度ずつ会った。夜は深更まで二人で話し合ったものである。」

当時イェナでは、ドイツの俊秀一堂に会するの趣があった。一七九七年三月、ゲーテが友人クネーベルに宛てた手紙にはこう記されている。

「シラーは熱心に『ヴァレンシュタイン』の執筆を続けていますし、フンボルト兄はアエスキュロスの『アガメムノン』の翻訳、シュレーゲル兄はシェイクスピアの『ジュリアス・シーザー』の訳業にいそしんでいます。……フンボルト弟もここに来ていますが、彼がいると、化学、物理学などのそれぞれの分野で興味のあるものすべてが生動し始めますので、私が自分の領域（註　ゲーテは『ヘルマンとドロテーア』の創作中であった）に戻ってゆくのに困難を感ずることすら往々にしてあるほどです。」

イェナでは当時、哲学の教授として、フィヒテが〈知識学〉の体系化に取り組んでいたし、このフィヒテが筆禍事件でベルリンに去ると、シェリング、ヘーゲルが次々と、イェナの教壇に立つことになる。

学芸の活動がこのように活潑なイェナで、特にゲーテとシラーが相互に刺激し合いながら創作活動に励んでいるのを見て、フンボルトは古典の研究から一転して「十八世紀の性格」をテーマにして論文を書くことにした。その断片的な原稿を見たシラーは、「貴君においては、自由に形成する能力に対して、判断力の比重が重すぎますし、みずから作り出すより先に、急いで批判してしまう傾向が強すぎますので、こういう批判の先走りは創作には邪魔になるのです」という厳しい忠言に満ちた手紙を、一七九六年七月に送っている。

一七九六年秋、フンボルトの母が死亡すると、彼はその遺産によって西欧古典の故地ローマに滞在して研究に没頭することを決意する。弟のアレキサンダーは、同じくその遺産を用いて、念願の中南米学術調査を実行することに決めた。

ところが、当時はフランス軍がイタリアの北部、中部を占領しており、更にオーストリア南部に進撃する機会を窺っているという状況だったので、とても家族連れでローマに滞在して研究に没頭し得る有様ではなかった。そこで、フンボルトは急遽パリに赴くことにし、一七九七年秋から一八〇一年夏まで、ほぼ四年間を、パリで過すのである。

パリに赴いたフンボルト夫妻は、あたかもドイツの文化使節のような役割を果たすことになり、その家は、ドイツ、フランスの学者・芸術家のサロンのようになった。フランスのマダム・ド・スタール、政治学者のシーエス、画家のダヴィド、ディドローの娘アンジェリーク、コンドルセ未亡人なども盛んに出入りしたものである。ディドローの文学作品、特に『ラモーの甥』などを読んで興味を引かれたフンボルトの妻カロリーネは、それらの本をゲーテに贈っている。フンボルトの方は、ゲーテの『ヘルマンとドロテーア』についての評論を書き、『美学論、その一』として発表したが、シラーはそれに対して、「芸術の形而上学を、特定の対象となる作品に余りにも直接に適用し」たと批判している（一七九八年六月）。

パリ滞在中、フンボルトは二度にわたってスペイン旅行を試み、特に二度目には、バスク語の調査に専念し、バスク語の言語構造、音韻組織を調べ、地名の考察を通じてバスク語の歴史を解明しようとした。長期のパリ滞在、二度のスペイン旅行によって、フンボルトの内部では、もともとからあった言語問題への関心が更に深まり、特に、言語構造と民族の性格との関連如何、というまとまった問題として自覚されてくるようになった。この問題をひっさげて、フンボルトはパリを去り、ベルリンに戻ってゆくのである。時にフンボルト三十四歳、結婚以来十年が経過し、既に四児の父となっていた。彼はそれまで一年足らず裁判官として公職にあったが、それ以外は生計の資に意をもちいることなく、心の赴くままに自己の可能性を追求するのに専念してきた。従って、この時期までは、フンボルトにとって模索と遍歴の季節であり、やがて生れてくるべきものが、彼の内部で醱酵しつつあった時期であると言えよう。

2 活動期(一八〇二―一八三五)

一八〇二年九月、フンボルトはローマ法王庁駐在プロイセン公使としてローマに赴任し、その後ほぼ六年をイタリアで過すことになる。その間、プロイセンをはじめヨーロッパ諸国は、激動の渦に巻き込まれてしまう。特に一八〇六年一〇月、プロイセンは〈イェナ・アウエルシュテットの戦い〉で、ナポレオンの率いる国民軍に壊滅的な打撃を喫し、翌一八〇七年に結ばれた〈ティルジットの条約〉では、屈辱的な厳しい講和条約を呑まざるを得なかった。

ローマに在って、ヨーロッパの情勢の推移を見守っていたフンボルトは、鋭い分析を付した情報を次々とベルリンに送っていた。自らのことを当時フンボルトは、〈ニュース記者〉と呼んでいたほどである。公務のかたわら、フンボルトはローマでのみ眼にし得る古典の典籍に眼を通し、また、ヴァチカンの図書室に蔵されている夥しい数の宣教師の報告書の中の、派遣先の国の言語に関する資料を選んで克明に調べ、更に、ローマに所在する彫刻、絵画などの美術作品を丹念に見て歩いていた。そして、ローマに留学しているプロイセンの美術学生に対しては、夫妻ともども芸術に深い理解を持つ先輩として、支援と助言を惜しまなかった。後にドイツ美術界を指導するようになった建築家シンケル、彫刻家ラウフ、画家シック、みな当時の留学生である。

ローマ滞在中のフンボルトを悲嘆のどん底に陥れたのは、祖国の無惨な敗北だけではなかった。最も期待をかけていた長男ヴィルヘルムの夭折（一八〇三）と、シラーの訃報（一八〇五）がそれである。シラーの死の知らせに接し、フンボルトは、ゲーテに対しては、「この知らせほど私に強い衝撃を与えたものはありません」と書き送り、スタール夫人に対しても、「シラーは私が本当に愛した唯一の人物でした」と報じている。

プロイセンの敗北で、ローマ駐在公使としての仕事はもはや実質的にはないと判断したフンボルトは、家族をローマに残し、休暇を名目としてベルリンに帰ってゆくのである。

プロイセンでは、当時、フランス軍に対する敗北を機とする〈シュタインの改革〉が既に緒についていた。一八〇九年二月、フンボルトは〈国家顧問官〉の資格を与えられ、同時に内務省の教育・文化部門の責任者に任ぜられた。局長の地位である。文部大臣に任ぜられたとする文献もあるが、それは誤りである。プロイセンでフンボルトの建言を容れ、文部省が独立した官庁として認められたのは一八一七年になってからである。フンボルトは四十歳を超えてはじめて、実質的な権限と責任の伴う官職に就いたわけである。

「子供を教育するに当っては、ただ、読み、書き、計算ができるようになりさえすればよいのではなく、子供の肉体と精神の能力がすべて、可能な限りよく調和して発展することを目指さなくてはなりません。」「国民の一人一人がその職業には関係なく、それ自身一箇の誠実でよき人間であり市民であるときにのみ、各人はよき職人であり、商人であり、兵士であり、また政治家であり得るのであります。」

これらは、それぞれ、フンボルトが国王に送った教育に関する覚え書の一節である。貴族、農民、職人等の身分に応じた〈実用的な〉教育が重んじられていたプロイセンで、身分や職業以前の、人間としての教育を行なうという考え方は、実は革命的な変革であった。それで、多くの貴族はフンボルトに反対したが、プロイセン存立のためには内政の改革が優先するという国の方針に拠って、フンボルトは改革を推し進めていった。同じ考え方に則ってフンボルトは、更に、ギリシアの文物の教育を重視する人文ギムナージウムを創設した。

それとともに、大学設立委員会を作ってみずから委員長となり、研究・教育・学習の自由と、国立でありながら、国家の制肘を受けない大学の自治を基盤とする大学の理念を確立し、哲学者フィヒテ、神学者シュライエルマッハー、法学者サヴィニー、医学者フーフェラントを教授に迎え、学則、学制を整え、驚くべき短期間に大学発足の準備を整えた。ベルリン大学は一八一〇年十月十五日、開学の式典を挙行するが、中心人物の当のフンボルトは、その時すでにベルリンを去り、プロイセンの駐オーストリア大使としてウィーンに在勤していた。フンボルトが内務省教育局長として活動したのは、わずか一年半の期間にすぎず、その短期間に大学の設立、教育制度の改革という離れ業をやって見せたわけである。

丁度この頃、フンボルト兄弟は、生れて初めてという財政的苦況に喘いでいた。〈ティルジットの条約〉によりプロイセンがポーランド分割によって得た領土がワルシャワ大公国に属することになり、フンボルト兄弟が相続した土地は大部分がその地にあったため、地代の収入が停止してしまったからである。

一八一〇年、ウィーン駐在の特命全権大使に任ぜられてから以後の十年間は、フンボルトがプロイセンの政治家・外交官として最も活動した時期である。

一八一四年三月の第一次パリ平和会議、同年九月から翌年六月までのウィーン会議、その後、ナポレオンがワーテルローで敗れさってから開かれた一八一五年秋の第二次パリ平和会議と、ヨーロッパの運命に重要な関わりのある国際会議には、すべて、プロイセン全権の一人としてフンボルトは参加した。しかし、これらの会議の目指す方向は、全体としてはフランス革命以前の旧秩序の再建であり、個人の自由を確立しようとするフンボルトの念願とは、まさに逆の方向に進んでいた。ウィーン会議の調印の日、フンボルトは妻に宛てて、「今ほどすべての仕事をやめて引退したいという気持を強く持ったことはない。……私が働き続けても、望ましい結果が得られることはまずあり得まい」と告白している。第二次パリ平和会議において、フンボルトは、ナポレオンによってパリに持ち去られたドイツ各地の文化財を、もとの持主であるドイツの大学、図書館、教会に返還させることに成功したが、この一事だけは、彼の秘かに誇りとするところであった。フンボルトはその後、駐イギリス大使として短期間ロンドンに使いした後、ドイツ連邦会議、プロイセン国家顧問会議に常に参加し、一八一九年初頭、ハルデンベルク内閣に憲法問題担当相として入閣してからは、閣議において常に論鋒鋭い議論を展開して、政敵を圧倒した。かつてウィーン会議のときには、百戦練磨のフランス代表タレイランもフンボルトの議論には辟易して、〈詭弁の権化〉と名付けたほどの論戦の雄であった。

一八一九年八月、オーストリアのメッテルニヒが主宰した〈カールスバートの決議〉の取り扱いをめぐって、プロイセンのハルデンベルク内閣は大揺れに揺れ、保守派と革新派の対立は頂点に達した。改革派の中心人物と目されていたフンボルトは、その年の大晦日、国王の命によって内閣から追放され、国家顧問官の資格を剝奪された。フンボルトに同調することを公言していた他の二閣僚も、同様の処分を受けた。

下野したフンボルトは、ベルリン西北郊テーゲルの地にある広大な館に隠棲し、それまでの政治家・外交官としての活動から一転して、学者・文人としての内面的な活動へと沈潜することになった。時にフンボルト五十二歳である。春秋の筆法を以てすれば、プロイセン政界における保守派の優位が、学究としてのフンボルトを生んだわけである。その後、フンボルトの死に至るまでのほぼ十五年間、〈テーゲルの賢者〉と呼ばれながら、言語学、文芸の領域で次々と業績を積み上げてゆく。それについては、次節において触れることにする。この間の学術活動以外の仕事として紹介しておく必要があると思われるのは、次の出来事である。

一八二九年、シンケルの設計による博物館がベルリンに完成した。この博物館の運営の方針や美術品配置の方法を議する委員会が国王の命によって設けられたが、フンボルトはその委員長に任ぜられた。フンボルトは多くの芸術家の参加を俟ち、短期間に審議をまとめ、博物館の意義や目的を明らかにした国王宛ての「覚え書」を答申した。この「覚え書」は多数のフンボルトの「覚え書」の最後のものとなったが、国王はそれに深い感銘を受け、〈黒鷲勲章〉を授与し、国家顧問官の資格を復活した。

フンボルトは一八二九年妻カロリーネと死別し、彼自身も多数のギリシア、ローマの彫像のコピーの林立する書斎の机の上に、『ジャワ島におけるカヴィ語の研究』という論考の厖大な原稿の山を遺したまま、一八三五年四月、世を去った。六十七歳九ヶ月の生涯であった。

第二節　文人・学者としての活動

1　古典学者としてのフンボルト

ギリシア、ラテンの古典は、幼少の頃からフンボルトに取ってはみずから選んだ最も身近な世界であった。そして、生涯を通じて何らかの形でこの古典の世界に触れなかった日は一日たりともなかったと言ってよい。ゲッティンゲン大学の恩師ハイネ教授は、「これほど素晴らしい弟子を持ったことは絶えてなかった」とフンボルトの学力を称揚している。一八一二年、古典学者のヴォルフとベッカーは、厳格な原典批判に基づく『プラトン作品集』を刊行するが、それはフンボルトの慫慂によるもので、この作品集の冒頭にはラテン語で書かれたフンボルトへの献辞がある。フンボルトはピンダロスの『オリュンピア讃歌』の訳にも手をつけたが未完のままで終り、彼自身の業績の形を取ったものは、論文のほかにはアエスキュロスの『アガメムノン』の翻訳だけである。これは、イェナ時代に着手し、外交官として活動している間にも少しずつ手を加え、ドイツ連邦会議に参加していたとき、フランクフルトで完成し出版したものである。フンボルトは、フォスのようにホメーロスの翻訳を世に問うたり、ヴォルフのようにホメーロスの作品の成立についての新説を発表するなどの目覚ましい仕事をしたわけではないが、自己の人間形成の最重要な糧として、古典の世界を己の内に取り入れたのである。

2 文人としてのフンボルト

フンボルトは、ゲーテ、シラーの年少の友人として、この二大作家の活動に関わっている。シラーの『美的教育についての書翰』は、イェナ時代のシラーとフンボルトの交流に基づいて成立したものと言ってよい。また、再晩年のゲーテが、『ファウスト』第二部を創作するときの秘密や、その公刊を拒否するに至った心境などを吐露し得る唯一の相手として選んだのは、このフンボルトであった。一八三二年三月十七日付けのフンボルトに宛てた書翰は、ゲーテの死のわずか五日前に口述されたもので、まさにゲーテの絶筆である。この手紙の最後のところで、ゲーテはフンボルトに向かってこう述懐している。

「私が今のところ最も強く願っておりますのは、私の身についているもの、私がなお為し得るものを、できるだけ高めてゆき、私だけに特有のものを煮詰めてゆくことです。……御返事を差上げるのがこんなに遅くなってお許し下さい。引き籠った生活をしておりますとは申せ、この手紙に記したような人生の秘密を思い浮べる一刻は、なかなか得難いものですから。」

フンボルトはその晩年の一八三二年以降、それまで書き続けていた日記をやめて、その代りに、毎日一篇ずつソネットを作ることにした。そして、このことを家族の誰にも知らせることなく、書記と自分だけの秘密としていた。この詩作は彼の死の十日前まで規則的に行なわれ、全部で千百八十一篇の十四行詩が遺されている。詩材となっているのは亡き妻やローマの想い出が最も多く、その他、彼の好んだ樹木や星象などの自然現象を詠じたもの、古典の世界に材を求めたもの、更に自戒や述志ともいうべき内容のものなどである。これを見ると、シラーの思想的抒情詩の風に倣ったものが多いが、詩情豊かな作品というよりは、散文的な内容に詩的な衣を被せたにすぎない感が強い。

また、フンボルトの散文は、晦渋かつ難解なことでは定評がある。恐らく、頭脳の回転の速さが筆の運びを上廻ってしまって調和がとれず、達意の文とならなかったのであろう。そして、理解を容易にすべく折に触れて用いる比喩も、形象性が彼の発想には欠けているため、却って文意が不明確になる場合が多い。シラーがフンボルトに与えた評語は、前に紹介しておいたが、フンボルトの文体はこの批判が適切であったことを思わせるのである。

3　言語学者としてのフンボルト

「フンボルトは、未だかつて何人も達成したことがないほど多くの言語に通暁していた」とは、一八三五年、ベルリンの王立アカデミーにおけるフンボルトの追悼式典の際、ベルリン大学の古典学の教授で、アカデミーの事務局長を兼ねていたベックが述べた言葉である。

フンボルトは少年の頃より、ギリシア語、ラテン語、フランス語、イタリア語を学び、学生時代には古典語を更に究めるとともに、英語、スペイン語を修め、裁判官をしていた頃には、ヘブライ語を学んでいる。「ヘブライ語は、ほかの言語と全く異なっていて、人間の理念の展開してゆく、きわめて初期の素朴な段階の痕跡を多くとどめているようです。言語を学ぶときの私の唯一の関心事は、理念が表現され得る多様な仕方を知ることなのです」と二十三歳のフンボルトは、当時婚約者だったカロリーネに書き送っている。三十代の初めのスペイン旅行では、バスク語の異様さに打たれ、現地調査により多くの資料を集め、かなり長期にわたり研究を続けている。そして、弟のアレキサンダーが中南米学術調査で招来した現地人の言語に関する資料に基づき、フンボルトは、抱合語体系の言語研究という全く新しい学問分野を開いたのである。また、外交官・官僚として各地に赴いたときには、地の利を生かして新しい言語を次々と学んでゆく。ローマ駐在中は、知り合ったアイルランド人神父からゲール語を学び、プロイセン宮廷が臨時にケーニヒスベルクに移っていたときにはリトアニア語を、ウィーン駐在中は、チェコ語、ハンガリー語、ロシア語をそれぞれ学んだ。退官して自由の身になった直後からは、宿願であったサンスクリットの学習に挑み、更にビルマ語、タイ語、中国語、日本語と東洋の言語を次々と学んでゆくかたわら、インド洋から南太平洋にかけて広く分布しているマレー系諸語の比較研究に励み、『ジャワ島におけるカヴィ語の研究』が遺作となったのである。この遺作には八分通り完成した長篇の『序説』がついており、この『序説』は、『人間の言語構造の相違性と、かかる相違性の人類の精神的展開に及ぼす影響について』という標題で独立して刊行されている。哲学者のハイデガーは、「ギリシア古代に端を発し、その後多様な歩みを続けながら続いてきた言語考察の努力は、フンボルトの『ジャワ島におけるカヴィ語の研究』の『序説』にすべて結集し、その頂点に達している。この論考は、賛否両論あるにせよ、今日に至るまでのすべての言語に関する学、および言語哲学を陰に陽に規定している」と「言葉への道」という講演（一九五九）で述べている（『言葉への途上』（一九五九）所収）。

フンボルトは、多くの言語についての知識については何人にも劣らなかったが、更に、その具体的知識を哲学的立場で捉え直し、ドイツ観念論の哲人たちが、唯一人として完成させなかった包括的な言語哲学の体系を、構築しようとしていた。フンボルトが哲学的に最も強く影響を受けたのは、プラトン、アリストテレスを除けば、カントである。そして、カントを嚆矢とするドイツ観念論哲学は、主体としての精神が自己自身を定立するという原理の上に立っている。フンボルトの立場も基本的にはこれと全く同じである。

「言語は思考を形成してゆく器官（Organ）である。人間の知的活動は、徹頭徹尾、精神的なものであり、いわば瞬時に消滅する一過的性質をもつが、この活動は発話（Rede）における言語音声によって外面的なものと化し、知覚し得るものとなる。それ故、知的活動と言語とは実は一体なのである。」「主観的活動は、思考において、客観を構成する。というのは、どのような種類の表象であろうとも、表象は現存している対象を純粋に受動的に静観するものでしかない、などとは考えられないからである。感官の活動は、精神の営む内面的な行為と綜合的に結びつかなくてはならず、しかも、そこに生れた表象はこうした結びつきから自己を解き放ち、主観の力に対立して、それなりに対象となってしまう。更にこの表象は、今度は新しく対象として知覚されつつ、主観の中へと帰還してゆく。このような運動においてこそ言語が不可欠なのである。」（註　引用は共に『カヴィ語研究序説』第十四節）

フンボルトは、このように思考と言語の相即性を説くとともに、この相即性の中に潜んでいる言語の社会性の契機を問い詰めてゆく。そして、言語は、単に人間の相互理解のための伝達手段であるばかりでなく、〈精神が、自己と対象との間に、精神の力の内的活動に基づいて定立するひとつの真正な世界〉であることを説くのである。そして、言語構造の相違性が、直ちに〈世界〉の相違性につながることが、主張されるわけである。フンボルトは言語は有機体であることを繰り返し力説するが、この有機体とか器官とかの考え方には、ゲーテの影響を見出すこともできよう。

ヤーコプ・グリムは、フンボルト宛ての書翰の中で、「閣下は（言語という）広い沃野を俯瞰しながら悠々と（哲学的な）高みを翔んで居られます」と述べているが（一八二四）、けだし適評というべきであろうか。

おわりに

フンボルトの活動は、既述のように、内外両面にわたりきわめて多角的であるが、これらの活動すべてに通ずる一貫した原理はなかったのであろうか。この最も本質的な問いに対しては、人間性の尊厳と個人の自由に対する揺るぎなき確信を以て答え得ると思う。

「最も粗野な蛮人の語る一地方語であっても、それなりに高貴な所産であり、有機体としての構造を備えている」と語り、言語を比較する場合に、言語構造に即した比較はできても、言語の価値による上下の分類は不可能であると主張したのも同じ信念に基づいているのである。また、フンボルトがギリシアの文物を好んだのも、国家顧問官として、ユダヤ人の差別に反対し、かつ、出版物の検閲の緩和を主張したのも、そして、個人の人権の制限を計る〈カールスバートの決議〉に対しては、官僚としての進退を賭して異を唱えたのも、みな同じ源泉から発していると言ってよい。

第二章　フンボルトにおける言語比較の方法

はじめに

一八一九年の大晦日のことである。ハルデンベルクを首相とするプロイセンの内閣において、憲法制定問題を主管する国務大臣であったヴィルヘルム・フォン・フンボルトは、時の国王フリートリヒ・ヴィルヘルム三世によって罷免され、同時に、国家顧問官《シュターツラート》の職をも解かれた。

この事件の直接のきっかけとなったのは、この年の夏、ドイツ諸国の代表がカールスバートに集まり、オーストリアのメッテルニヒの主導のもとに締結した〈カールスバートの決議〉である。その内容は、㈠ドイツ諸国における学生運動を禁止して大学への監視を強め、㈡政治的出版物の検閲を強化し、㈢いわゆる政治的煽動者を取り締まるためにマインツに中央情報局を設けるというものであった。プロイセンからは、首相ハルデンベルクと外相ベルンシュトルフが参加して調印した。そしてこの決議は、ウィーン会議の決定に基づいてフランクフルトに設けられていた〈ドイツ連邦〉の会議においても承認され、全ドイツに施行される法となった。

フンボルトは、このカールスバートの決議が、基本的な人権を冒す懼れがあるばかりでなく、ひいてはプロイセンの国益にとっても有害であると判断して、強硬に反対の態度を取り、国王に意見書を送った。そしてその中で、秘密警察が自由主義者を〈煽動者〉として迫害していることを非難し、首相の権限を縮小して内閣の運営を民主化する必要を説き、カールスバートに赴いて調印した外相を、権限を逸脱した行動を取った廉で査問することを求めたのである。首相および外相は、このカールスバートの決議については、フンボルトをはじめ、他の閣僚には事前に何の相談もしていなかった。

国王はこの意見書を拒否し、フンボルト、および彼に同調した副首相格のバイメ、陸相のボイエンを罷免したのである。保守的であると普通思われている軍部が、自由主義者フンボルトと行動を共にしたのは、一見奇妙であるが、フランスの〈国民軍〉に破れて愕然としたプロイセン陸軍は、シャルンホルスト将軍を中心として軍隊の改革に乗り出し、改革の基盤のひとつを〈人間としての自覚に目覚めた個人〉によって構成される軍隊の確立においていたので、自由主義にはそれなりの理解を示していたのである。

五十二歳で政界から追放されたフンボルトは、六十八歳でその生涯を終えるまで、十五年余りを言語の研究に専念する。皮肉な言い方をすれば、カールスバートの決議が、言語学者のフンボルトを生んだわけである。

本章はこのフンボルトの言語論における言語比較の方法を主題とするものであるが、冒頭にフンボルトの解任の事情を述べた所以は、この政界からの追放という一幕が、彼の〈人間の尊厳と自由〉に対する妥協を許さぬ信念によって惹起されたものであることを示したかったからである。そして、同じ確信が彼の言語論の隅々に至るまで浸透していることを紹介しておきたいと思ったからである。

本章では、言語比較の方法に関連のある彼の所論を、言語論展開の最も初期の論文、中期の小論文、および最後期の大きな論考という三つの大小の作品に基づいて論ずることにした。なお、フンボルトの原典としては、ベルリンの王立科学アカデミーの手になる全集本（一九〇三―三七年、十七巻）に拠ることとし、引用箇所にはその版によるページ数を記しておいた。

第一節　『言語展開の異なった時期に関連した言語の比較研究について』

この作品が政界を去ったフンボルトの最初の学術的労作であり、一八二〇年六月、ベルリンのアカデミーで講演として発表された。この作品には、その後、フンボルトの死に至るまで続けられる組織的・体系的な言語研究の基本的な性格や方法が、粗削りながらも明確に打ち出されているのでここで取り上げてみようと思う。なおこの論文は、アカデミー版フンボルト全集の第四巻に収められている。

さて、フンボルトはまず言語を〈有機体〉として捉えるのである。言語は有機体であるとするこの考え方は、彼の言語論のすべてを貫いて流れる基本的な捉え方のひとつである。

「言語には完成された構造組織が備わっているものであって、その有機構造、その確立された形態は変化することがない。そしてこういう既存の限界の中で、一層細かな仕上げがなされ得るのである」(2)とフンボルトが言っているように、どんな言語にでも、動かし得ざる〈構造《バウ》〉ないし〈形態《ゲシュタルト》〉が備わっているものであり、それを前提とし、その範囲の中で、その言語が磨き上げられてゆくことになる。

フンボルトの言語論の第一歩は、このように、言語が有機体であるということであるが、有機体であるということの意味は、とりもなおさず一箇の〈全体〉であるということである。

「言語は一挙に成立せざるを得ない。もっと厳密な言い方をすれば、言語は言語として存在しているあらゆる瞬間において、言語を一箇の全体たらしめているものすべてをすでに所有していなくてはならない。」(3)

つまり、どんな言語でも、ごく少数の語彙と、そのきわめて原始的な結合から始まり、語彙の増加と、語の繋ぎ方の進歩とが相俟って、言語構造が進化してゆくという常識的な考え方には真っ向から挑戦するわけである。不変の構造、動かぬ形態は、すでに原初の段階で〈一挙に《アウフ・アインマール》〉与えられていて、全体を構成しているというのである。

有機体であるとは、「どんな個々のものでもすべて他者に依存しており、すべての個々のものが、全体を貫徹している唯一の力によってのみ存立している」（3）ことを意味するのである。そして、「どのように単純な概念の結合であっても、思考の範疇すべてを網羅した組織そのものに影響を与え、肯定は否定を、部分は全体を、統一性は多様性を、結果は原因を、制約されたものは制約されないものを、時間・空間の特定のひとつの次元は、他の次元を、それぞれ必要とし、また喚起するのであるから、単純な理念の結合であっても、それが明晰にまた厳密に表現されていれば、そのときは、直ちに言語の全体がそこに立ち現れていることになる」（4）と言い得る。

このような言語の有機構造のもつ際立った特徴は、〈限定された数量の要素〉と、〈無限の数に上る要素結合の仕方〉という二つの異なった領域が統一されることである。「人間は精神的には反省により、肉体的には分節音声によって、一方ではひとつの領域を要素に分割し、他方では、そのように分割された部分を、精神的には悟性の綜合力、肉体的にはアクセント――それは音節を語と化し、語を発話たらしめる働きを持つ――によって、再び結合するだけの力を所有している」（4）のである。そして、分割と統一という相互に貫徹し合っている働きは悟性という同一の力に由来するものである。

さて以上述べたところが、言語の有機構造の特徴であるとすれば、こういう有機構造を備えているはずの個々の言語を比較するとき、一体、どこに注目すればよいことになるのであろうか。

フンボルトの言うところでは、次の二点である。

(一) 個々の言語の有機構造《オルガニスムス》の調査研究

(二) 個々の言語が（その有機構造の範囲内で）どのように磨き上げられているかという点についての調査研究（8）

そして、前者のごとく、個々の言語の有機体としての性質を分析してゆけば、言語という領域の広さを測り、人間の言語能力の拡がりを検討することができようし、後者のごとく、一定の言語構造を備えた言語が、どの程度まで完成され得るものか、という点を探求してゆけば、言語によって人間の目指す目標がどの程度に達成されるかを認識できるようになるわけである。

そして、窮極的には、言語の比較研究によって明らかになってくると思われる問題領域は、言語、言語によって達成し得る人間の目的、不断の展開を続ける人類、および、個々の民族・国民《ナチオーネン》、の四者（9）ということになる。

フンボルトはこのように、言語比較によって達成し得ると思われる目標を遠くに掲げ、それに向って第一歩を踏み出そうとするのであるが、その場合に、学者・研究者として戒心すべき事柄を次々に説いてゆくのである。これは他の研究者に与えた注意事項というよりも、むしろ、彼がみずからに課した自戒の条々であったろう。

さて、フンボルトは、言語を研究するなり、比較するなりしようとするとき、先ず、当該の言語の徹底的な考察が必要なことを強調する。あるひとつの言語についての充分な知識がないにも拘らず、その言語を他の言語と比較するようなことがよく行なわれるが、そういう傲りに警告を発したものである。

「ある言語の文法上の性質が、他の言語と若干異なったところがあることを指摘したり、程度の差こそあれ、一連の語群を相互に比較したりすれば、それで能事足れりと人々は思ってきた。しかし、仮に最も粗野な民族の持つ単なる一地方語であっても、それなりに高貴な所産なのであるから、勝手に細分化し、断片的に記述することは許されないのである。そのような言語であっても、有機的存在であることは全く変わらないのであって、何人といえども、それを有機体として取り扱わないわけにはゆかない。」(10)

つまり、言語比較の第一の要因は、当然のことながら、比較しようとする言語を徹底的に熟知することである。それならば、あるひとつの言語をよく知るというのはどういうことなのか。フンボルトはこう述べている。「その言語の内的な連関を学び、そこに見出し得るあらゆる同一の範疇に属する事項を列挙しては体系的に整えることによって、文法的な意味における理念結合の仕方を直観的に捉える知識を獲得し、言語表現を得た概念の範囲や表現の性質を知り、そのような表現のうちに潜んでいる精神の生きた衝動の力を理解する」(11)ことにほかならない。

また一方、比較さるべきいくつかの言語を通じて、共通の要素、例えば動詞、を問題として取り上げ、それを研究対象とすることも必要である。

前者のように、言語ごとに異なる形式的な特殊性とその言語の中に生きている精神の性格とを比較することを経とし、後者のごとく、あらゆる言語を通じて共通性の認められる部分を比較することを緯とし、この両者の織りなす二重の関連性を把握することが、言語比較を成り立たせる基盤となるのである。そして言語比較上の最重要課題である「植物が分類されるように、言語もその内的な構造に即して、果たして部門別に分類し得るかどうか、もしできるとすれば、どのようにしてか」(11)という問いは、上記の二重の関連性を統一的に捉えることによって、はじめて解答し得ることになる。

フンボルトはこの論文において、続いて言語の起源の問題にも迫ってゆく。

「私の確信するところによれば、言語は直接（註、アカデミー全集の編者ライツマンの脚註によれば、ここには「神によって」と原稿には当初記してあったのが、後に削除された由である）人間のうちにすでに定置されているものとみなさざるを得ない。言語が人間の明晰な意識のもとに、悟性によって作られたものと考えては絶対に説明がつかないからである。数千年に加うるに更に数千年の歳月を積み重ねて発明されたものであると認めたところで、何の役にも立たない。もしも言語の類型が人間の悟性の中にすでに存在していないとすれば、言語が作り出されることはなかったであろう。……言語の完成が徐々に行なわれたと考えることは全く自然であるが、しかし、言語の発明は一挙に行なわれたとしか考えられない。人間は言語によってはじめて人間たり得る。しかし、言語を作り出すためには、すでに人間でなくてはなるまい。」(15)（傍点筆者）

ついで、フンボルトは言語と思考活動との関係に論点を移してゆく。

「思考と言語の依存関係を見れば、言語は、すでに認識された真理を表現する手立てであるばかりではなく、むしろそれ以上に、今まで認識されていない真理を発見してゆく手段であることが直ちに明らかになる。言語の相違性は音声や符号の相違性ではなく、世界の見方《ヴェルトアンジヒト》そのものの違いなのである。」(27)

このように、言語の本質を知り、言語における不変部分と磨かれ得る可変部分とを弁別し、その上、言語を比較対照するとき、共通部分と個性的部分とを区分し、更に言語の起源と目的とを洞察することを併せ行なうことによって、はじめて、言語の比較も可能になり、また、意義を持つことになるわけである。

ここで注意しなくてはならないことは、フンボルトの場合、言語を分類するのに、上位の言語と下位の言語というように、価値の上下を導入していない点である。引用した彼の文の中にも、「最も粗野な言語の一地方語でも高貴な所産であるから」という言葉が見られるが、言語はそれぞれの言語を語る民族――文明の度合には差違があっても――の個性を身につけているのであって、それが個性である以上、他の何ものを以てしても代替し得ない価値を備えていることをフンボルトは強調しているのである。

また、言語が情報伝達の手段であり、語は対象に対応する符号である点を、フンボルトはもちろん否定してはいないが、言語がそれ以上のものである点を強く指摘している点を忘れてはならない。「いろいろな言語の語を、数学における線や数や文字を用いての計算の場合のように、普遍妥当性をもった記号で代替しようと人々がさまざまに試みてきたのは事実である。しかし、それができるのは、思考し得る多くのもののうちのほんの小さな一部分でしかない。というのは、こういう符号は、純粋な構成によって生み出された概念か、あるいは、悟性によって形成された概念に限られるからである。」(21)

ここに述べたようなフンボルトの基本的な言語観は、その後の不断の思索と、「未だかつて何人も達成したことがないほど多くの言語に通暁」(註、一八三五年、ベルリンのアカデミーにおけるフンボルトの追悼式典で、ベルリン大学の古典学教授ベックの述べた言葉)することとによって、鍛え上げられてゆくのである。

第二節 『双数《ドウアーリス》について』

前節で紹介した論文の中で、言語を比較する場合のひとつの方法として、すべての言語に共通し得る現象に注目し、比較される言語すべてに関し、横断的に同一の問題について調査研究し、言語ごとに異なる取り扱い方を抽出することを挙げている。

ここに紹介する作品は、上記の方法に拠って考察を試みたものである。

フンボルトは一八二七年の二月、三月、四月とこの〈双数〉の問題と取り組み、四月二十六日、ベルリンのアカデミーで発表した。なおこの論文はアカデミー版フンボルト全集第六巻に収められている。

まず最初にフンボルトは、この問題を取り上げる意義について次のように語っている。

「普遍的な人間の言語が、さまざまな民族の個別的な諸言語に分かれて現れてくるのはどのようにしてであるか、という問題を解くべく、言語の比較研究の歩むべき道程は多様であるが、目的を達するのに疑いもなく最も確実であると思われるのは、言語の特定の部分の観察を、地上の既知のすべての言語にわたって行なうことである。」(4)

それならば、数々の文法形式の中から、特にこの〈双数〉という主題を選んだ理由は何か。

もしも、動詞とか代名詞とかを選んだとすれば、これらは、いずれも文法構造の最深部にまで達している現象であるから、例えば動詞形式だけを比較しようとしても、結局、文法構造全般にわたる比較にならざるを得ない。ところがこの双数という現象は、言語構造の中から拾い上げるのが比較的容易であり、しかも、この現象だけを抜き出したからといって、そのために、文法構造が関連性を失って歪みを生ずる懼れもないからである。

その上、双数はグリーンランドやニュージーランドのような文化の未発達な民族の言語に見出されるとともに、他面、ギリシア語、特にその中でも、弁証術《ディアレクティーク》が最も見事に開花したアッチカ方言にも見受けられるのである。

こういう数々の利点があるので、フンボルトはこの双数に注目し、多くの言語にわたって横断的に考察するのである。

フンボルトによれば、この双数の見出し得る言語は三つのグループに分かれる。

(一) セム語族のうちの基本的な言語
(二) インドの言語
(三) マラッカ半島からフィリピン、南海諸島にかけて、従来同一語族とみなされてきた言語 (12)

双数は、セム語族のうちでは、主としてアラビア語にその痕跡が見られ、アラム語には余り見られない。インドでは、サンスクリットに最も強く、パーリ語には若干見受けられ、プラクリットには全く認められない。そしてこの双数という現象は、サンスクリット、もしくはそれと同系の語から、ギリシア語、ゲルマン諸語、スラブ語、リトアニア語に伝わっていった。それ以外のヨーロッパの言語では、ラップランド語にのみ見られ、ラップランド語と親縁関係にあると思われるフィンランド語、エストニア語、ハンガリー語には全く見られない。アジアでは、マレー語には比較的かすかに残存しているにすぎないが、タガログ語およびそれと関係の深いパンパンガ語には相当強く残っている。また、オーストラリア、ニュージーランドの現住民の言語にも認められる。南北両アメリカ大陸においては、北辺のグリーンランド語をはじめ、強弱の度合の差はあっても、両大陸を通じ、原住民の諸言語にこの双数という形式が認められる。(12—16)

さて、死語であるか、現に生きて用いられている言語であるかを問わず、双数の扱い方を調べてみると、二種類に分かれることに気づく。

(一) 双数を〈語り手〉と〈語りかけられる人〉、すなわち、〈我と汝〉という形で取り上げるもの。この場合、双数は一人称複数形の〈我ら〉という人称代名詞に限られてしまうのが普通である。

(二) 自然の中で相対する一組として通常捉えられる対象、例えば、眼、耳、手もしくは足、太陽と月などを基盤とするもの。こういう言語では双数は名詞のみに限定されている。

(三) 上記の言語以外では、双数は言語全体を貫く発想法につながり、すべての品詞に及ぶ。つまり、〈二〉という概念が重きを占めるものである。(17)

そして、この第三の区分に入るべき言語として挙げ得るものは、サンスクリット、セム語族の言語、グリーンランド語、アラウカ語、そのほか、不完全な形ではあるが、ラップランド語である。

ただここで注意すべきは、哲学的に考える場合、ある言語がたまたま〈二〉という数を取り上げ、いわば、限定された複数の如く扱うからといって、それを双数とみなしてはならないことである。

複数形を分けて、狭い複数と広い複数とする言語は珍しくなく、パラグアイのアビポン族の言語、チャコのモコビ族の言語、タヒチ島の言語などがそれであり、アラビア語においては、二は双数、三から九までは限定された複数で表現され、十以上無限定の数までは、広い形の複数形が用いられて、規則的な屈折によって得られる特定の形で表現される。そして、アラビア語では、特に、多数をその中に含み得る類概念としての単一性を示す場合、例えば、動物とか果物などがそうであるが、単数の類概念を示す名詞に特別の指標を付け加えるのである。他の言語に見られないアラビア語のこのやり方は、類概念と数の範疇とを峻別するものであって、一定の哲学的立場を堅持していると言ってよい。

しかし、アビポン語やアラビア語のように、狭い複数の〈二〉が、数概念の系列の中で一定の位置を占めているからといって、それが直ちに双数の本来の概念と相蔽うものではない。それに反し、二という数概念が、〈二《ツヴァイ》〉というまとまり《イハイト》〉をなしているときは、この〈二〉は完結した全体をなしているのであるから、集合名詞のごとく考えられて、単数として扱われることがある。この場合は、双数は複数的性格と単数的性格の両者を併せ持つことになるわけである。併せ持つとはいっても、言語を感性的に捉えようとする民族は、双数を複数とみなす方に傾いてゆくし、言語を精神的に捉えようとする民族精神の働きが強ければ、単数扱いの方に移ってゆくことになる。(22)

フンボルトはついで、人称代名詞の問題に入ってゆく。

三人称の人称代名詞を取ってみると、㈠三人称で呼ぶべき個々の人を、立っているとか、寝ているとか、座っているとか、具体的な状況の中で表現する代名詞はあっても、普遍的に用い得る三人称一般を欠いている感性的な言語、㈡三人称に相当する人物を、話し手との距離的な遠近で多様な呼び方をする言語。すなわち、感性の内的な形式である空間概念に訴える言語、および㈢〈我と汝〉に対立する第三者をひとつの範疇にまとめてしまって、純粋な〈彼〉という代名詞をもつ抽象的思考の成立している言語、という三種類に分類することができる。(24)

三人称の代名詞をこのように分類しておいた上で、フンボルトは再び双数の問題の考察に戻ってゆく。

二つのものが集まってそれが一対をなしている対象の中で、我々に最も身近なのは、男性と女性の性別であり、更に、左右対称をなしている動物の体の同じような半身部分や、左右が対応している四肢などである。また、それと同時に、太陽と月、大地と大地の上に拡がる天、陸と海などが直観的に容易に把握される一対をなす対象である。

しかし、まとまって一対をなす二つのものという概念は、直観の場合よりも遥かに深い根源的な形で、「精神の有機構造、思考の諸規則、思考範疇の分類の中に根差している。すなわち、定立《ザッツ》と反定立《ゲーゲンザッツ》、措定《ゼッツエン》と廃棄《アウフーベン》、存在《ザイン》と非存在《ニヒト・ザイン》、我と世界」(25)などがそれである。

特に言語に問題を限った場合には、〈語る者〉と〈語りかけられる者〉との相互の語り合いこそ、正にこの一対をなす二者が重要な役割を果たす場面である。そして人間がひとりで思考活動を行なうときも、頭の中で他人と語り合うか、他人と語るかのごとくに自己自身と相語るものである。言語の中には、このように根源的に、語り合いという二重性《ドゥアリスムス》が常に潜んでいるものであって、語るということの可能性は、語りかけと応答とによって制約されていることになる。人間は、思考を可能にするためにも、常時、我に対応する汝に対して憧憬の念を燃えたたせており、我のもつ概念は、汝という思考力を備えた他なる存在から反照を得たときにはじめて、規定性と確実性を受け取ることになる。

言語のもつこういう性格を最も端的に示しているのが、二人称と三人称の代名詞の区別である。一般的に言って、〈我〉と〈彼〉がありさえすれば、すべてのものは蔽いつくされると言ってよい。〈我と彼〉ということは、実は、〈我と非我〉というのと全く同じであり、論理的にはそれだけで全存在が包括されるからである。ところが〈汝〉は〈我〉によって〈自発的に選び取られた彼〉であるから、〈非我〉ではあっても、〈純粋の彼〉とは異なり、〈我〉と共同作業を共にするという関係に立っている。つまり、〈彼〉は〈非我〉であると同時に〈非汝〉でもあり、その意味で〈我と汝〉に対立する概念になるわけである。

〈我と汝〉という二者の内面的な結合が、人間の最も深くかつ高貴な感情をかき立てる友情、愛、その他の精神的共同体を形成し、こういう二者の結合が、人間の活動の中で、最も高く、最も親しいものとなり得る根拠は、上記のような構造に基づいているのである。

〈双数〉は、従って、数概念の系列の中の一要素ではなく、人間に可能となる最も深い結合である〈我＝汝〉関係の言語的自覚として捉えなくてはならない。

そして、〈双数〉が文法構造の中に生き生きと働き続けていれば、名詞や代名詞ばかりでなく、構文の仕方にも反映するはずであって、フンボルトは、ほぼ三十ページにわたるこの論考の最後を〈双数〉を用いた美しい実例のひとつとして、ホメーロスの『オデュッセイア』の中の文を以て飾るのである。

フンボルトの『双数について』という論文は、双数を手がかりにして、さまざまな言語を比較するという意図で始められたものではあるが。筆が進むにつれ、現実の諸言語の比較という実際の作業よりはむしろ、比較をするときの軸となる双数という概念を哲学的・言語学的に掘り下げ、その概念が、言語をその構造に即して最深部において比較するときの任に果たして耐え得るか否かの反省に向かい、最終的には、言語の比較という問題より前に、言語とは何かという問いの方に傾いていったと見てよいであろう。

次にフンボルトの最晩年の作で、完成することなく遺作に終った労作における言語比較の方法を考察したいと思う。

第三節　『人間の言語構造の相違性と、人類の精神的展開に及ぼすその影響について』

この労作は、本来、『ジャワ島におけるカヴィ語について』というフンボルトの最後の作品の序説として書かれたもので、完成することなく、彼は歿した。死の翌年の一八三六年、弟のアレキサンダー・フォン・フンボルトを中心とし、知己友人弟子の尽力により、標記の題を付して出版されたものである。

ハイデガーは、「この論文が出現して以来、賛否は分かれ、明言するものも黙しているものもあるにせよ、それ以後の言語研究、および言語哲学のすべての歩みを、今日に至るまで規定している」と語っている（「言葉への道」一九五九年の講演、論集『言葉への途上』所収）。アカデミー版で三百四十四ページに及ぶこの労作は、フンボルトが多年にわたって蓄積した比類のない言語知識を駆使し、強靭な思索力を働かせて、言語に関するあらゆる問題を論じ来たり論じ去った言語考察の一大交響曲である。素材として登場する言語も、サンスクリット、ギリシア語、ラテン語、英語、ドイツ語、フランス語、スペイン語、ヘブライ語、アラビア語、バスク語、南北両アメリカ大陸の原住民の諸言語、ビルマ語、中国語、広義のマレー系諸語など数十に及ぶ。ただし、この論考では日本語に対する言及はない。書かれた時期は全集本の編者ライツマンの考証によれば、一八三〇年頃から一八三五年にかけてである。

この論考の中から、言語の比較について彼の所論を紹介してみようと思う。なおこの作品は、アカデミー版フンボルト全集第七巻に収められている。

「人類がいろいろな民族、種族に分かれていることと、人類のもつ言語や地方語が異なっていることとは、相互に直接関連し合っているが、この二つの事柄は、実は、より高次の第三の現象と結びつき、それに依存している。この第三の現象とは、人間の精神の力の生産活動《エルツオイグンク》を謂う。……言語の比較研究という仕事は、言語というものと、民族に備わっている精神の力とが、どのように関連しているのかという肝腎の問題を衝かない限り、本来の問題領域を見失ってしまうことになろう。……現実の個々の言語が、言語の備えるべき一般的な要件をどの程度まで充たしているかを見抜くためには、何といっても、民族の精神的特性を全体として考察することが何よりも必要となってくる。……言語は、その根の持つ微細な繊維の一つひとつをすべて民族の精神の力の奥底へと伸ばしてゆく。そして、この民族の精神は逆に言語にもはね返って影響を及ぼしてゆく。(14)

つまり、言語を真に比較するには、語彙の比較でも足らず、文法形式や言語構造のさまざまな要素の比較でもまだ足らず、民族の精神的特性や民族的性格という基盤まで掘り下げることによって、はじめて本来の比較が可能になるという極めて厳しい態度が明らかにされるのである。

「言語《デイ・シュプラーヘ》そのものは、自己活動を行ないながら、己れのうちからのみ生起してくるものであって、神の如くに自由であるが、しかし、現実の諸言語《デイ・シュプラーヘン》は拘束されており、その帰属する諸民族に依倚している」(17) ことになる。

このように、言語が民族の精神活動に依存しているとすれば、民族の文明や文化の高さと言語構造の優劣とが対応するか否か、という問題に直面することによる。

> 「言語には、開化の言語と未開の言語の区別しかないかの如く通常は考えられている。ところが、歴史を見れば、文明であれ、文化であれ、言語に対してそんな力を持っていないことが分るのである。……言語と文明は、常に同じ度合で互いに対応し合っているのではない。……一見粗野で未開の如くに思われている言語でも、構造という点では歴然とした長所を備えていることがあり得るし、また、実際に備えているものである。……たとえいかに未開な民族であろうとも、その民族の持つさまざまな概念の中にはもちろんのこと、その言語そのものの中にも、人間が本来的に備えている無制限な形成能力の領域にふさわしいだけのそれなりにまとまった全体性が潜んでいるものである。」(28)

フンボルトは、文明の度合に幻惑されることなく、また、民族が未開か否かを問うことなく、個々の言語そのものをそのまま学的対象として捉え、言語の構造の中に民族の精神と民族の性格とを読み取り、更に個々の言語のもつ他の言語と異なるさまざまな相違性が、民族の精神に影響を及ぼす可能性の有無を検討してゆく。言語と民族精神とのこういう関わりこそ、「言語の比較研究の関連性の中心《ペチーウンクスプンクト》」(43) となるものだからである。

さて、言語の本質とは何かという問題について深く思いを巡らせてゆくと同時に、実際に具体的な個々の言語を分析してゆくと、言語にとって重要な二つの原理、すなわち、「音声形式と、対象を表現したり、思考を結合したりするための音声形式の用い方」(52)が存在することに気づくのである。この二つの原理は、表現を若干変えれば、「音声と内的言語感覚《デル・インネレ・シュプラッハジン》」(こう言っても、特別のひとつの力《クラフト》を指しているのではなく、言語を形成し言語を使用することに関わる精神能力の全体、つまり、ひとつの方向を意味しているにすぎない)とが、言語の二つの方向の構成原理である」(250)ということにもなる。そして、この二つの原理の融合の仕方から、個々の言語の個性的な形式が生れてくることになる。

　音声の原理が、言語の相違性を際立たせる原理であることは容易に理解されるが、音声を言語目的に適うように使いこなす原理(これは前述のごとく「内的言語感覚」といってもよいし、また、「言語の知的技術」(84)あるいは「内的言語形式」(94)と呼んでもよい)からも言語の相違性は生れてくる。

　ところで、言語の働きを考えてみると、言語は語を連ねてひとつのまとまった全体を形成するものであるから、語は語としての統一性を持たねばならないことになる。フンボルトはかなり多くのページを割いて、語の統一性がどのようなものであるかを解明し、更にその語を連ねて〈発話《レーデ》〉という形のより高次の統一性が構成されてゆく機構を探ってゆく。この〈発話〉は〈文《ザッツ》〉と言い替えてもよいのであるが、彼は、音声が生き生きと発せられるところに言語のエネルゲイアとしての働きを見出そうとするのであるから、〈発話〉の方をより好んで用いるのである。

　さて、語と発話ないし文の関わり方を見ると、言語の種類は三つに分類され得る。

サンスクリットのように、語の統一性の中に、文に対する語の関連性がすでに織り込まれている場合で、語の文に対するこの関連性は屈折という形で表現されるもの。

　次に中国語のように、幹語を変化させることなく固定したまま言語の中に閉じ込めてしまうもので、文中の語はそれぞれが全く孤立しているもの。

更に、文というものを多くの語から成り立っているひとつの全体としては扱わずに、文そのものが一箇の語であるとして扱うもので、メキシコの言語（アステカ語）などの抱合語がその例である。

この第二の孤立語の場合は、文の統一性が弱すぎることは明白であるし、第三の抱合語の場合は、個々の語の統一性が失われてしまうことは免れないのであるから、語の統一性と文の統一性とを折目正しく区別しつつ、発話が生き生きとなされるためには、真正な屈折言語が最も適していることに〈論理的〉にはなるわけである。ここで〈論理的に〉と言った所以は、現実の言語は、この三つの可能性のどれかひとつを最も強く体現してはいても、他の二つの痕跡を留めているのが普通であるからである。それればかりではない。フンボルトは、考えられ得るすべての言語形式の中で、言語の目的に最もよく合致する言語形式を明らかにしようと努め、〈論理的に〉想定されるそのような言語形式を、いわば一種の〈理念型〉として〔もちろん彼はそんな表現を用いてはいない〕、現実の言語の長所や短所を測定するひとつの尺度を得ようとしているのである。

フンボルトは、いわば〈理念型〉としての言語形式を屈折言語に見出すわけであるが、そこでいわれる屈折言語は真正な屈折言語の謂であって、現実のサンスクリットやギリシア語が、そのまま直ちに理念型としての屈折言語となるのでは決してないのである。

真正な屈折言語という言語形式は、「人間精神の普遍的な歩みに必然的に最大限に適合し、精神の活動を最もうまく規制してその成長を促進する形式であり、同時に精神の進むべきさまざまな方向がすべて関連を保ちつつ調和するのを助けるばかりでなく、その形式が精神に対して逆に与えてゆく刺激によって、却ってそういう調和を生き生きと作り出す形式でもある」(253) ことになる。

フンボルトはこのような〈理念型〉とも呼び得る抽象的・可能的言語形式を尺度として打ち樹てたことに非常に誇りを持ち、「現実の若干の言語だけが唯一の正当な言語であると特定すれば、そのことだけで、他の言語は不完全なものという烙印を押されたような印象を受けるが〔抽象的な言語形式と具体的な現実の言語形式を〕区別すれば、こういう印象は少しでも弱まるであろう」と述べ、「その貢献を秘かに自負している」(254)と語っている。

そして、どの言語を取ってみても、必ずその言語にはそれなりの長所と短所が備わっていることは事実であるが、そのことと、〈理念型〉としての言語形式に近い言語とそれから逸脱した形式をもった言語とがあることとは、矛盾していないことをフンボルトは強調するのである。

「何らかの言語——それがたとえ極めて粗野な蛮人の言語であろうとも——に対して、それが劣った言語であるという断罪を下すことなど、他の人はともかく、私には全くできない芸当である。こんな判断を下すことを、私は、固有の天賦の素質を備えた人間性の尊厳を汚すことであると考えるばかりでなく、言語に対する思索と経験によって得られる正しい言語観のどんなものとも背馳すると断ずるであろう」(256)と語り、どんな未開といわれている言語であろうとも、それなりの高度の言語技術を備えた有機体であるから、「その構造を研究《シュトゥーディウム》しようとすれば、必ず学問的探究《フォルシュンク》にならざるを得ない」(256)と指摘している。

フンボルトは、世界の現実の言語は、サンスクリットと中国語とを両極端とする線分の図式上のどこかに、その形式に則って位置づけられるとするが、この位置づけは価値上の位置づけではなく、形式上の分類でしかない。そして、言語の比較は、前に述べたごとく、語彙の比較や文法形式の比較では全く不充分であり、言語を語る民族の精神的個性ないし広義の性格という地平まで掘り下げる要があることを再三再四説くのであるが、民族の精神的特性に迫ってゆく通路として彼が挙げているのは、言語における綜合的定立の強さがどのようなものであるかを明らかにすることである(212)。

フンボルトのいう綜合的定立、もしくは自発的定立は、彼の言語哲学の中でも、最も明らかにカントの影響を見て取れるところである。そして、言語構造の何処を見れば、この綜合という活動の強さが認識されるかといえば、そこに三つの問題点が浮かび上がってくる。その三者とは、動詞、接続詞、関係代名詞であるが、このうち、動詞についてはある程度詳しい考察がなされてはいるものの、他の二者については必ずしも充分論じ尽くされているとは言えない。

民族の精神的個性のうちに潜んでいるこの綜合的定立という力の強弱や、この力の働き方の性状を知るには、真正な屈折形式という形で論理的に推定される〈理念型〉を基準にし、この形式から個々の言語の形式がどのように逸脱しているかを見詰めなくてはならないことになる。真正な形式から見れば、どのような言語でも必ず何らかの形でそこから乖離しているものであるし、またその逸脱によって生ずる欠陥を、必ず何らかの手段で補塡しているものである。従って、この逸脱と補塡の仕方の中に、その言語の性格が最もよく示されていることになる。

言語を比較するという作業を行なうためには、ここに述べた地平まで掘り下げてゆくだけの洞察と決意とが必要となるわけであり、フンボルトはみずからに対しても、また、後学に対しても、敢えて、この厳しい道程を辿ることを求めているのである。

おわりに

フンボルトの厖大な業績のなかから、言語比較に関する彼の所論を繁簡よろしく紹介し、その問題点を抉り出すことは限られた紙面では至難の業である。しかし、ここに述べたわずかな論点からでも我々の学び得るものは多々あろう。

言語の比較という一見技術的なもののように思われる問題領域において、実は、単なる技術を超えた言語の本質に対する透徹した洞察が必要なことを教えてくれるのはフンボルトである。そして、言語という人間にとって最も根源的な活動を考察するためには、言葉に対する新鮮な驚嘆の念を保ち続け、それと並んで、人間の尊厳と自由に対する揺ぎ無き確信を懐き続けなくてはならぬことを教えてくれるのも、このフンボルトなのである。

第三章　フンボルトとヤーコプ・グリムの学的交流

はじめに

本章は、二人のすぐれた言語学者、ヴィルヘルム・フォン・フンボルトとヤーコプ・グリムが、互いに書翰・論文を直接交しつつ、学問的にどのように交流し合ったか、を主題とするものである。同時に、ベルリンに在ってフンボルトの研究をしていた筆者が、いかにして、フンボルトのグリム宛ての書翰に出会ったか、をも併せて述べようとするものである。

第一節　フンボルトの自筆原稿

一八三五年四月八日、ヴィルヘルム・フォン・フンボルト（Wilhelm von Humboldt）は、ベルリン西北の郊外テーゲルの地にある広大な邸で歿した。六十八歳であった。そのとき彼の書斎には『ジャワ島におけるカヴィ語について』（*Über die Kawi-Sprache auf der Insel Java*）と題する遺作の厖大な原稿の山が残されていた（以下『カヴィ語研究』と略称する）。カヴィ語というのは、九世紀頃から十三・四世紀にかけてジャワ島で用いられた詩文用の雅語である。構造的にはマレー語に属するが、語彙は圧倒的にサンスクリットに由来するものが多い。

ところで、この『カヴィ語研究』には、七分通り完成した長い「序説」がついていた。そして、この「序説」だけを取り出してみても、それなりにまとまった長篇の言語論とみなし得る内容を備えている。そのため、フンボルトの二歳年少の弟、自然学者アレキサンダー・フォン・フンボルトと、フンボルトの弟子たちが協力して原稿を整理し、死後一年近く経った一八三六年三月、その「序説」を独立した一本として出版した。そして、書中の適当な語句を選び、『人間の言語構造の相違性と、かかる相違性が人類の精神的展開に及ぼす影響について』（*Über die Verschiedenheit des menschlichen Sprachbaues und ihren Einfluß auf die geistige Entwicklung des Menschengeschlechts*）と題して世に送ったのである。この「序説」（以下『カヴィ語研究序説』と呼ぶ）を含む『カヴィ語研究』の全体も、その後数年の間に大阪の三巻本として逐次刊行された。しかしこの『カヴィ語研究』は、余りにも専門的であり、また大部であるため、さまざまな人の編したフンボルト作品集のどれにも、更にはベルリンの王立アカデミーの出版にかかる最も浩瀚なフンボルト全集にも、全く収められていない。今日我々が容易に見ることができるのは、独立して刊行された『カヴィ語研究序説』の部分だけである。

ここで我々日本の学徒が奇とすべきは、この『カヴィ語研究序説』も、また三巻本の『カヴィ語研究』そのものも、いずれもその初版本が日本に現存していることである。前者は大阪府立中之島図書館に、後者は慶応義塾大学言語文化研究所にそれぞれ架蔵されている。そして両者ともに故市河三喜東京帝国大学教授の旧蔵本である。

さて、筆者は『カヴィ語研究序説』に展開された言語哲学の研究とそのテクストの翻訳に多年携わってきたのであるが、その際、ベルリン王立アカデミーの編纂にかかる『アカデミー版フンボルト全集』（十七巻、一九〇三―三六、復刻版一九六七―六八）（*W. v. Humboldts Gesammelte Schriften*, hrsg. von der Königlich Preussischen Akademie der Wissenschaften, 17 Bde., Behr's Verlag, Berlin, 1903-1936）第七巻所収のテクスト（一九〇七）を底本として研究してきた。その理由は、世界の研究者は大部分がこのアカデミー版を用いているので、原典の比較や問題となっている箇所を求めるのが容易だからである。ただし、哲学者のハイデガー（Heidegger）だけは、ヴァスムート（Wasmuth）編の初版の復刻版（一九三六）を用いてフンボルトを論じている。（vgl. *Unterwegs zur Sprache*, Neske, Pfulingen, 1959）

なお、『カヴィ語研究序説』の収められている他の刊本としては、註記のよく行き届いているコッタ社版『五巻本フンボルト作品集』（一九六〇―八一）の第三巻『言語哲学論集』（一九六三）(*Schriften zur Sprachphilosophie*, hrsg. von A. Flitner u. K. Giel, 1963 in: W. v. Humboldt: *Werke in Fünf Bänden*, Cotta'sche Buchandlung, Stuttgart, 1960–1981）や、また、便利なレクラム文庫版『フンボルト言語論集』（一九七三）(W. v. Humboldt: *Schriften zur Sprache*, hrsg. von M. Böhler, Reclam, Stuttgart, 1973）があるが、いずれもアカデミー版を底本としているのである。(1)

また、『カヴィ語研究序説』の翻訳について見ると、そのフランス語訳が一九七四年にパリで出版されている。その書名は、*Introduction à l'œuvre sur le kavi*, Traduction de Pierre Caussat, Edition du Seuil, Paris, 1974）で、明快な訳文と詳密な註記とで高い学的価値を持っている。この訳本もアカデミー版を底本とし、その章節区分やページ数を明記している。

なお、『カヴィ語研究序説』の英訳本も一九七一年 *Linguistic Variability & Intellectual Development* (Translated by G. C. Buck and F. A. Paven, University of Miami Press, Florida, 1971）と題して出版されてはいるが、これは底本を明記していないばかりでなく、章節区分を勝手に崩し、テクストを断りなしに恣意的に取捨している上、誤訳も甚だ多いので、学術的には評価の対象にはならない。(2)

ところで、この『カヴィ語研究序説』に関して、一八三六年の初版本（一―四三〇ページ、一―二十五節）と、アカデミー版全集第七巻所収のテクスト（全集第七巻、一九〇七、一―三四四ページ、一―三十八節）とを校合すると、章節区分が全く異なっているばかりでなく、本文、原註のいずれにも、相互にかなりの出入りがあることに気づくのである。細部の句読の打ち方にも相違があり、解釈の上で大きな問題となり得る箇所も多い。『カヴィ語研究序説』が未完の草稿に基づいていることを思えば、こういう状態もある程度までは避けられないかも知れないが、この作品の研究に当っては、原典批判を厳格に行なう要のあることを筆者は痛感したのである。そして、原稿そのものに即して、既存の主要な刊本を校合するのが第一歩であろうと考えるようになった。

『カヴィ語研究序説』の原稿は、フンボルトの死後、ベルリンのプロイセン王立図書館（第一次大戦後はベルリン国立図書館と改称）に収められ、第二次大戦の半ば頃までそこに在ったことは確実である。その後所在が不明になったと夙に伝えられてはいたが、いつの日かその原稿にめぐり合う折はないかと祈るようになったのである。

かつてのプロイセン王立図書館は、ベルリンの中心街ウンター・デン・リンデンに面し、フンボルトがその設立に尽力したベルリン大学と相接し、ドイツの国立中央図書館として、文芸・学術活動の中心的役割を果たしてきた。ところが第二次大戦中には、その誇りとするすべての図書資料は大きく二分して疎開されることになった。一部はベルリンの東方、現在のポーランド領方面に、他の一部はベルリンのはるか西方、マールブルク市近郊にそれぞれ分散された。そして両者とも、その多くが戦禍により焼失したり、所在不明になってしまったのである。東方に疎開されて辛うじて残った図書資料はすべてソ連軍に接収されたが、ドイツ民主共和国（東ドイツ）の成立とともに大部分が返還されて、修復成ったかつてのプロイセン王立図書館の建物に架蔵され、今日では東ドイツのベルリン国立図書館における中心的な図書資料となっている。

ドイツ連邦共和国（西ドイツ）では、一九七〇年代の半ばになって、東西を隔てる「壁」で囲まれている西ベルリンに、国立中央図書館を建設することを決定し、そこに、西方に疎開されていたかつてのプロイセン王立図書館の資料のうち、戦災を免れたものを移すことにした。

一九七六年秋、筆者が西ベルリンを訪れたときには、西ベルリンの新しい国立図書館の建物は八分通り完成してはいたが、まだ図書館としては機能していなかった。そしてマールブルクから移されて新図書館に収められるはずの幾多の「手稿資料」が、すでに、西ベルリン郊外ダーレムにある古くからの「古文書館」に臨時に収容されていることを知った。館長の好意で、書庫の中に雑然と置かれた資料を見ることを許された筆者は、旬日を経ることなく、その中からフンボルトの未刊の稿本数十葉を発見することができた。それは、サンスクリットの『マヌ法典』対訳原稿の一部で、フォリオ版厚手の原稿用紙の右半分にサンスクリットの原典、左半分にそのドイツ訳と註記が書かれている。この原稿は内容からみても形式的にも、フンボルト自身のサンスクリット研究上のノートで、公刊を意図したものではないように思われる。そして目指す『カヴィ語研究序説』の原稿は、依然杳としてその行方が知れなかったが、フンボルトの未知の稿本が未だに存在していることを筆者は身を以て知ったわけである。

一九八〇年三月から一年間、本務校日本女子大学から海外研修の機会を与えられた筆者は、新装成って西ドイツの国立中央図書館として活動を始めたばかりの「ベルリン国立図書館、プロイセン文化財」(Staatsbibliothek Berlin, Preussischer Kulturbesitz) を研究の場所と定め、フンボルトの原稿を探索することにした。この図書館に特に「プロイセン文化財」という名を付し、西ドイツ政府が手厚い庇護を与えている所以は、ひとつには東ベルリンのベルリン国立図書館と区別する意味があろうし、いまひとつには、西ドイツ国民のベルリンに対して懐いている郷愁に基づいていよう。西ベルリンは東ドイツ領土の真只中にあって、四方を六十キロメートルに及ぶ壁で囲まれており、法的にはいまだに英米仏三国の軍事占領下にある孤立した都市である。このような状況下におかれていても、西ドイツ国民にとっては、ベルリンは依然としてプロイセン以来の一貫した歴史的伝統の象徴である。この事実を、東西ドイツ再統一の悲願を込めて言い表わしたのが、「プロイセン文化財」という呼称であろう。

かくして、ベルリンには、東西にドイツを引き裂いた壁の両側に、東ドイツ、西ドイツ、それぞれの国立図書館がわずか三キロメートルほど隔たっているだけで併立していることになる。そしてこの二つの図書館の間の公的な交流は全くない。

筆者が研究の主たる場所として選んだ西ベルリンの「ベルリン国立図書館、プロイセン文化財」(以下単に図書館という)は、第二次大戦後に豊富な資料を加え、今では、印刷術発明以前のヨーロッパの書写本、ドイツの学者・文人・芸術家の旧蔵本・自筆原稿・日記・書翰などの収集を誇っている。ドイツで最も多いとされる中世の神学書や祈禱書のコレクション、グーテンベルクの四十二行聖書の完本、カント、フィヒテ、ヘーゲルの自筆原稿や書翰、ヘルダー『言語起源論』の全原稿、ゲーテ『ファウスト』の多量の草稿、バッハ、ヘンデル、モーツァルト、ベートーベンの数々の自筆楽譜、メンデルスゾーンの遺品のすべて、それに日本のものでは『落窪物語』『徒然草』の古筆の絵巻物など、いずれも図書館の逸品である。(3)

筆者の訪れたのは図書館の「手稿部門」(Handschriftenabteilung)である。この部門は、図書館の中のひとつの小図書館と呼んでもよい。ここでは整理され登録された自筆原稿・書翰・日記などは、「自筆資料」(Autographen)として完全な形で登録されている。しかし、未整理のものは、何某の「遺品」(Nachlaß)とか、「言語学論集」(Collectanea Linguistica)とかの大まかな分類がなされているだけで、その中に含まれている個々の資料の索引やカードはまだ作られていない。この未整理の数万点、あるいは数十万点に及ぶ資料がすべて検討の上分類されて、すでに完成している「自筆資料」のカードに付け加えられるには、五年や十年の歳月では足りないものと思われる。

筆者はまず「言語学論集」としてまとめられている資料の中に、フンボルトの『カヴィ語研究序説』の原稿か、あるいは、未刊の草稿が潜んでいないか、探索することにした。また、フンボルトの一番身近に接した弟子は、プロイセン王立図書館の司書をしていたブッシュマン(Buschmann)であるから、図書館に「ブッシュマン遺品」として一括して収められている九箱の資料も、並行して詳しく調べることにした。

「言語学論集」としてまとめられている資料は、大きさに応じ、フォリオ版、四分一版、八分の一版と分類されてそれぞれ一連の通し番号が付されているが、資料の内容に即したカタログはまだ作られていない。ただ、近年この資料に眼を通した研究者が学問的に興味のあるものを見出したとき、司書に渡したメモが残されている。司書はそのメモを束ね、仮の目録として利用者に見せてくれたのである。さまざまな筆跡で記されたわずか数ページの不統一なこの書類の中にも、フンボルトの原稿は何篇か記録されていた。しかしそれはすべて公刊された論文の原稿であることが分かった。そこで、筆者はまずフォリオ版の資料をひとつずつ実際に見てゆくことにした。二ヶ月ほど資料の山を探っていったとき、その中からフンボルト自筆の『メキシコ語文法』を発見した。ここにフンボルトがメキシコ語と呼んでいるものは、メキシコ地方で語られていた原住民の言語アステカ語のことで、典型的な抱合語のひとつである。『カヴィ語研究序説』に付したアレキサンダー・フォン・フォンボルトの「はしがき」には、「メキシコ語‐ラテン語辞典は、文法書とともにすでに出版し得る段階にあり、取り敢えず王立図書館に託し、大方の学術的利用に供することにした」とある。筆者が見つけ出したのは、正にこのアレキサンダーが述べているメキシコ語文法そのものであった。

この文法書は、百四十一ページのフンボルト自筆の原稿を丁寧に装釘したもので、最初のページには、「ベルリン王立図書館蔵書」とラテン語で記したエクス・リブリスの丸い印章が捺してある。調べてみると、百四十一ページのうち、百三十七ページ以降は、他の論文の原稿の一部が誤って綴じられたものであり、最初の七ページ（第八ページは白紙）は九ページ以降の数ページを新しく書き直したものであることが分った。従って、製本したのはフンボルト自身ではあり得ず、恐らく、フンボルトの死後、当時のプロイセン王立図書館にこの原稿が委託されたとき、図書館の誰かが製本したものと思われる。この原稿は、他のフンボルトの原稿と同じようにフォリオの大きさの上質の紙を用いて、鵞ペンで美しく書かれている。原稿用紙の真中に縦に折目をつけ、その右半分だけを使って書かれており、左半分の空間は、加筆や註記のために空けてあるのである。フンボルトの書体はラテン風に多少ドイツ文字の書き方を加味したもので、それほど読み難いものではない。

この『メキシコ語文法』は、『カヴィ語研究序説』の「はしがき」でアレキサンダーが言及しているだけで、アカデミー版全集にも他の版にも収められていない。全くの未刊原稿である。(4)

フンボルトの中南米言語研究の最高の成果である、体系的な『メキシコ語文法』が、一八三五年に王立図書館に託されて以来、印刷されることもなく、また第二次大戦の戦禍を免れていながら、図書館のカタログの片隅に載ることもなく、埃の中で誰にも知られずに眠り続けていたとは、全く不思議である。

筆者はこの発見を図書館の当局者に知らせると同時に、フンボルトの研究者として知られるテュービンゲン大学のフリットナー（Flitner）、ギール（Giel）両教授（コッタ社版『五巻本フンボルト作品集』の編者）に報告した。両氏は当時執筆中だったフンボルト作品集第五巻の註解の中に、『メキシコ語文法』発見の旨と、発見者としての筆者の名を記すことにし、この註記を収めた『フンボルト作品集』第五巻は、一九八一年出版された。

筆者はこの新しく陽の目を仰いだフンボルトの作品の書写を始めた。コピーを取ればよいと奨めてくれた友人も多かったが、コピーでは厚地の用紙に記された筆勢の微妙な細部が写し取れないことを懼れたのと、それ以上に、労を惜しまず忠実に原稿を筆録することによって、訂正・加筆の跡を辿り、推敲の筋を追い、著者フンボルトの思考過程や表現方法を身を以て追体験することを願ったからである。

筆者は書写作業のかたわら、「言語学論集」の資料のうちのフォリオ版のものの探索を続け、暫くして『メキシコ語文法』をもう一部見出した。これはフンボルトが書記に命じて原稿を清書させたと思われるもので、同じ紋様の透しの入った用紙の全面を使って、ラテン文字で丁寧に筆写されている。フンボルトの自筆原稿と比べてみると、何故か量的には半ばまでで終っている。自筆本と筆写本を校合してみると、自筆本の加筆部分は筆写本には含まれていない。それ故フンボルトは一応原稿を全部書き上げてから書記に筆写させ、その後もとの原稿に加筆・註記を施していることがわかった。そして註記の中の参考文献を記した箇所にインクの色の違ったものが併記してあるところが何箇所か見られるが、それはフンボルトが新しい文献に接する度に付記していった故と思われる。

ところで、フンボルトの弟子ブッシュマンの「遺品」の中にも多くのフンボルトの原稿があったが、みな公刊された論文の原稿もしくはその下書であった。そして、いくら手を尽して調べてみても、『カヴィ語研究序説』の原稿の所在は依然として不明のままであり、消滅してしまった見込が増してくるばかりであった。

そのころ、筆者は、ヤーコプ・グリム（Jacob Grimm）の「遺品」もこの図書館に収められていることを司書の一人に教えられた。

グリムは『ドイツ語辞書』（グリムが一八五二年に作り始めたこの厖大な辞書は多くの学者に引きつがれ、その後ほぼ一世紀を費して一九六〇年東ドイツで完成された）、『ドイツ語史』『ドイツ文法論』で知られるドイツ語学者であり、また弟のヴィルヘルムと協力して集めた『グリムの童話』で有名な民話の収集家である。そして、グリム自筆の校正の跡の著しい『ドイツ語辞書』のゲラ刷りは、図書館の誇りとする資料のひとつであることを知った。やがて、グリムのことに詳しい図書館員が、フンボルトのこのグリムに宛てた書翰が何通かまとめて袋に入れられて、「遺品」の中にあるのを見たことがあると語った。驚いた筆者は、是非それを見たいものと思い、その所在の探索を館員に依頼したのである。やがてその書翰入りの袋の番号は「グリムの遺品、一一六五」であることを教えられた。「グリムの遺品」のカタログは未完成であるし、遺品の中に含まれているフンボルトの書翰は、「自筆部門」のフンボルトのところには、未だ記載されていないので、「グリムの遺品」をみずから探索するか、たまたまその所在を知っている館員の助言を仰ぐかしない限り、その書翰に辿りつく術はないのである。そして、筆者が特にこの書翰に関心を懐いたわけは、フンボルトとグリムの間に書翰による直接のやりとりがあったことを、そのときまで知らなかったからである。筆者のそれまでの経験では、フンボルトの論文、特に後期のものには、数多くグリムの『ドイツ文法論（第二版）』からの引用があることは直接眼にしていたものの、どの伝記や研究書にも両者の直接の交流があったことなど全く触れられていなかったからである。

第二節　フンボルトの書翰

十八・九世紀のヨーロッパの教養人が、今日では想像できないほど多数の手紙を書いたことはよく知られているが、フンボルトもその例に洩れず、その認めた書翰は公私ともに夥しい数に上っている。

フンボルトはそもそも何通の手紙を誰に宛てて発したのか、また何人からどれほどの来翰があったのであろうか。フンボルトの書翰のうち、最も早く出版されたのは、フンボルト自身の発意と編纂のもとに、一八三〇年に出版された『シラーとフンボルトの往復書翰集』である。この中には五十七通の往来が収められているが、三十六通がフンボルト、二十一通がシラーによって書かれている。フンボルトは、その前年、ゲーテが六巻に上る大部の『シラーとゲーテの往復書翰集』を出版したのに触発され、シラーとの往復書翰の発表を決意したのである。

フンボルトの死後、最も早く出版されたのは、一八四七年の『ある女性の友人への書翰集』(*Briefe an eine Freundin*, Brockhaus, Leipzig, 1847) で、当時としては珍しいほどの売れ行きを見せたそうである。この女性の友人とはシャルロッテ・ディーデ (Charlotte Diede) という名の人物で、フンボルトがゲッティンゲン大学の学生当時、わずか数日だけ交際のあった二歳年少の牧師の娘である。知り合ってから再び相見えることなく二十数年が経過したが、このシャルロッテはその間打ち続く不幸に見舞われ、当時孤独の只中にあった。彼女はたまたま新聞紙面に「ウィーン会議」のプロイセン次席全権としてのフンボルトの名を見出し、思い余って一八一四年十月、生きるための指針を乞うべく、フンボルトに一通の手紙を送った。フンボルトはそれに応え、二人の間に文通が始まった。一八一四年十一月から彼の死の直前の一八三五年三月までのほぼ二十年間に、全部で百五十二通の手紙をフンボルトはこの女性に送っている。受け取ったシャルロッテはこの手紙をすべて保存していたが、やがて一八三五年四月フンボルトの訃に接すると、彼女が初めてフンボルトに送った手紙の写しと、フンボルトと知り合うに至った経緯や自己の履歴を述べた前書とを併せて製本しておき、自分の死後にはフンボルトの書翰集として出版すべき旨を遺言していたのである。

十九世紀最後の年一九〇〇年に、ベルリン王立アカデミーはフンボルト全集出版を決定した。フンボルト兄弟はこのアカデミー中興の大恩人だからである。一七〇〇年ライプニッツが創設して以来、学問の伝統を誇ったこのアカデミーも十九世紀に入ると頽廃してゆき、引退した教授や老齢の文人の単なる社交場と化していた。そのメンバーを交替させ、学問の息吹を甦らせたのがフンボルト兄弟であった。その意味では、アカデミー創立二百年記念事業としてフンボルト全集の刊行を企画したのは、アカデミーを設立した本来の目的を再確認し、フンボルトの学恩に謝するには、最適の事業であった。

フンボルト全集を企画したアカデミーは完璧な全集を作るべく、四部構成とすることにした。(1)学術論文、(2)外交文書、(3)日記・自伝、(4)書翰の四部門である。この中の学術論文と書翰の二つの部門の事実上の責任者となったフンボルトの研究家、ライツマン（Leitzmann）（ベルリン大学、のちにイェナ大学教授）は、論文の編纂に努めると同時に、手を尽して書翰の収集に当った。しかし、全集の編纂・発行には意想外の日時を要し、論文関係と外交文書は一九〇九年までにほぼ出版を了えたものの、やがて第一次大戦の勃発とともに編纂も遅延していった。第三部の日記・自伝は第一次大戦直後にそのわずか一部分が出版されたが、第一次大戦後の混乱期からナチスの台頭期にかけては、フンボルト全集の発行の意味そのものが、社会的には疑問視されるようにすらなってきた。個人の自由と尊厳を説き、ユダヤ人の人権の尊重を唱えたフンボルトは、ナチスに取っては、むしろ歓迎すべからざる人物とみなされるようになったからである。書翰については、若干の政治的な書翰が一九三五年に全集の第四部として出版された他は、すべて中止するの已むなきに至ったのである。

これより先、ベルリン郊外のフンボルトの旧邸に住んでいた、曽孫に当るアンナ・フォン・ジュードウ女史(Anna von Sydow)は、一九〇六年から十年間の歳月をかけて、邸内に保存されていたフンボルト夫妻の往復書翰千二百余通を七巻本として出版した。(5)この書翰集は、フンボルトの生活を知るためにまことに貴重な資料であるが、編者がフンボルト直系の身内の人物であるため、秘匿しておきたい家庭の秘事はすべて削除してある。この原資料が第二次大戦のためすべて消滅してしまったので、この書翰集の間隙を填める術は、今日ではもはやなくなってしまった。

ところで、アカデミー版全集編纂のため集められていたフンボルトの書翰資料は、全集の重要な一部として発表される望みはもはや絶えてしまい、ライツマンその他が一、二の書翰についての研究を間歇的に学会誌に発表する程度の活動しかできなくなっていた。その頃、フンボルトの書翰に強い関心を懐いたある個人が、ほとんど独力で書翰のカタログ作りを始めていた。第二次大戦中から戦後にかけてのことである。ハイデルベルク在住のアルント・シュライバー(Arndt Schreiber)がその人で、大学や研究所とは全く無縁の私人であった。彼は既知の書翰を整理し記録したのみならず、数多くの未知のものを発見し、更に、いかにすれば未知の書翰を発掘し得るか、その方法について貴重な示唆を残し、一九五六年に他界した。そしてシュライバーの収集した資料はすべてハイデルベルク大学図書館に遺贈され、後続の研究者を待つことになったのである。その後、シュライバーの活動や業績をたまたま知ったある若いアメリカ人が、すべてを放擲してこの事業の継続に専念することを決意し、ドイツに移り住んでフンボルトの書翰の探索と研究を始めた。フィリップ・マトソン(Philip Mattson)である。彼は時には、西ドイツの学術振興団体の資金援助を受けたが、大部分はいわゆるアルバイトで生計を得ながら、独力でフンボルトの書翰を探し歩き、東西ドイツの図書館・大学のみならず、ロンドン、パリ、ハーグ、ウィーンにまで足を伸ばし、個人の書庫の奥深く秘蔵されている非公開のフンボルトの書翰までをも探し出し、十数余年の努力の結果、一九八〇年に二巻の『フンボルト往復書翰一覧』(*Verzeichnis des Briefwechsels Wilhelm von Humboldts*) をハイデルベルクで出版した。ハイデルベルク大学図書館では、かつて寄贈されたシュライバーの遺品をもとにして、「フンボルト書翰記録所」(*W. v. Humboldts Briefe-Archiv*) を設けていたので、マトソンはハイデルベルクを刊行の地に選んだのである。もっとも、出版とはいっても、文献の性質上広く市販されたわけではなく、ごく僅かの部数のタイプ印刷本で、大学、図書館、研究所などに頒たれたにすぎない。

この『一覧』の第一巻はフンボルト自身の書いた書翰、第二巻は彼が受け取った書翰を集め、宛先、日付、発翰地、内容をごく簡単に一行ほどにまとめ、一、二巻を通じてすべての書翰に年代順の通し番号を付している。第一巻が一――八六五五、第二巻が八六五六――一二四六七である。かつてシュライバーが作ったカタログに比べれば一挙に倍増した数である。もっともこの一万二千通を越える往復書翰のうち、実物が現存しているのはごく僅かで、何らかの根拠に基づいて発翰ないし受信した事実が明らかなものは、すべて登録されているのである。そして、書翰そのものが現存していたり、コピーが残っていたり、あるいは内容を抄記したメモが残っていたりして、多少なりとも内容が明らかなものは、全体の約五分の一に過ぎない。

ベルリンの図書館員が、「グリムの遺品」の中にフンボルトの手紙があることを記憶していたのは、何年か前にマトソンがフンボルトの書翰を求めてグリムの遺品を調べ、袋に入った四通の手紙を見出した事実があったからである。

さて、『フンボルト往復書翰一覧』に記録された一万二千四百余通のうち、数にして最も多いのは、フンボルト夫妻の間に交されたもので、全体のほぼ一割の千二百余通を占めている。ついで、プロイセン王国フリートリヒ・ヴィルヘルム三世、プロイセン首相ハルデンベルクとの公私の往復文書がそれぞれ約八百通、ゲーテとは百十五通、シラーとは百十六通である。

なお、最晩年のゲーテとフンボルトとの往復書翰は、ゲーテの絶筆（一八三二年三月十七日、フンボルト宛て）を含め、そのひとつひとつが、文芸の奥義に迫ろうとした二人の達人の問答であり、『ファウスト』第二部創作の秘密や、第二部の生前の公刊を頑強に拒否するゲーテの心境を吐露したものであるから、古くから識者の関心を招び、わが国でもすでに森鷗外が『ファウスト考』（大正二年）で言及しているのである。

また、シラーとフンボルトの往復書翰は、フンボルト自身が一八三〇年に五十七通をみずから公刊したが、その後新しく発見されたものが追加され、現在では百十六通が新しい『往復書翰集』として東ドイツで出版されている。シラーのフンボルト宛ての書翰のうち、四十六歳で死んだシラーが、その死の直前の一八〇五年四月二日、ローマで法王庁駐在プロイセン公使として勤務していたフンボルトに送った書翰は、シラーのドイツ人全体に遺した告別の辞ともいうべく、今でも読む人の心に切々と訴えるものがある。

フンボルトがプロイセン国王や首相と交した外交文書を筆者は詳らかにするものではないが、プロイセン改革の中心人物シュタインと交した私信七十二通は、プロイセンの歴史を解明するには重要な資料であると思われる。シュタインは改革の途中、ナポレオンの忌諱に触れて失脚したが、流謫の生活を送るようになってからフンボルトとの交りを深めているからである。

フンボルトの書翰の発掘や整理は、好事家の骨董いじりのように見えるかも知れないが、決してそうではなく、学問的に充分意義のある活動である。この報われぬ仕事に挑み、着々と業績を挙げつつあるマトソンの努力は賞讃に値すると思う。

マトソンの『フンボルト往復書翰一覧』は発表されたばかりであるから、そこに付けられているフンボルトの往復書翰の通し番号を利用することは、まだ慣例化してはいない。しかし、今後フンボルトの書翰に言及する場合は、『一覧』の番号を明記することが広く行なわれてゆくものと思われる。なお、筆者はたまたまベルリン国立図書館に資料調査に来ていたこのマトソンと邂逅し、幾日かフンボルトについて語り合って、互いに倦むことがなかった。

なお、比較的最近になって発見されたフンボルトの書翰について一言しておこうと思う。フンボルトは一八二一年二月から一八三四年十二月まで、北米ボストンの言語学者ジョン・ピッケリング（John Pickering）に宛てて十三通の仏文の書翰を送っている。それに対してピッケリングの方は二十一通の英文の返書を認めている。ピッケリングはフンボルトとの文通を光栄として誇り、フンボルト自筆の書翰と返書の自筆のコピーを揃え、フンボルトの手紙にはその英訳を付し、背皮で青表紙の装釘を施し、宝物の如くに扱っていた。一八四六年、このピッケリングが歿すると、やがて、このすべて自筆にかかる往復書翰集は所在不明になってしまった。ピッケリングの蔵書、資料はすべてマサチューセッツ州セイレムにある「エセックス研究所」に、また、他の文書はボストンの「マサチューセッツ歴史学協会」に寄贈されたが、そのいずれにもフンボルトのものは見出されなかったのである。それ以来百数十年を経た一九七二年、ピッケリング愛蔵のフンボルトとの往復書翰集は、ボストンのある古書店に出現して競売にかけられることになった。そして、遂には「ボストン公共図書館」の有に帰した。[6] その報せが伝えられるや、スタンフォード大学のミュラー＝フォルマー教授（Kurt Müller-Vollmer）は直ちにボストンに赴き、新しく発見されたばかりの資料の研究にかかり、詳しく註を付してフンボルトの十三通の書翰全部を公刊した。（*Wilhelm von Humboldts Briefe an John Pickering*, hrsg. von Kurt Müller-Vollmer, in: *Universalismus und Wissenschaft im Werk und Wirken der Brüder Humboldt*, V. Klostermann, Frankfurt a. M., 1976. S. 269-333）

ミュラー＝フォルマーの研究の中で特に筆者が興味をそそられたことのひとつは、フランス語の正書法の問題である。アカデミー版フンボルト全集の中にも、フンボルトがフランス語で書いた論文が数篇入っているが、正書法に関する限り、活字化するとき標準のオルトグラフィの形に直されていて、原稿の綴りを知るべくもない。ミュラー＝フォルマーは、ピッケリング宛てのフランス語の書き方をみて、書かれた当時の十九世紀前半の綴りではなく、一世紀はおろか二世紀も古い形の綴り字で書かれていることを指摘しているのである。著者はこの指摘を読んですぐにフンボルトの家系を思った。フンボルトの母方は、フランスのプロヴァンス出身のユグノーであり、デンマークを経てドイツに定住するようになった家系である。恐らく、ユグノーの家では、故郷のフランスを逃れた頃のフランス語が代々伝えられたのではなかろうか。それ故、フンボルトの書くフランス語の綴り字も、ユグノーに特有のスタイルを伝えているのではあるまいか。こう筆者は考えたのである。

同時に、アカデミー全集の中のフランス語の論文のスタイルが、活字化される際にはほとんどすべて標準の正書法に変えられていることを想起し、印刷された論文ともとの資料との間には、編纂者や発行人によってもたらされる乖離が避けられないことを感じて、原典批判の意義を改めて確認する思いがしたのである。

さて、新しく発見されたピッケリング宛てのフンボルトの書翰と、それに関するミュラー＝フォルマーの業績を筆者は今回の渡独以前に読み、深い感銘を受けていた。たまたま、アメリカから資料収集に来ていた当のミュラー＝フォルマーとベルリンの国立図書館で出会い、フンボルトの書翰や『カヴィ語研究序説』について語り合って、時の経つのを忘れたものである。

第三節　フンボルトとグリムの学的交流

1　フンボルトのグリム宛ての四通の書翰

一九八〇年の秋も深まった頃であった。ベルリン全市を北国特有の陰鬱な冬雲が早くもすっぽりと蔽い、図書館のすぐ近くの東西を隔てるコンクリートの「壁」だけが、くっきりと白く浮き出して見える頃、そして、その年の八月、ポーランドのグダンスク（旧ダンチッヒ）の造船所に起った新しい労働運動の波紋が東欧圏全域に拡がり、ベルリンからわずか六十キロメートルしか離れていないポーランド国境には、数十万に上るソ連軍、東ドイツ軍の集結の報が連日伝えられている頃、筆者は初めてヤーコプ・グリムに宛てたフンボルト自筆の四通の書翰を手にした。

フンボルトの手紙は、伝えられたような袋の中に入れられているのではなく、粗末な紙質で色褪せた大判二つ折の包み紙の間にはさまれていた。その包の上には、これも色褪せたインクで、「グリムの遺品、一一六五」と記されていた。この手紙についてはそれまで全く未知であったが故に、期待に戦く手で一番上の書翰をそっと机の上のフェルトの敷物の上に拡げ、手稿部門の図書室のみに備えられている特製の照明燈の光を、紙質を傷めないよう遠くから焦点を合せた。すると、紛れもないフンボルトの書き癖は見られるものの、今まで接したことのない流れるような筆跡が、やや右上りに美しく整然と厚手の便箋の上に並んでいた。思いもかけぬことに、見慣れた原稿の書体とは全く異なった手跡をそこに見出したのである。原稿の方はラテン文字の筆記体で書かれており、アルファベットのうち、Sだけが大文字も小文字もドイツ文字の筆記体となっていた。ところが眼の前の書翰は、Kurrentschrift と呼ばれるドイツ独特の書体で、しかもかなり崩して書いてある。読み難いというより、ほとんど読めないのである。あわてて第二、第三と四通の書翰を次々とすべて拡げてみたが、筆跡はすべて同じである。行から行へと急いで眼を移していっても、すぐに読める字は余りない。期待が大きかっただけに、そのとき襲ってきた無力感はむしろ挫折感に近いものがあった。そのとき、ふと見ると、包み紙の間には、フンボルトの四通の手紙のほかにもうひとつ、透き通るほどの薄葉に小さな字をびっしり書き込んだ書類が入っているのに気づいた。よく見ると、フンボルトの手ではない。癖のあるラテン文字で書かれていて、語と語の間をほとんど切り離すことなく続けて書き、しかも名詞は、敬称も含めてすべて大文字でなく小文字で書き始めている。興味を引かれて読んでみると、比較的楽に読める。解読できぬ所を何十箇所か残しながらも、一気に読んでしまった。これは手紙である。そして、宛名も筆者の署名もないが、書き出しに閣下（Euer excellenz）という称号が用いられていること、寄贈された論文に触れていること、また書かれている内容全般から推して、グリムのフンボルト宛ての返書であろうと判断した。図書館の人に依頼して見せて貰ったグリムの筆跡と比べてみると全く同一である。グリム自筆の返書の下書に間違いない。薄紙一葉を二つ折りにし、表裏四面にびっしり書かれたこの下書は、推敲の跡が著しく、宛名も日付も発翰地も記すことなく、四ページの紙面を埋め尽して書かれている。署名のところは「閣下の」とだけ記してその後は空欄になっている。（本書七三ページの図版参照）

グリムはこの下書をもとに、新しく清書し直してフンボルトに返書を送ったのであろう。そして、フンボルトからの来翰は、大切に筐底深く蔵したのであろうが、そのとき、この下書も一緒に手許に残したのかも知れない。グリムがフンボルトに送った返書そのものが所在不明となり、九分九厘まで失われてしまったと思われる今日、この一通の下書は、フンボルト、グリムの直接の交流を伝える唯一の原資料である。

さて、フンボルトの四通のグリム宛て書翰の書体は、楷・行・草の比喩を用いれば、行と草相半ばすると言えよう。直ちに解読できなくても、何度でも何百度でも繰り返して睨んでいれば自ら読めるはずと覚悟を決めて、フンボルトの最初の手紙の筆跡を凝視することにした。図書館の古筆専門家の援助を仰ぐことは容易であるが、それは、力尽きてそれ以上自分の力では読み進み得ないと見極めがつくまで待つことにし、それまでは只管、原資料と対決したときにのみ得られる緊張感に身を委ねることにした。（本書六五ページの図版参照）

書翰を見詰め続ける日が数日、一週間、十日と続いてゆくと、やがて読める字が少しずつ増えてきた。それには、グラット著『ドイツの筆記文字』（K. Gladt : *Deutche Schriftfibel Anleitung zur Lektüre der Kurrentschrift des 17.-20. Jahrhunderts*, Akadem. Druck- u. Verlagsanstalt, Graz, 1976）を購入し、書中に収められた数十通の各人各様の十八・九世紀の手稿の写真版と、その解読を活字化したものを比較して、ドイツ文字の走り書きに慣れてきたこと、および、グリムの返書の下書を反復して熟読し、フンボルトの最初のグリム宛て書翰の内容を推定する手掛りを得たこと、があずかっていたであろう。夜自宅でくつろいでいるときとか、自宅と図書館とを往復する地下鉄の車中とか、全く思いもかけぬ時に、それまで読み解くことができずに脳裏に残っていた流麗な書体で書かれた語が、全く突然、あたかも活字で鮮明に印刷されているが如くに眼前に浮んで文意が通じ、思わず膝を打つことが何度となくあった。やがて、書翰（その一）が七、八分通り読めたと思ったころ、その二、その三の書翰へと移ってゆき、そこでの新しい経験はまた最初の書翰の解読へと還元され、四通全部がほぼ八、九分まで読めたと思った折には、すでに年が改まり、帰国の日まで余り時は残っていなかった。

ところで、『カヴィ語研究序説』の原稿の所在については、相変らず何の消息もなかった。そして、筆者はグリム宛ての書翰の解読に励んでいる間にも、ベルリン国立図書館が比較的最近所蔵するようになった未刊のフンボルト関係の資料に、次々と眼を通していった。

フンボルトがその次男に与えた書翰は、いまでは一通しか残っていない。が、終世不和となった次男（長男は夭切した）がまだ若い頃に与えたこの葉書大二ページの手紙は、一九六九年に競売で図書館が入手したものである。これを見ると、後には不幸な父子関係となったのではあるが、フンボルトの子を思う切々たる情に胸打たれるのである。(7) また、フンボルトの死を見守った医師の助手が、知人に向けて臨終の模様を書き送った手紙も、最近図書館の購入するところとなった。そこにはフンボルトが全身の苦痛と戦い、意識と無意識の境をさまよいながら、芥子を背中一面に塗り、蛭を全身につけて瀉血を図るという治療を受けている様子が、稚拙な筆致で生き生きと描かれている。(8) また、数年前に、図書館がロンドン、サザビイの競売で取得した、アレキサンダー・フォン・フンボルトが兄フンボルトの孫に送った手紙は、晩年のアレキサンダーが若い世代の人に残した遺言と呼んでもよいもので、青年に与えた先輩の言葉として、広く世界の人に読まれるべきものとの感を深くするのである。(9)

さて、グリム宛てのフンボルト書翰を、これ以上は自分の力で読み進み得ないと思った筆者は、もう一度フンボルトの手跡に眼を通して、解読したところをノートに清書し、不明の箇所は空欄にし、自信はないが恐らくこうであろうと推測した読み方をその欄外に記して、いよいよ古筆専門家の援助を乞うことにした。

筆者が校閲を仰いだのは、「手稿部門」の副部長をしているシュトルツェンベルク女史（Stolzenberg）である。十八世紀文書の専門家である同氏は、勤務の合間に週二度ほど、数時間筆者の隣の席に坐り、原資料と筆者のノートを照合しては、ドイツ人特有の徹底的な厳密さで読み合せていった。解読の中にも何箇所かの誤読も指摘されたが、ノートの空欄になっているところは、やはり、彼女にもそう簡単には読めず、我々の宿題となることが多かった。どの書翰にもそれぞれ数箇所解読できぬところが残ってしまい、完全な自信はなくても、十中八、九こうであろうと同氏がノートの空欄を埋めてくれたのは、筆者がベルリンを去る数日前のことであった。

さて、ここでグリムに宛てたフンボルトの四通の書翰を紹介する前に、フンボルトがこの書翰を筆にした頃の状況について簡単に触れておこうと思う。

フンボルトは、プロイセンがナポレオンの率いるフランス軍に徹底的に敗れた十九世紀初頭、国王に招かれてプロイセンの学制を改革し、ベルリン大学設立の任に当った。その後、外交官としてオーストリア駐在大使となり、やがてナポレオンがロシアから敗退すると、第一次パリ平和会議、ウィーン会議、第二次パリ平和会議と、重要な国際会議にはいずれもプロイセン首相を扶ける次席全権として参加し、その後短期間、大使としてイギリスに使した後、ハルデンベルク内閣に憲法問題担当相として入閣した。この期間を通じてプロイセンでは、ウィーン体制のもと、保守派と革新派との対立はますます激しくなってゆき、遂に一八一九年の「カールスバートの決議」の取り扱いをめぐって破局に達した。ハルデンベルク内閣内部の革新派の中心人物と目されていたフンボルトほか二人の閣僚が、一斉に内閣を追われたのである。一八一九年の大晦日のことであった。

野に下ったフンボルトは、一八二〇年から死に至るまでの十五年間、学究としての生活に専念し、文芸、歴史学、特に言語学の面で多彩な業績を次々と発表していった。

言語問題は、終世フンボルトの最大の関心事であった。彼は、幼少の頃から、ギリシア、ラテンの古典語のほか、フランス語、イタリア語を学び、やがて長じてからは、ヘブライ語、アラビア語などのセム語族の言語のほか、英語、スペイン語、ロシア語を学習した。弟のアレキサンダー・フォン・フンボルトの画期的な中南米学術探検旅行(一七九九—一八〇四)は、言語学の分野でも前人未到の資料を兄のフンボルトにもたらし、フンボルトはそれに基づいて、抱合語体系の言語研究という新しい領域を開いたのである。フンボルトはまた若い頃、スペインのバスク語の現地調査を行ない(一八〇一)、この孤立した言語については早くに独自の見解を発表していた。オーストリア大使時代には、地の利を生かしてチェコ語、ハンガリー語を学習した。

官界を去るや、フンボルトは直ちに宿願であったサンスクリットの学習に挑み、やがて中国語、ビルマ語、日本語と学んでゆき、ついでインド洋から太平洋にかけて広く分布しているマレー系諸語の研究に移り、その中の「カヴィ語」の研究が、彼の絶筆となったのである。

彼の言語研究は、東西古今にわたる多くの言語の実証的な研究にとどまらず、その成果は、常に哲学的な省察に裏打ちされているのが特色である。フンボルトは若い時からカント哲学の影響を受け続けてきたのであるが、その彼は、カントおよびカント以後のドイツ観念論哲学の立場を踏まえ、ドイツ観念論の哲学者たちが忘れていた、包括的な言語哲学体系の構築を目指していたのである。

フンボルトが最初の書翰をグリムに送ったのは、一八二四年六月二十八日で、下野してから五年目のことである。そしてこの書翰と同時に、フンボルトは「文法形式の成立、およびかかる形式が理念の展開に及ぼす影響について」(*Über das Entstehen der grammatischen Formen u. ihren Einfluß auf die Ideenentwicklung*) と題する論文をグリムに贈った。

一方、思いがけず、フンボルトから書翰と論文の抜刷を送られたヤーコプ・グリムの方は、そのとき、カッセル市の図書館の司書をしていた。フンボルトより十八歳若く、当時三十九歳である。幼にして父を喪ったグリムは、多くの弟妹を抱えて苦しい生活の中でマールブルク大学に学び、歴史法学の祖といわれるサヴィニーの学風に接して、学問の世界に生きる決心をした。大学生活の後には、生国ヘッセンのパリ駐在連絡官となり、ウィーン会議のときには、ヘッセン代表団の随員の一人としてウィーンに派遣された。フンボルトがプロイセン全権の一人として同じウィーン会議に参加していたのも奇縁である。しかしそこでは相互の面識はなかった。グリムはやがてカッセルの図書館の司書をしながら、ドイツ語の研究にいそしみ、『ドイツ文法論』第一版および第二版を出版して恩師サヴィニーに捧げた。グリムはその後一八三〇年、ゲッティンゲン大学教授兼司書となった。後に一八三七年のいわゆる「ゲッティンゲン七人教授事件」(国王の憲法を無視した行為に対して、七人の教授が強く抗議したもの)に加わって大学から追放され、やむなくベルリンに移ることになるが、この事件は、フンボルトの死後のことである。

2 フンボルトのグリム宛て書翰（その一）（一八二四年六月二十八日、マトソン、七四〇八）

註〔 〕は文意を補うため著者の付した補註である。（以下同じ）

「私は、貴殿（E. Wohlgeboren）の数々の著作、なかんずく第一版、第二版にわたる『ドイツ文法論』に示された、機鋒鋭く、同時に徹底的なドイツ語の取り扱い方に接し、私の懐いた心よりの敬意を貴殿にお伝えする折を得たいものと、かねがね熱望しておりました。

私は滋味深いあの第一版の序文を、発刊直後、当時〔ドイツ連邦会議参加のため〕滞在しておりましたフランクフルトで拝見したのですが、言語について書かれたもののなかで、その立論の正しさといい、また、表現の美しさといい、あの序文ほど私を魅了したものは未だかつてありませんでした。それ故、第二版にこの序文が収録されていないのに気づいた時には誠に遺憾に存じましたし、更に、文芸のあらゆる領域での有力な人々、例えば、ボン〔大学で教授をしている兄の方の〕のシュレーゲルなども、この序文を読んでいないことは確かですので、なおのこと残念に存じております。貴殿の著書の基本構想、すなわち〔ドイツ語という〕ひとつの言語を、そのすべての主要な地方語にわたり、屈折の細部に至るまで、歴史的に、しかも並列して平行的に記述するという仕方は、全く新しいものであり、かつ、言語の内部にまで深く浸透してゆこうとする言語研究の正しい要求にも適っておりますので、貴殿の挙げられたすぐれた成果を別にしても、御努力の方向のみですでに我々の深甚な謝意に値するものであると申せましょう。

ここに私の論文をひとつお届けして、貴殿の御校閲に供したいと存じます。この作品は、〔ベルリンの〕アカデミーにおける講演のためのものですから、それほど厖大なものにするわけにもゆかず、従って、そのなかの立論のあれこれに対して異論が生ずることは充分予想されましたが、それに対する反論をあらかじめ論文のなかで用意しておく余裕はありませんでした。しかし、この論文の基本構想につきましては、私のつとに確信しているところであります。つまり、私の考えでは、言語を膠着語と屈折語とに分類することはできるものではなく、どんな言語においても、この二様の語の改造の仕方は共存しているものと思っております。そして、屈折が始原的である場合は稀であると思います。もっとも、本当に根源的な屈折がいくつかあることを否定するものではありません。それ故、屈折の根源が膠着に由来するとする考え方も、あながち捨て去るわけにはいかないと思います。ただし、それを実証しようとする際には、慎重さと批判的な手腕を欠いてはならないでしょう。また、ある民族が〔現にもっている言語よりも〕一層精緻で立派な言語形成を行ない得る素質を備えているとしても、それだからといって、その民族が膠着を全く排除してしまうわけではありません。そういう民族では、膠着の痕跡が他の民族の場合よりも容易に消滅してしまうばかりでなく、実際、本来の屈折を発明するようになってゆくものと思われます。民族のこういう資性から、その言語の長所も短所も由来してくることは、自明の理であります。私の論文の中では、言語形成の盛んな状態から言語がどのように〔歴史的展開をとげて〕下降してくるのか、という問題に立ち入ることはできませんでした。しかし、言語形式の豊かな〔始源的〕状態へ〔言語を論理的に分析して〕遡及してゆくときに見られる現象は、いくつか認めることができました。と申しますのは、遡及の際にも膠着の跡を見失い、それを屈折と見紛うてしまうものですが、下降のときにも屈折は消滅してしまい、そのあとに語を付加することによって〔助動詞、冠詞など〕、文法形式を整えることも稀ではありません。それは本当の膠着とは言えなくても、膠着に似たものであるとは言い得ると思います。

貴殿はウムラウト〔後続の明るい母音によって語の母音が変化すること〕を多くの場合、〔文法的な理由によるものでなく〕全く音声的なものだと説明しておられますし、このウムラウトは格変化にとっては本質的なものではないと断言しておられるのですが、この点については、サンスクリットの同じ問題についての私の見方と一致しているの

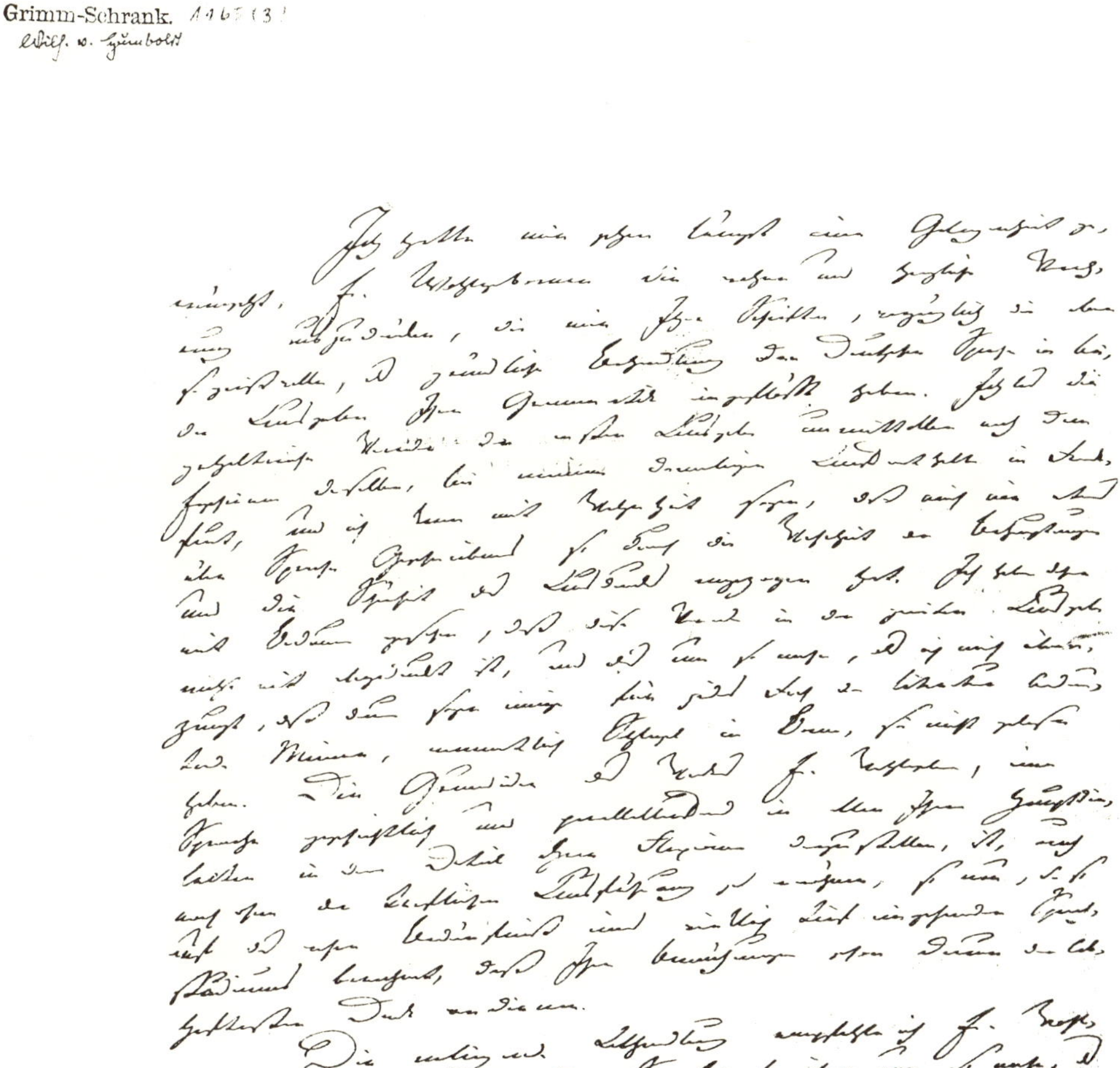
Grimm-Schrank.

フンボルトのグリム宛て書翰（その一）第一面
1824年６月28日付　ベルリンより発信
ベルリン国立図書館　手稿部門　グリムの遺品　1165

を嬉しく思います。

ところで、この手紙の中でこの点を更に詳しく述べることは適当ではないかとも存じます。ただ貴殿にお願いしたいのは、私の心からの深甚な敬意の表明をお受取り頂きたいということであります。

ベルリン、一八二四年六月二十八日

フンボルト」

さて、フンボルトの最初のグリム宛て書翰を読んでまず気づくことは、グリム『ドイツ文法論』第一版の「序文」に対する異常とも言い得るほどの高い評価である。フンボルトが初めてグリムに手紙を書いたときには、文中に述べられているように、第二版はすでに一八二二年に出版されており、それには十三ページにおよぶ新しい序文が付されているのであるから、フンボルトが第一版の序文だけを特別に問題としていることには、それだけの理由がなくてはならないはずである。事実、グリムの方では返書の中で、「あの序文は二度と読まないで欲しい」と頼んでいるほどである。それならば、この序文の中に、フンボルトとグリムの学問的立場の一致するもの、相異するものを明らかにし、両者を最も深い場面で比較することのできる糸口が潜んでいる、と言ってもよかろう。その意味では、フンボルトに対するグリムの返書（下書）を紹介するより先に、この『ドイツ文法論』第一版の序文に触れておくのがよいと思う。

3　グリム『ドイツ文法論』第一版の序文

この序文は、一八一八年九月二十九日の日付がついており、印刷して二十七ページにわたる長文のものである。ここにはその逐語訳を載せる余裕はないので、梗概を紹介するにとどめたい。

まずグリムの強調しているのは、言葉は文法書などを手引にして学校で学習すべきものではない、ということである。言葉は「母の乳を哺みつつ、母からの語りかけによって与えられ、両親とともに過す家庭の中で自然に育まれるもの」であるとする。そして、「学校で悩まされることの相対的に少ない若い娘や一般の婦人の方が、（男性よりも）言葉をより純粋に語り、より美しく連ね、より自然に語を選ぶことに長けている」のであって、自然に言語を学び取った人は、「みずからをこそ生きた文法書と呼んでよい。そして、言葉の大先生とされているような連中の定めた規則など、大胆に棄ててしまって顧みる必要など決してない。」

そうなると、世に行なわれているような形の文法書は全く無意味ということになるが、しかしそうだからといって、文法の研究そのものが無意味なのではない。

本来の文法の研究は、厳格な意味における学的研究以外にはないのである。そして、文法の学的研究の取り得る方向は、哲学的方向、批判的方向、歴史的方向のいずれかに限られる。

まず哲学的方法について考えてみると、哲学は確かに言語の本質に迫り、言語の起源を明らかにしたいという願いを持ち続けてきているのであるが、実際にやってきたところは、伝統的に神聖視されているいくつかの重要な語ないし概念に対し、中途半端な形で語源的な説明を与えさえすればそれでよしとする傾向がある。また、具体的な言語とは関わりのない抽象的な言語形式を、文法の名のもとに論ずる学者もあるが、その結果は不毛と混乱をもたらすのみで終ってしまう。

次に批判的な文法研究とは、フランスとイタリアに起り、他の諸国でも模倣されている方法であるが、変化を免れず、ともすれば頽廃してゆく言語を、特定の時期の最高の作家の文体で繋ぎ留めておこうとするものである。このやり方は実践的であり、抽象的な哲学概念に頼って言葉の美しさ、正しさを保とうとする方法に比べれば、はるかに信頼できる。また、あらゆる外国からの移入語を排除することによって、ドイツ語の純粋性を保とうとする言語浄化論者もいるが、移入語という雑草を摘み取ろうとする余りに、ドイツ語の土壌に咲いている美しい花を同時に根こぎにしてしまう懼れなしとしない。また、ドイツ語浄化のために、いくつかの発音や変母音を廃止してしまって、音調を改善しようと主張する論者もいるが、これは甚だ危険である。それは、どんな語でも長い歴史を背負い、それぞれに生きた息吹が通っていることを無視する結果になるからである。一般的に言って、仮にドイツ語に立派な法則と並んで変則的なものや異常なものがあるにせよ、それはそれで自然の意志なのである。現在行なわれている言語に欠陥や弱点があるからといって、言葉の歴史を無視して新しい語を増し、新規な形式を用いれば、辞書の語彙は何千となく増加するかも知れないが、長い歳月を通じて生き続けてきた大事な語や表現形式が、何十と失われてしまう結果になってしまうだけである。このような言語の変遷に対応して正しく平衡を保つものは、「倦まず活動を続けてゆく言語精神の力であり、巣作りをする鳥が、たとえ卵が失われても新しく卵を抱いては雛をかえすのに似ている。ところで、言語精神の眼に見えぬこの働きを感得するのは、情動に心昂まっている詩人や作家の仕事である。」

ギリシアの註釈家が古代の詩人、就中、ホメーロスの原典を忠実に保とうとした努力に我々がいかに負うているか、またラテンの文法家が示した厳しさが学術語としてのラテン語の成立にいかに寄与していることか、今日言語に関心を持つ者は、ギリシア人学者の広い視野とラテンの文法学者の厳格さとを統合する心構えがなくてはなるまい。

第三に、文法研究の歴史的方法がある。「私〔グリム〕は古代ドイツ語の原典を注意して読む度に、その都度、ギリシア、ラテンの古典にのみ見出されて我々の羨望の的となっていた完成された形式を、改めてそこに発見する思いがした。」ドイツ語の歴史を見ると、姉妹語のさまざまな地方語を含めて、二千年におよぶ連綿たる歴史が一貫している。古代高地ドイツ語はゴート語を基盤として成立しているが、さらに全体的に見れば、ヨーロッパのほとんどすべての言語の織り成す大きなひとつの連関が、アジアの言語〔サンスクリット〕をも含み、私の眼前に開けてきた。私の『ドイツ文法論』〔第一版〕の執筆が終ろうとする頃、〔デンマークの言語学者〕ラスク（Rasmus Rask）の受賞論文〔「古代北方言語であるアイスランド語についての研究」（一八一八）〕を手にして多くの示唆を得た。特にドイツ語〔ゲルマン語〕とスラブ語の形式がラトヴィア語、リトアニア語において相互に媒介されているという指摘は興味深いものがあった。「かつて旅ゆく言語学者は、語根を求めて歩き廻ったものであるが、〔ラスクのように〕言語の内的な構造に精通している学者の〔言語比較の〕仕事は、〔語根を集めて比較するよりも〕遥かに確実で実り多いものである。」ラスクの研究がペルシア語やインド語〔サンスクリット〕を意識的に省いているのは賢明であった。その理由は、スラブ語、ラテン語、ギリシア語が、ドイツ語〔ゲルマン語〕の周辺に緊密な親縁関係の連環を形成しているからである。しかし、言語のうちでも最も純粋でしかも最も根源的な言葉であるサンスクリットの解明が、いま進みつつあるが、いずれはこのサンスクリットの研究があらゆる〔インドゲルマン語族の〕言語研究の要となる日が来るかも知れない。そして、この研究を委ねるのに最適の人物は、同胞の〔サンスクリット学者、ベルリン大学比較言語学教授〕ボップ（Bopp）以外にはない。

本書〔『ドイツ文法論』〕において、私は、今まで等閑視されてきた困難な課題である形式変化の問題を先行させたが、その際、〔名詞、形容詞、人称代名詞などの〕格変化と動詞の〔人称、時称、話法の〕変化を敢えて区別しないで記述した。そして巷間重んぜられている音声論、字母論、それに名詞の性別、語の構成法などは後まわしにすることにした。

また、ラテン語の文法の術語を用いることも避け、*Genitiv* には *Zeugefall*, *Dativ* には *Gebfall* と理解し易い表現を用いいたし、格を表現するのに、一格、二格などの数字を用いることもしなかった。

私が本書において主眼とするところは、ドイツ〔ゲルマン〕諸語が互いに親しく関連し合っていること、現在用いられているドイツ語の形式は、以前の形式、更にそれ以前の形式、更には最古の形式まで遡っていかない限り理解し難いものであること、そして今日用いらるべき文法構造を確立するためには、歴史的な方法にのみ依るべきことを立証することであり、私の試みは必ずしもすべて失敗であったとは思っていない。私の進もうとする道程が正しいものであるという確信が、私の研究の苦難に満ちた歩みを一歩一歩助けてくれたものである。

以上が『ドイツ文法論』第一版の序文の概要である。第一版執筆直後、まだ印刷中のときに、グリムはすでに第二版の執筆を始めていたが、第二版といっても、第一版の再刻や加筆ではなく、内容的にも量的にも面目を一新しており、実質的には新しい著書と呼んでもよいほどである。そして、今ではこの第一版は非常な稀覯本となっていて、この序文は容易には見ることができない。しかし第二版の方は度々版を重ねており、一九六七年の写真による復刻本の『ドイツ文法論』(J. Grimm : *Deutche Grammatik*, hrsg. v. W. Scherer, Georg Olmsverlagsbuchhandlung, Hildesheim 1967) も、一八七〇年の第二版に基づいている。

ところで、このグリムの序文には確かにフンボルトが好むであろう箇所が多く見られる。例えば、学校における言語教育批判、人間の最深部にまで及んでいる母語の強さ、言語の内的構造、言語精神の活動、印欧語族の捉え方やサンスクリットの位置づけ、現に行なわれている言語形式を真に理解するための最も古い言語形式までの遡及(hinaufsteigen) 等みな然りである。しかし、フンボルトのいう言語の精神は、ドイツ観念論の術語としての精神に近く、精神の働きとは、主体としての精神が自己自身を定立することを意味しているのに対し、グリムの場合にはそういう意味合は含まれていない。また、古い言語形式への遡及という言葉をフンボルトもグリムも共に用いてはいるが、後述するようにその内容は全く異なっているのである。

では、次にいよいよグリムのフンボルトへの返書 (下書) を紹介してみよう。

4　グリムのフンボルト宛て返書（下書）

「閣下の六月二十八日付けの懇篤なる御書面拝受、思いもかけぬ喜びに打たれました。〔言語問題という〕私もその微力の一端を捧げている領域を、深い洞察の数々で啓発しておられる閣下の知遇を得ることは、私にとってどれほど尊いことか分りません。閣下とお近づきになりたいというのは、かねてよりの私の念願ではありましたものの、私の側から敢えて御好誼を求めようとする勇気はなかったのでございます。

「文法形式の成立について」という閣下の最新の御労作を恵贈賜わり、詳しく拝読して多くを学び、かつさまざまな刺激を受けました。貴論文の中に含まれている多くの鋭い御主張に対し、賛同したり、反論したりする資格が私にあるとは思いません。閣下は広い沃野を俯瞰しながら、高みを悠々と翔んでおられます。いつの日か、私もこの大地を去って高く飛び立つことができるようになるものか否か、今のところ分りません。のみならず、現在の私は、あの序文を筆にした〔六年前の〕当時よりも、一層強く〔ドイツ語の歴史という〕この大地にしがみついております。この序文に対し、閣下の示して下さった御好意は誠に忘れ得ないのですが、私はこの序文を決してもう二度とお読み下さらぬようお願いしたいほどの思いに駆られます。と申しますのも、もし再読なさるとすれば、私に対する閣下の好意的な印象は失われてしまうのであろうと思われるからでございます。〔序文執筆以後〕間もなく、私は我々のドイツ語のあるがままの姿を眼前に確保して見失わないためには、学ぶべきこと、および、学び得ることは多々あることを感じました。かかる研究を通じ、かつまたかかる研究によって得られるさまざまな発見に鑑み、私には〔言語の〕窮極の根源について問うことには、一種の気後れが生じてくるようになりました。そして、研究を続けてゆく結果、果たして何処に行きついてしまうのか、何を覆えしてしまい、何が証明されるようになるのか、には心を煩わすことなく、只管、仕事を続けてゆこうと思っております。その際、〔言語の根源を問うという〕高度の問いを解決するのに、役に立ったり、予感を与えたり、直接貢献するような具体的事例をいくつか見つけ出せれば、それだけでも私は心躍るのを感じるのであります。〔以下数行書いたところをグリム自身が抹消〕

精神が言語形成をしてゆくことの持つ高度の価値を、〔閣下の論文ほど〕見事にまた明らかに記述したものを、私は未だ見たことがありません。〔閣下の論文によれば〕精神は、必要とするだけの手立てのみをみずから用いるもので、過不足のない驚くべき運営を行なうものであります。私はかつて文語体の口語体に対する関係を明らかにする必要があったのでありますが、その時にも同じようなことを感じたことがございます。〔ロマン派のように〕民間の口語表現を収集している人々は、教養ある人々の語る言語を無視しても、この俗語表現を高く評価しようとする傾向があります。一般大衆は、今でも見事な美しい屈折や〔文法〕形式を個々には依然として用い続けてはいるのですが、そこからは魂が脱け落ちてしまっておりますので、調和のとれた形で使いこなすことができなくなってしまっているのです。一方、文語体の方では、そういう屈折や形式を立派な文体を実現するために用いるのは断念しております。文語体が再びそのような屈折あるいは形式と新しく関わりを持つことなど、どうしてできましょう。

文法形式には根源的な有意味性（Bedeutsamkeit）が潜んでいるとする考え方には、私も前から傾いておりました。そして、それ自身意味を持たない要素を〔文法形式のために〕用いることは、すべての言語において稀な現象であると閣下は断定しておられるものの、特定の場合にはそれもあり得ると認めておられますが、私も恐らくそう考えるのが当然ではないかと思っております。しかし、正直な話、屈折の本当の〔傍線はグリム〕意味を明らかにすることは、私には非常に難しいと思われます。この点充分納得できる実例を私はほとんど存じません。不変化詞についても事情は大して変ってはいないと思います。〔イギリスの政治家、言語学者〕トウック（Tooke）は、証明できないことでも分っているかのように語る人物で、彼の下しているさまざまな判断は、歴史的に検証してみると、ほとんどすべて通用しないことが明らかになって参ります。しかし、こういう失敗した実例があるからといって、

an Wilh. v. Humboldt

Eurer excellenz gütige zuschrift vom 28 juni hat mich erfreulich überrascht. Es ist mir von großem werthe, mit einem mann, dessen tiefe einsichten auch das fach, wovon ich einen kleinen theil bearbeite, erleuchten, in berührung gekommen zu sein; eine berührung die ich mir lange wünschte selbst anzuknüpfen aber nicht wagte.

~~Auch~~ Die neueste abh. ~~vorlesung über das entstehen der grammatischen formen~~ für deren zusendung ich herzlichen dank erstatte, über das entst. der gram. formen, habe ich zu meiner vielfachen belehrung und erweckung durchlesen. Allen darin enthaltenen geistreichen behauptungen beizupflichten oder sie zu bestreiten fühle ich mich ~~noch~~ nicht gewachsen. Ew. Exc. schweben in der höhe, das weite feld überschauend; ich weiß noch nicht ob ich einmahl von meinem boden werde auffliegen dürfen. Jetzt klebe ich sogar mehr daran als zu der zeit, wo ich die vorrede niederschrieb, deren Sie auf eine ~~für mich~~ mir unvergeßlich nachsichtige weise erwähnen und die ich beinahe bitten muß, niemals ~~nicht~~ wiederzulesen, weil es sonst um den ~~guten~~ für mich günstigen eindruck gethan sein würde. Ich spürte bald nachher, daß noch reichlich gelernt werden müsse und könne, ehe wir gleichsam den thatbestand unsrer sprache vor augen haben; durch dieses forschen ~~und~~ durch ~~die häufigen~~ entdeckungen, die es zur folge hatte, wurde mir eine gewisse ~~die~~ scheu, nach den letzten gründen zu fragen; ich arbeite fort, ohne zu sorgen, wohin es führen, was es umstoßen oder bestätigen wird. Wenig ermunterung für mich, wenn ~~daß~~ ich einzelnes zur antwort auf höhere fragen diensam, geahnt oder blindlings gefunden habe. ~~Die nachfolgenden~~

グリムのフンボルト宛ての返信（下書）第一面
ベルリン国立図書館　手稿部門　グリムの遺品　1165

〔文法形式の要素となっている語はもともと〕有意味のものであったという原則を放棄した方がよかろう、ということにはなりますまい。

閣下が将来いつか、言語形成〔の始原的状態〕への遡及と、言語形成〔の始原的状態〕からの下降との対立の原則を更に展開されるようになれば、素晴らしいことだと思います。ところが、言語の下降・沈下の歩みを明らかにするのは、歴史のみであり、歴史を調べても、言語の根源に遡及する歩みを見出すことは、決してできますまい。ドイツ語〔ゲルマン語〕が初めて出現したときには、後のいかなる時代にもまして、真正な文法形式が見出されますし、その後には現れないような微妙に完成された前置詞や接続詞の存在が認められます。ドイツ語は当時すでに、我々の視圏を絶するほどの高みから衰退してしまった状態に陥っていたことは明白であります。その頃――と申しますのは私の考えでは四世紀から八世紀にかけてのことですが――、ドイツ諸民族の思考力はそれほど傑出してはおりませんので、かかる諸民族の語る言語が文法的に実際に卓越していた根拠としては、精神的な形式が高度の域に達していた古い時代の賜物であると考えるか、あるいは、何らかの他の理由に依ると解するか、いずれかであろうと存じます。ここで私は率直に申し上げれば、ドイツ語には、素材としての卓越した性質が多大の役割を果たしていることを認めたいと存じます。この優れた点は、本当の屈折の中に潜んでいるあの全体を見通すことはまず出来ないとはいえ、否定することも不可能な秘密と、親しく関わっているように思われます。この長所には、ある意味では、精神的な長所が対応しているのでありましょうが、文法的な長所としてふさわしい幾多の点を、この精神的な長所が妨げたり、中断したりしている事実もまた否めないと思われます。我々の世代は、極めて古く作られたものの廃墟の上に、石や木を用いて新しく築いてゆくものであります。我々が放棄して顧みないものが、必ずしもすべて不要なものであったとは限りませんし、いくつかの点においては、棄てざりせばの嘆きを託《かこ》っていることもあるわけでございます。最もすぐれた言葉を取ってみても、その中には、思考力〔である精神〕が、単独で支配していさえすれば、その力に背馳していると思われる部分がかなり多く含まれていると申せましょう。一例を挙げれば、〔名詞の〕性の区別をした上に、かかる別を全く抽象的な概念にも適用するという〔印欧語族に共通の〕仕方は、ギリシア語においても追放されてはおりません。そして、英語が性の区別を棄ててしまったが故に、若干の点において大いに得る所があったことは、否定すべくもないと存じます。

それ故、言語はどんなものでも、その根源から〔時間的に〕遠去かれば遠去かるほど、それだけ形式が増加してゆくものである、という〔閣下が論文の中で指摘しておられる〕原則を、私は必ずしも無条件に承認するわけには参りません。私には、〔時間的に下れば下るほど〕哲学的な形式は増加してゆくものの、詩的な形式は失われてゆくように思われます。また、相互に対立している音調の二様の法則も、一方は音韻に、他方はアクセントに依存していると考えます。閣下は、屈折語と膠着語の間に厳格な区別を設けることは廃止すべきとある、と御主張になり、それは誠に当然だと思われるのですが、同じようにここでも、〔音調の〕法則の二つの方向も、相互に混淆していることを認めなくてはならないのだろうと思います。ここに述べました私のいくつかの考え方は、実際に書き表わしてみると些か不遜な言い方になってしまいましたが、私の気持としては非常に恐縮して申し上げているわけでございます。心よりの敬意を罷めて。閣下の〔ヤーコプ・グリム〕

グリムが実際にフンボルトに送った手紙も、この下書とほぼ同じであったと推定してよいと思われる。

さて、この下書を読んで先ず最初に眼につくのは、「高みを悠々と翔ぶ」フンボルトと、「大地にしがみついている」グリムという比喩である。これは恐らくグリムが意識していたであろうよりも、遥かに痛烈に両者の学風の違いを衝いている。フンボルトの言語哲学は、彼以前および彼以後の何人も匹敵し得ないほどの多くの、東西古今にわたる現実の知識に基づいて展開されている。その意味では、フンボルトは決して「天翔ける」言語哲学者ではなく、逆に、他の思弁的な言語哲学者に比べれば「大地にしがみついている」学者であり、また、そこにフンボルトの言語論の強みがあるとも言い得よう。

ところが、グリムはそのフンボルトを「高みを翔ぶ」と形容し、自らを「大地にしがみついている」と語っているのである。フンボルトが絶讃し、グリムの方では二度と読まないで欲しいと述べている『ドイツ文法論』第一版の序文に、フンボルトは、自己と同じように言語を哲学的にも捉えようとする「天翔ける」グリムを見出したのであろう。そしてフンボルトがそう考えるのも当然と思われる表現が、序文には随所に見られる。一方、グリムはこの序文の中に、この返書を認めている六年後の自分の姿と比べれば、大地を離れて中空に浮ぶ自己を見出さざるを得ないが故に、二度と読まないで欲しいと願ったのであろう。

次に眼につくのは、グリムの「言語の窮極の根源について問うことに気後れを感ずる」という言い方である。フンボルトがグリムに贈った論文は、「文法形式の成立」および「文法形式が理念の展開に及ぼす影響」をテーマとするもので、その主題は「言語の窮極の根源」に迫ろうとする試みにほかならない。この論文を読んでみても、論文の狙いは正にそこにある。それだからこそ、フンボルトはこの論文をゲーテに献じなかったのであろう。ゲーテは抽象的にのみ趨る思考法を蔑していたからである。グリムが気後れを感じた「言語の根源を問う」という理念的な問題は、この返書のすぐ後に「高度の問いを解決するのに役立つ事例だけでも」とある「高度の問い」と同じであり、そのような「高度の問い」は、歴史的言語学の立場に立つ限り解答不能な問いであることを、グリムは痛感していたに相違ない。従って、グリムの返書の最初の部分は、結果的にはフンボルト論文の厳しい批判になっているわけである。

次にグリムの返書に見られる問題点は、文法形式の有意味性の問題である。この問題は、屈折の語尾の変化部分とか、接続詞、前置詞のように、文法形式を成立させるのに不可欠な要素でありつつ、しかも現在ではそれ自身何らの対象や事象を示さない語ないし語の部分が、根源的にみて有意味だったのか無意味だったのか、という問題である。グリムは返書のなかで、一応はフンボルトの論文の中の発言に賛意を表すると述べている。それならば、フンボルトはグリムに贈呈した論文のなかでどう述べているのであろうか。

フンボルトは二十九ページにわたる「文法形式の成立と……」の論文の終りの方で、レジュメのような形で要旨を自らまとめているので、その部分を引用してみよう。

「言語は根源的に対象を示すものであり、〔対象を示す語を結合して〕発話〔すなわち文〕としてまとめることは、聞き手が考え足すようにさせるのである。

しかし、聞き手の方で考え〔て文としてまとめ〕るのを容易にするために、語の置かれる位置を利用するとか、対象や事柄を表現している語を、そのまま語相互の関係や文法形式を示すものとして用いるとか、の方法を講じようとする。

かくして、最も低次の段階ということになるが、言い表わし方、きまった文句などを用いて、文法的な関係の表現がなされるに至る。

こういう補助手段が規則的に使われ、語の位置は固定的になり、〔文法的関係を示すために〕用いられた語は、次第にその語の独立した使い方や事柄を示す意味、更には本来の音声までをも失っていく。

そのようにして、第二段階としては、語の置かれるべき場所が決まってきてそれが文法的意味を持つようになり、また、同一の語があるときは事柄そのものを示したり、あるときはそれとは逆に単なる文法形式を示したりして、両者の間を動揺していたのが、段々と文法上の表示をする役割のみを果たすようになってくる。

やがて、語の位置〔による文法的役割の表現〕が統一されてくる上に、文法形式を示す語がそれに加わってきて接辞（Affixa）と化する。しかし、これではまだ結合の仕方は鞏固でなく、結びつけた跡がありありと見え、〔発話〕

全体は依然として寄せ集めにすぎず、一体化していることにならない。

そこで第三段階としては、形式というべきものに似通った文法〔的関係〕の表現が生じてくる。形式性が貫徹されてゆき、語はその一体性を保つつつ、〔その語の語尾の〕屈折音声だけが、変化しつつ、さまざまな文法的な関係性を表現する。そしてどの語も特定の品詞として数えられるようになってきて、単に辞書的意味を担うばかりでなく、文法的な個性をかち取るようになってくる。そして文法形式を示す語は、いまでは〔特定の対象を示す語としての〕副次的となった意味を依然として示し続けて人を惑わすことなく、〔文法的な〕関係のみを示す純粋な表現となる。

かくして、最高の段階としては、真の形式、すなわち、屈折と純粋に文法的な表示のみを担っている語によって、文法的な関係が表現されるに至る。（アカデミー版フンボルト全集、第四巻、三〇六ページ）

グリムの方は、「屈折の本当の意味はなかなか分りません」と語って「本当の」という形容詞にわざわざト線を施し、フンボルトの所論に婉曲な形で疑問を投げかけている。

更に関心を惹かれるのは、イギリスのトゥックに対する二人の評価の相違である。

フンボルトは同じ論文の中でこう述べている。「どんな言語にも文法的にのみ用いられる語があるものであって、文法形式の大部分はそういう語を利用することによって成り立っている。そういう語とは、前置詞と接続詞にほかならない。……これらの語は、必ずしもすべてが純粋な理念からのみ生れたとは言い得ず、空間とか時間とかの経験概念を利用したものが多い。……ホーン・トゥックの考え方は〔他の学者に比べれば〕より正しいものと思われるが、彼によれば、前置詞や接続詞はすべて、実際の意味を担い、対象を表示する語に由来する。」（アカデミー版全集、第四巻、三〇三ページ）

これに対してグリムの方は、返書の中で、このトゥックは学問的には信用できない人物であって、彼の判断は歴史的に検証するとほとんど全部誤りである、と言い切っている。それ故、グリムの真意は、文法形式を表現する機能を果たす語が、みな本来は特定の対象ないし事象を示す語であったという考え方にはかなり懐疑的であったと思われるのである。

次に、言語形成の根源への上昇・遡及とそこからの下降という問題がある。

この上昇と下降の対立は、フンボルトのグリム宛ての書翰にも、グリムの返書にも同じような言葉遣いが見られる。フンボルトの場合は aufsteigen・hinaufsteigen と absteigen・herabsteigen の対立であり、グリムの方では、上昇にはフンボルトと同じ steigen・aufsteigen・hinaufsteigen を用い、下降には別の動詞 herabsinken・versinken・sinken を使用している。

フンボルトにおいては、上昇・遡及であれ下降であれ、同じ steigen という動詞を両者に共通に用い、それに上下の方向を示す前綴を付加して分離動詞を作っているのである。ところがグリムの方は、上昇・遡及についてはフンボルトと同じ動詞を用いているものの、下降のときは異なった用語を選んでいる。一見大したこととは見えないこうした用語の相違も、実は非常に深いところに根差しているように思われる。

フンボルトにとっては、上昇であれ下降であれ、方向を異にするだけで、方法論としては全く同じ論理的操作であるから、用語としては同一の動詞を基本的に用い、ただ前綴を換えることによって上、下の方向の差を示したものであろう。先に引用したフンボルトの論文「文法形式の成立」で述べられている文法形式の三段階にわたる生成課程も、文法形式が成立してくる時間的順序を示すものではなく、文法形式そのものの構造的な分析なのである。

ところが、歴史法学の祖とされるサヴィニーによって学問の世界に開眼したグリムにとっての関心事は、言語の変遷を歴史的事実として把握することであるから、上昇といい下降といっても、それは論理的操作の問題ではなく事実問題なのである。そして、言語の変還は、グリムにとっては同時に言語の頽廃化の歴史でもあるから、下降、すなわち、具体的な歴史的変遷を意味するときには、用いる動詞を改め、具体性を持ち価値的な低下をも含意するsinken, versinkenを用いたものであろうと思われる。つまり、この用語の微妙な差異は、フンボルトが言語哲学者として論理の場面で発想しているのと、グリムが言語歴史学者として歴史の地平で学的営為を行なっているのとの違いから生じてきたものであり、両者の学問の展開される次元と方法が本質的に異なっていることを端的に示すものなのである。グリムが返書の中で、「歴史を調べても、言語の根源に遡及する歩みを見出すことは決してできません」と断言しているのは、正にそのためなのであろう。

この両者の立場の質的な相違は、言語がその根源から時間的に遠去かってゆくとき、言語形式が増加するのかどうかという議論にも関わってくる。

フンボルトは、グリムに贈った論文のなかで、「ある言語がその根源から遠去かっていればいるほど、同じような状況におかれているとすれば、形式においてそれだけ獲得するものが多い」（アカデミー版全集、第四巻、三〇一ページ）と述べているが、グリムは、哲学的な形式は増えるかもしれないが、詩的な形式は却って失われてゆくと語っているのである。グリムにとって重要なのは言語の哲学的形式ではなく、詩的形式なのであるから、このグリムの立論は実はフンボルトに対する真正面からの異議申立てとなっている。

フンボルトとグリムが書翰を往来することによって、両者が言語という問題領域を共通にしていながら、実は、発想の基盤も方法論も全く異なっていることが、ここに端無くも露呈したことになる。

こうして立場の相違が明白になっても、両者の書翰および論文の交換による学的な交流はその後も続いてゆく。フンボルトから続いて送られる書翰と論文に対し、グリムはその都度、返書で応え、論文や著作を贈っている。グリムのこの論文・著書はいま我々は手にすることができようが、フンボルト宛ての書翰はすべて失われて、いまそれを読む術はない。

次に、フンボルトのグリム宛ての二番目の書翰を掲げる。そして、この二番目の書翰および第三、第四の書翰の内容についての解明は、他日に譲りたいと思う。

5　フンボルトのグリム宛て書翰（その二）（一八二六年三月二十六日、マトソン、七五九一）

「貴殿は、〔ドイツ語の〕細かな具体的な事例を数多く的確に積み重ねた上、そこからあの〔グリムの法則という〕きわめて重要でしかも普遍的な法則を導き出してきた方でありますから、誰が読んでみても貴殿の労作に対するほどの信頼をかちうるはずのない私の論文を貴殿に進呈することが、いかにおこがましいことかはよく分っているつもりではありますが、それにも拘らず、貴殿に私の小論をお送りさせて頂きたいと存じます。この論文をお読み頂ければおわかりになるとは存じますが、そこで私が試みましたのは、言語について判断すべき二つの事柄〔ひとつは音声による語の表現、もうひとつは、語を連ねて文とするための文法形式〕のうちのひとつである音声の問題を、最も普遍的でありつつ、しかも固有な性格を併せ持つ音声の関連性において記述することであります。

ウムラウトとアプラウト〔語根が相互に親縁関係にある語の母音が変化して相違していること〕についての論議は、貴殿によってはじめて存在するようになった問題領域ですが、この議論をサンスクリットと比較しつつ詳しく展開してゆくこと、少なくともそう努力することは、私には非常に重要なことであろうと思われます。その際、ギリシア語、およびラテン語と比較することも怠ってはなりますまい。私自身サンスクリット研究に際しましてはその点にはずっと留意して参りました。しかし、この仕事が極めて困難なことは言うを俟たぬところであり、貴殿と私に共通の友人であるボップの助けを得れば、更に詳しい点が明らかになるやも知れず、と感じております。私の確信するところでは、こういう仕事を積み重ねてはじめて、屈折がいかにして成立してきたかという問題——この問題につきましては、私の考え方は貴殿のお考えと異なる所はないと、近時ますます信じるようになって参りました

——に光をあてることができると存じます。
私の心よりの深甚なる敬意をご受納頂きたいと思います。
ベルリンにて、一八二六年三月二十六日

フンボルト」

この書翰とともに贈られた「小論」とは、「文字の使用とその言語構造との関連について」(*Über die Buchstabenschrift und ihren Zusammenhang mit dem Sprachbau*)(アカデミー版全集、第五巻一〇七―一三三ページ)と題するもので、一八二四年五月、ベルリンのアカデミーでなされた講演に基づいている。印刷が二年間も遅延したのは、フンボルトが加筆を望んだためで、結局加筆はされずに印刷された。なお、フンボルトはこの論文をゲーテにも贈っている。

6 フンボルトのグリム宛ての書翰(その三)(一八二七年七月八日、マトソン、七八〇五)

「貴殿の御書面を拝受して以来まる一ヶ年座右に置きながら、やっと今日になって御返事を差上げる羽目に相成ったのですが、本日は今後数ヶ月にわたると思われる旅行に出立する当日なので、私が書きたいと思いますものよりも、遥かに簡単にしかこの手紙を認めざるを得ないことは、全く汗顔の至りに存じます。とは申しますものの、私はかねて印刷中の拙稿を同封してお送り申し上げるべく、今まで待っていたことを御理解頂きたいと存じます。

〔貴殿のご指摘になっておられる〕合成用の母音という考え方は、私の強い関心を喚起するものであります。ある語の末尾の発音を後続の語の初頭の発音によって変化させる習慣がほとんど皆無であるような言語があるものですが、そのような言語においても、この考え方を適用することができると思われます。いずれにせよ、語の基本形式をそのまま文中に用いることがないような〔屈折を多用する〕言語においては、この合成用の母音は、語の基本形の中に包含されているとみなすべきか否か、常に疑問であると思われます。貴殿は、本来の屈折を問題とするときには、こういう母音を全く屈折とは無関係であると排除しておられるのですが、その点では私も貴殿に全く同意するものであります。しかし、屈折の音声は、往々にして媒介の役割を果たす母音を必要とする場合があり、この媒介の母音が合成の母音と同一であるときには、一体どのように考えたらよいのでしょうか。ある言語がどのような体系に属する言語であると考えるにせよ、ある語に本当に加えられる屈折は、常に一種の合成であることを失いません。〔ギリシア語の合成動詞〕*οἰκ-ο-δομέω* における *οἰκο* を語の基本形とみなすことは私にはできませんし、*ος* を主格の記号であると考えることもできません。基本形といえば、前者では *οικ* だけのように私には思われますし、後者については主格の記号は、*σ* のみであり、*ο* はいずれの場合においても結合の母音でありましょう。

貴殿は我々の共通の友人であるボップが、貴殿の優れた労作『ドイツ文法論〔第二版〕』について書いた書評をご存知のことと存じます。

前記書評の中で触れられているいくつかの主要な問題点について、貴殿がどのように考えておられるのか、お伺いしたいと強く念じております。私に関する限りこの書評の中で最も関心を惹きましたのは、アプラウトと〔サンスクリットの〕グナ〔変化〕について述べられている箇所であり、私は率直に言って、ボップの意見については同意いたし兼ねますし、その点、我々の友人〔ボップ〕と大いに議論を交し、彼の意見には賛同し得ない所以を伝えてあります。私は、アプラウトとグナは全く異なったものであり、仮に関係があるとしても全く遠く隔たった関連性しか持たない二つの現象であると考えており、この点では、貴殿とも考え方を異にしております。ところが、サンスクリットにはもう一つ別種の母音変化があり、その方がむしろアプラウトに似ております。それは、例えば〔サンスクリットの動詞〕man から音声を重複して過去形 mamn を作るようなものが、それであります。サンスクリットの場合においても、グナ〔変化〕が語の最終音節の音の軽さから生れたものであるとする考え方には、私は疑問を持っております。この考え方にはそぐわない重要な事例がよく見出され、上記のいわゆる原則に反する実例が余りにも多すぎるからであります。ところが、ゲルマン語のアプラウトには、根源的で深くかつ美しい文法的感情が潜んでいること、および、ゲルマン語のアプラウトの根源はこの感情のみに由来していること、を否定する考え方には私は絶対に同意できません。サンスクリット系の諸言語〔印欧語族の言語〕の中には、似たようなものが幾つか認められるのは事実ですが、ゲルマン諸語の場合のように、美しく純粋でしかも体系的なものの見られる言語は他にありません。そして、〔サンスクリットに〕きわめて近い親縁性を持っている諸言語の中で、ひとつの言語〔ゲルマン語〕のみが、もとの言語の基本に異なるところはないものの、それでいて全く独自なものを身に体していることになるわけです。

この書翰に付して小論一篇お届けいたします。それは、中国語の構造に関するもので、論争の火種ともなったものであります。何しろ、〔中国語という〕あらゆる文法形式を拒否しているとも言い得る言語について詳しく耳にされることは、恐らく貴殿の興味をそそるものと思われます。今のところ、私は〔マレー系諸語などの〕南海の諸言語の研究に携わっているのですが、これらの言語は中国語に比べれば、遥かに文法的構造を備えているとはいえ、中国語に結びついているものであります。私の知る限りでは、サンスクリット系諸語が最も完全な文法組織を備えた言語であると存じます。このサンスクリット諸語の他に、数多くの言語が世に存在し、そういう言語を調べてみると、万人に等しく与えられている同一の文法〔形成能力〕がそれらの言語に定着しようとしてはいるものの、言語の中に住みつく場所を見出し得なくて難渋している、とでも言うべき状況に気づくのであります。私は今のところこのような言語の範囲内で動き廻っております。その理由は、現時点ではそれらの言語の外面的な研究資料を私ほど持っている者を知りませんし、また、この領域の従来の研究の仕方は誤っていると思っているからであります。

ところが、サンスクリット諸語の研究解明の仕事の方が、言うまでもなくより困難であるとともに、尊い仕事であり、また、報われることも役に立つことも多いことは分っているのですが、この仕事は、ギリシア語の専門家を暫く別にしても、貴殿をはじめ、ボップ、シュレーゲルの如き錚々たる方々がおられますので、この領域で私が欠けては困るなどと思うのは、傲慢であると申さざるを得ません。さりとて、私が大した関心も懐かずに、貴殿の『ドイツ文法論』を勉強したなどとは思わないで頂きたいと存じます。私は目下のところ、眼病のため苦しみつつも、常に貴殿の『ドイツ文法論』に立ち還って研究しておりますし、また、若い時分にゲルマン諸語の研究に十分時を割かなかったことを今になって悔めば悔むほど、一層熱心に貴殿の書物を読んでいるのであります。貴殿の作品は正に不滅で掛替えのない労作である、と私は心から確信しておりますし、外国、特にフランスやイギリスでも、自国の言語をこのような形で研究し、業績としてまとめ上げることなど思いつかなかったことは確かです。私の感じでは〔スラブ語について行なった〕ドブロウスキー（Dobrowsky）の業績のみが、ある程度貴殿の仕事に比肩し得るものと思われます。願わくは、天が貴殿にこの優れた仕事を完成させるべく、健康と時間の余裕を与え給わんことを。心からの敬意と共に。

一八二七年七月八日、ベルリン郊外テーゲルにて

フンボルト」

フンボルトのグリム宛て書翰（その二）と（その三）の間には、フンボルトにとって大きな意味を持つひとつの出来事があった。書翰（その三）を認めた前年の一八二六年十二月二十九日、フンボルトはヴァイマルの自宅にゲーテを訪ねて歓談している。そのとき、ゲーテの書斎には、たまたまシラーの頭蓋骨が置かれており、このしゃれこうべを挟んで、七十七歳のゲーテと五十九歳のフンボルトは、シラーについて、また、ゲーテの『ファウスト』

について、また、人間の生と死について心ゆくまで語り合ったのである。(10) この会談についてはフンボルトが妻のカロリーネに与えた、一八二六年十二月二十九日の手紙に詳しい。ゲーテとフンボルトの間には、その後も重要な意味を持つ文通は交されたが、二人が対面して歓談したのは、このときが最後である。

さて、このグリム宛ての書翰（その三）にも、フンボルトは自分の論文を同封して贈っている。その論文は「文法形式一般の性状、特に中国語の特性についてアベル・レミュザ氏に寄せる書翰」（*Lettre à Monsieur Abel-Rémusat sur la nature des formes grammaticales en général et sur le génie de la langue chinoise en particulier*）と題する仏文の論考であり（アカデミー版全集、第五巻、二五四―三〇八ページ）、書翰体を取っているので末尾に Guillaume de Humboldt というフランス風に綴った名前と、一八二六年三月七日の日付けが入っている。このレミュザは、ヨーロッパに中国語の本格的な学問的研究をはじめて導入した学者であり、『中国語文法』（*Eléments de la grammaire chinoise*, 1822）の著者でもある。フンボルトはこの文法書を発刊早々に求めて熟読し、前掲の「文法形式の成立について」という論文の中でもそれについて言及しているほどである。フンボルトの「文法形式の成立について」はレミュザ自身も読んで、その中の中国語に関するフンボルトの発言についての書評を、パリのアジア研究誌に載せたのである。フンボルトはレミュザによって中国語研究へと導かれた学恩を謝すべく、それまでの自分の中国語研究をまとめ、書翰体の論文として発表したのである。この論考の印刷はパリでなされ、校正は当時パリに住みついていた弟のアレキサンダー・フォン・フンボルトが当った。なお、この論文の初版本も、故市河三喜教授旧蔵のものが、いま慶応義塾大学言語文化研究所に架蔵されている。

7　フンボルトのグリム宛て書翰（その四）（一八二八年十一月十二日、マトソン、七九三八）

「貴殿が建築家のヴォルフ氏（Wolf）に託されて私にお届け下さったご芳書に対し、心より御礼申し上げます。

このヴォルフ氏を知って私は非常に満足いたしましたし、同氏の持参された数篇の論考を読んで同じように充分満足いたしました。しかし、同氏が当地〔ベルリン〕滞在の主目的を達成し得るか否か、些か疑問に存じます。同氏の願いは、単に就職というよりも、むしろ新しい職場のひとつを設けることにほかならないのでありますから、こういう問題には常につきまとっている難関が果たして除去され得るや否や、心許無いのです。

貴殿の著書〔チュートン族の法組織を集めた〕『古代の法制遺構』(Rechtsaltertümer)〔一八二八〕拝受、篤く御礼申し上げます。既に貴著より多くのものを多大の関心を懐いて学び取りました。しかし今日までのところ、単に繙読したのみで、本格的に研究する余裕はありませんでした。と申しますのは、六ヶ月にわたる〔パリ・ロンドン旅行による〕不在期間が続きましたので、各種各様の仕事が山積しているためであります。

〔フランスの言語研究家〕メリアン(Merian)は、私がパリに滞在中の初めの頃亡くなりましたので、彼に会うことはできませんでした。彼は非常に頭脳の回転の速い人物で、富裕でしたから、言語研究に没頭していたわけです。ただ残念なのは、彼の歩んだ道程が全く誤っていたことです。メリアンのように、言語相互の親縁性を、辞書をもとにして作った語彙の一覧表からのみ判定しようとする考え方に対しましては、イギリス滞在中に私の意見を執筆する機会があり、それを〔ロンドン〕のアジア協会が印刷してくれております。やがて当地に届くものと思われますので、その時には直ちに貴殿に一部お送りいたします。

心よりの誠意と特別の敬意をこめて。

ベルリン、一八二八年十一月十二日

いついつまでも貴殿に献身的な　フンボルト」

フンボルトの書翰(その三)とこの書翰(その四)の間には、長期にわたるフンボルトのパリ・ロンドン旅行が入っている。

フンボルトと妻のカロリーネは、外交官に嫁した三女ガブリエレが三人の幼い子供を連れて、その夫の任地ロンドンに赴くのに同行することを決心した。ほぼ半年にわたる長期の、しかも最後の大旅行である。一八二八年三月ベルリンを発ちまずパリを目指すが、その途中カッセルを通り、四月上旬、フンボルトは同地で司書をしているグリムと初めて相見えるのである。時にフンボルト六十一歳、グリム四十三歳。そして両者の対面はこのときが最初にして最後となった。

書翰（その四）で触れているロンドンのアジア協会で発表した論文（書翰の形で同協会に送り、一八二八年六月十四日に代読させた）とは、「東洋の諸言語の親縁性を確認する最善の方法についての試論」（*An Essay on the best Means of ascertaining the Affinities of Oriental Languages*）と題するものである（アカデミー版全集、第六巻、七六一―八四ページ）。この論文では、書翰（その四）でメリアンの誤った方法と述べているのと同じく、イギリスで当時行なわれている言語比較の方法論――辞書的な語彙の比較のみで言語相互の親縁性を証明し得るとするもの――を強く非難し、言語を比較するときには、その内部構造に即して行なうべきことを主張している。なお、ここで東洋というのは、実はインドを指している。

おわりに

一九八一年三月、ドイツを去る直前のことであった。図書館の司書の一人が、フンボルトのグリム宛ての書翰は、かつて、フンボルトの研究家ライツマンが雑誌に紹介したことがあるはずだと言った。しかし彼はその雑誌の名も刊行の日時も記憶していなかった。そこでその探索を図書館の何人かの人に依頼して帰国したところ、暫くして、それは『オイフォリオン』(*Euphorion*) という文芸史を主たる領域とする雑誌の第二十九巻 (一九二八) であることを教えられた。すぐにそれを東京で探し出して読んでみたところ「グリム宛てのフンボルトの書翰、報告者、アルベルト・ライツマン、イェナ」(*Wilhelm von Humboldts Briefe an Jacob Grimm*, Mitgeteilt von Albert Leitzmann in Jena) と題する報告で、六ページ強の紙面に、四通のフンボルトの書翰が活字になっている。そして冒頭には一ページほど、フンボルトとグリムの交渉についての解説が記され、各書翰の後にはそれぞれ数行程度の註記がある。グリムの返書についても触れているが、内容の紹介はほとんどない。

早速、筆者がベルリンで読み解いた自分のノートとライツマンが読んで活字にしたものとの比較を始めた。書翰(その一)では七箇所、書翰(その二)では四箇所、その三、その四ではそれぞれ五箇所の異同がある。その中には、単なる正書法の問題と見られるものもいくつかあるが、多くは大なり小なり文意に関わるものである。そのうちのまた半数は、なるほどそう読むべきであったとライツマンに蒙を啓かれたものであったし、残りは、ライツマンほどの人物が、なぜこんな読み方をしたものか、と訝しく思うようなものであった。そして現存の書翰(その一)と書翰(その二)との間には、一八二八年八月一日付けのフンボルトの書翰があったことが、手紙の封筒が残っていることから窺える、とライツマンは記している。しかし、筆者はベルリン、国立図書館の手稿部門でこの封筒を見ることができなかった。

本稿では、フンボルトの書翰については、筆者の読み取ったノートを底本とし、数箇所ライツマンの報告によって訂正して訳出した。

筆者がドイツ滞在中、『オイフォリオン』第二十九巻にフンボルトのグリム宛て書翰四通が紹介されていることを知っていたとすれば、時間をかけてフンボルトの書跡を解読する労は省け、その分だけ、より多くの文献を渉猟する余裕が得られたかもしれない。

しかし、フンボルトのグリム宛ての書翰が、活字化されていることをベルリン滞在中に知らなくてよかったと思う。

苦労しながら『メキシコ語文法』を筆写し、グリム宛ての書翰を解読しようと試みたことによって、フンボルトの思考課程を直接に追体験することができ、百五十余年の歳月を隔ててフンボルトの謦咳に接する思いがしたからである。

曲り形にもベルリンにおける筆者の研究が可能になったのは、図書館の司書や職員の方々のお陰である。遥かに深甚な謝意を表したいと思う。

註

(1) ドイツでは、一九九八年に至ってフンボルト『カヴィ語研究序説』の新しい刊本が出版された。これはハイデルベルク大学のドナテラ・ディ・チェザーレ教授の監修によるもので、底本は一八三六年の初版本とし、アカデミー版のページ数を欄外に記載するという方法を取っている。

そして、この書では、一二八ページに及ぶ巻頭の「解説」によって、フンボルトのすべての仕事の概要を述べ、かつ、その言語哲学の思想史的位置づけをも行なっている。

また、巻末には、フンボルトおよび言語研究に関するすぐれた書物や論文の一覧表を掲げ、そこに挙げられている二百九十三名の東西古今の学究の中には、故泉井久之助京都大学名誉教授、故福本喜之助関西大学名誉教授をはじめ、二十一名に及ぶ日本の学者の労作が、ローマ字による日本語の標題とそのドイツ語訳と共に記載されている。筆者の論文八篇もそこに紹介されている。

さらに、フンボルトの作品のドイツ語以外の言語への翻訳の項の中には、筆者の『言語と精神——カヴィ語研究序説』(法政大学出版局、一九八四)も紹介されている。

この五百五十六ページにも及ぶ書物の書名を左に掲げる。

Wilhelm von Humboldt : Über die Verschiedenheit des menschlichen Sprachbaues und ihren Einfluß auf die geistige Entwicklung des Menschengeschlechts, Herausgegebn von Donatella Di Cesare, Schöningh, 1998, Uni-Taschenbücher (2019)

（2）『カヴィ語研究序説』の新しい英語訳が一九八八年にアメリカで刊行された。訳者はアメリカ、ヴァージニア大学のヒース教授、巻頭に付せられた六十ページに及ぶ解説論文は、同じヴァージニア大学のアースレフ教授（元プリンストン大学教授）の手になるものである。

底本はアカデミー版ではなく初版本で、フンボルトの生誕二百年記念（一九六七）にベルリンのデュムラー書店が覆刻したものを用いた、とある。そして、『言葉について』(On Language) という新しい標題を与え、『人間の言語構造の相違性と人類の精神的展開に及ぼすその影響について』という初版本当時からの長い呼び方は、その後に細字で記されている。

そして、訳文は周到で正確である。

注目すべきは、巻頭に掲げられたアースレフ教授の論文で、そこでは、フンボルトの言語哲学に及ぼしたフランス哲学、特にコンディヤック、ディドローなどの影響を強調している点である。

また、フンボルトのこの作品の翻訳出版は、ケンブリッジ大学出版局の企画による〈ドイツ哲学原典叢書〉の第一巻で、「英語圏の人々の間に高まりつつあるドイツ哲学の伝統を見直そうとする傾向に対応する」ものである、という。今後は、ニーチェ『曙光』『人間的な、余りにも人間的な』をはじめ、フィヒテ『知識学』、リッケルト、青年ヘーゲル学派の作品を翻訳する予定との由である。

本書の書名を左に掲げる。

Wilhelm von Humboldt : On Language　The Diversity of Human Language-Structure and its Influence on the Mental Development of Mankind

Translated by Peter Heath with an introduction by Hans Aarsleff,

Cambridge University Press, 1988, (Texts in German Philosophy, General Editor : C. Taylor)

なおここで、フンボルトの作品のロシア語訳をも紹介しておきたい。

すでに一九五八年―五九年に、『カヴィ語研究序説』がロシア語に訳されている由であるが（ポール・スイート著『ヴィルヘルム・フォン・フンボルト伝』（第二巻、オハイオ州立大学出版局、一九八〇年）五一九ページに拠る）、筆者はそれを見ることができなかった。

一九八四年に、モスクワのプログレス書店から『カヴィ語研究序説』のロシア語訳が出版されている。

この訳本は、アカデミー版を底本とし、本文および原註のすべてが訳されている。

冒頭には、監修者であり翻訳者でもあるラミシヴィリ教授の手になるフンボルトの生涯および業績の概要の説明があり、巻末には、フンボルトの五本の論文の全訳、もしくは抄訳が収められている。その論文名は次の如くである。「思考と言語活動」（一七九五）、『ラテンの世界とギリシアの世界』（一八〇六）。「言語展開の種々なる段階に関連した言語の比較研究について」（一八二〇）、『言語の性格の相違が文芸、および、精神形成に及ぼす影響について』（一八二一）、『文法形式の成立と理念の展開に及ぼすその影響について』（一八二二）である。

その上、グルイガ教授「フンボルトと古典哲学」、ズヴェキンツェフ教授「フンボルトの学術研究について」の二本の論文を付した上に、訳者による本文および付録論文への註解、事項索引、術語の一覧表が併せて掲げられている。比較的小さな活字で、総ページ三九七ページに及ぶ大冊である。

この訳書はフンボルトの言語論の全体像が得られるよう、細かな配慮がなされたものと言ってよかろう。訳文の巧拙や正確度については、ロシア語の読めない筆者には判断する術がない。

なお、次の年、一九八五年には、同じモスクワのプログレス書店から次の十三篇のフンボルトの論文をロシア語訳した論文集が刊行されている。

次にその論文集に採録されて翻訳されている論文名を列挙しておく：

「国家活動の限界を決定する試論」（一七九二年着手）、「性差の有機的自然に及ぼす影響」（一七九四）、「美学論文一、ゲーテの『ヘルマンとドロテア』について」（一七九八）、「世界史についての考察」（一八一四）、「世界史におけるさまざまな動因」（一八一八）、「歴史を記述する者の課題」（一八二一）、「比較人間学概要」（一七九五）、「人類の精神について」（一七九九）、「言語研究について、あるいはすべての言語を体系的にまとめて展望する計画について」（一八〇一）、「バスク語によってスペインの原住民を確定する試み（断片）」（不詳）、「メキシコ語の分析試論」（一八二一）、「言語の民族的性格（断片）」

(一八二二)、「双数について」(一八二七)、「文字の使用について、および、言語構造と文字との関連について」(一八二四)。以上のような大小の論文や断片の訳文のほか、その中の問題になる箇所への註記を巻末にまとめ、さらに、事項索引、文献(ロシア語)一覧を付している。

(3) この図書館の架蔵している日本の典籍については、次の書物に詳しい報告が載せられている。

『日本の古典籍〈その面白さその尊さ〉』反町茂雄著、八木書店、東京、一九八四年
第二部の一「日本の古典籍の在外秘宝より」

(4) この『メキシコ語文法』はやがて図書館の検索目録に載せられ、研究者はいつでも自由に手にすることができるようになった。この作品を研究することを学位論文の主題に選んだドイツ人学生も、数名いたとのことである。

一九九〇年代前半から始められた新しいフンボルト全集の編集刊行に伴い、この『メキシコ語文法』も一九九四年に全集の一環として早々と刊行された。編者はこの新しい全集の中の「アメリカの諸言語の部」の監修者であるベルリン自由大学のマンフレート・リンクマッハーである。

書名その他を左に掲げる、

Wilhelm von Humboldt: Mexicanische Grammatik, Mit einer Einleitung und Kommentar herausgegeben von Manfred Ringmacher, Ferdinand Schöningh, 1994

(5) この書翰集の書名は次の如くである。

Wilhelm und Caroline von Humboldt in ihren Briefen, herausgegeben von Anna von Sydow, Ernst Siegfried Müller und Sohn, Königliche Hofbuchhandlung, Berlin, 7 Bde., 1907–1918

この書翰集はヴィルヘルムとカロリーネがベルリンのサロンで知り合って文通を始めた一七八八年七月から、カロリーネが一八二九年三月、ベルリン郊外テーゲルの邸で六十三歳で死亡するまで四十年間にわたり、夫妻の間に交わされた書翰千二百余通が、大判七巻、総計三千四百余ページの書物となって刊行されたものである。編者はフンボルトの曽孫で、ベルリン郊外テーゲルのフンボルトの邸に住んでいたアンナ・フォン・ジュードーである。

この中で話題として登場する人物は、弟のアレキサンダー・フォン・フンボルトと夫妻の子供たちや孫を除けば、フンボルト夫妻の仕えたプロイセンのフリートリヒ・ヴィルヘルム二世、三世の二人の国王、および、その周辺の王族・貴族がもっとも多く話題となっている。それに続いて登場するのは、プロイセンのハルデンベルク首相、および、外交交渉の場面で手強い相手となったオーストリアのメッテルニヒ、および、フランスのタレイラン、リシュリューである。また、イギリス国王ジョージ四世とは摂政の頃からなぜかフンボルトは気が合ったらしく、親密な関係にあったためよく話題となっており、イギリスのウェリントン、皇帝になる前からのナポレオン、また、プロイセンの軍人では、クラウゼヴィッツ、グナイゼナウ、シャルンホルストなどはよくその名が挙がっている。

芸術家・学者では、何と言ってもゲーテとシラーが圧倒的に多く話題になっている。特に、晩年のゲーテと同じ湯治場マリーエンバートで一八二三年の夏を過したカロリーネが、ゲーテの様子を逐一夫に知らせた数通の手紙はまことに貴重な資料である。また、ドイツ古典派の建築家シンケル、画家シック、彫刻家ラウフはローマで夫妻と共に過した期間が長く、親密であったし、フンボルトの邸を改築したときには、この人たちが恩返しに壁を塗ったり、もっこを担いだりしたので、よく言及されているし、カロリーネの墓所を飾った〈希望〉という彫刻を造ったデンマークの彫刻家トールヴァルツェンも同様である。その他、ゲーテ、シラー以外の文人では、ヘルダー、シュレーゲル兄弟、シャミッソー、ブレンターノ、英国のバイロン、フランスのスタール夫人、そして、学者では、フンボルトがベルリン大学設立のとき教授就任を依頼した医学者フーフェラント、神学者シュライエルマッハー、歴史法学者サヴィニー、また、個人的に古典研究で指導を仰いだ古典学者ヘルマン、ハイネ、ヴォルフなどもよく登場するが、哲学者ではフィヒテ、シェリングがそれぞれ一度だけ話題になっており、カント、ヘーゲルはこの書翰集では話題になることなく、また、同時代人と言ってもよい音楽家のモーツァルト、ベートーベン、シューベルトはウィーンでフンボルトと同じ時期に活躍していたが、書翰集には一度も登場してこない。フンボルトは哲学、文学、芸術の多くの分野に強い関心を示していたものの、音楽に対しては比較的冷淡であったからと思われる。

また、一八一四年八月一日、短い滞在をロンドンで過したフンボルトが、この年の九月から開かれる〈ウィーン会議〉に参加すべく、ウィーンに向う途次、チューリヒからベルリンの妻カロリーネに宛てた手紙には、次のように記されている。「甚だ遺憾なことではあるが、これからは重要なことについては手紙には書けなくなる。というのは、どんな手紙でも、例外なしにすべて盗み読みされてしまうことは疑う余地がないからである。これからは起っている事柄について、何らかの方法で知らせるつもりではあるが、私が駅逓で手紙を送った場合は、私はそれが読まれてしまうことを考えた上でわざと書いていることを知って欲しい。」そして、本当の気持や出来事を知らせるには、ウィーンに護衛のため来ているプロイセンの近衛騎兵を利用したものである。将校に指揮された少数の騎兵隊が伝令となり、ベルリンの宮廷に公文書を届けるのを利用して、その中にカロリーネ宛ての私信をしのばせたと言われる。『フンボルト夫妻往復書翰集』の中の〈ウィーン会議〉当時のフンボルトのカロリーネ宛ての書翰は、書翰集編者のアンナ・フォン・ジュードー女史の註によれば、こういう方法で届けられたもののみを採録した、とある。かつて日本でも好評だったドイツ映画『会議は踊る』の一場面を連想させるような話である。

ところで、この『書翰集』は入手困難なことでも知られている。全七巻のうち、第六巻は一九一三年の刊行で第一次大戦の前年であり、第七巻は一九一六年の版で、まさに戦争の最中である。こういう歴史的状況から見ても、また、書物の内容から考えても、この『書翰集』がそれほど大量の部数で刊行されたとは考えられない。そして、丁寧な天金の装幀とページ数の多さから想像すると相当高価であったとも考えられる。

筆者は長年ドイツで、この『書翰集』を探し求めてきたが、どうしても入手できなかった。

一九八〇年十二月、その年の三月からベルリンの国立図書館の手稿部門でフンボルトの原稿や書翰を読んでいた筆者は、ある日南ドイツのテュービンゲンを訪れた。ここはかつて一九五七年から五八年にかけて、筆者はヴァルター・シュルツ教授のもとに留学していた故地である。そして、町の中心部にあるヘッケンハウアー書店を開店と同時の比較的早い時刻に尋ねてみた。この店はかつて若いヘルマン・ヘッセが僧院を逃れて暫く働いていたところである。書店ではちょうど着いたばかりの古書の箱を開けて取り出そうとしているところで、顔なじみの店主に頼んで覗かせて貰うと、一番上にフンボルト夫妻の往復書翰の七冊が入っているのに気づいた。そこで、それを譲ってくれないかといったら、即座に「よろしい」という返事が戻ってきた。もしも、その本屋に行くのがもっと遅い時刻で、この七巻本が店頭に並んでいるか、この本を欲すると思しき顧客に書店が連絡をしたとすれば、これを手に入れることはできなかったと思われる。

その日の午後、テュービンゲン大学のフリットナー、ギールの二人の教授（コッタ社の『五巻本フンボルト選集』の編者）

に会って、フンボルト夫妻書翰集を地元のテュービンゲンの本屋で購入した旨を伝えると、二人とも絶句せんばかりに驚いていた。フリットナー氏は数年前スイスの古書の競売で非常な高値で入手し、ギール氏は未だ所持していないとのこと。そして、二人で声を揃えて、「旅人には幸運がある」と言ったのが忘れられない。

（6） 一九八五年八月、筆者は〈ボストン公共図書館〉を訪れ、五日間にわたってこの書翰集を見ることができた。図書館三階の奥まったところで、担当司書の遠隔操作による電気仕掛けの鍵が常時締っている硝子ばりの特別室、「稀覯書および手稿部門」において、フンボルト発ピッケリング宛ての書翰十三通（全部フランス文で、一八二一年二月より一八三四年十二月まで）、および、ピッケリングの返書の自筆のコピー二十一通が合本となったものを手にした。フンボルトの送った第十通から最後の第十三通までの四通は、フンボルトの自筆ではなく、書記か秘書の筆録と思しき代筆であり署名のみが自筆である。第十二通の署名だけは一字一字切り離したプリント式の書き方であり、第十三通の署名は普通の書き方ではあるがその筆勢は甚だ弱々しい。この二通が書かれた一八三四年は、フンボルトの死の前年であり、その頃は折々激しい全身の痙攣に襲われるほどの健康状態にあった、と言われているので、代筆もやむを得なかったのであろう。

この書翰集は粗末な二つ折のボール箱に収められており、箱の中の書翰集そのものは背綴が全く壊れてばらばらになっていた。恐らく、一八四六年にピッケリングが死去してから、ボストン公共図書館が入手するまで百五十年近くも所在不明になっていたためであろう。そしてフンボルトの手紙は保存状態が余りよくなく、判読し難いところも多い。

それにしても、十歳も年長で、国際的にも高い社会的地位にあったフンボルトが、面識のないボストン郊外セイレム在住のピッケリングにみずから書翰を先ず送って交りを求め、教えを請うに至ったのはどのような機縁に由るものなのであろうか。フンボルトはピッケリング（一七七七―一八四六）の著した『ギリシア語・英語辞典』を所蔵していて、その出来映えをよく称えていたそうであるし、『ギリシア語の発音について』『ラテン語文選』などの古典に関する作品、および、『北アメリカにおける原住民諸言語の考察』その他のいわゆるインディアンの言語に関する業績に眼を通すか、耳にはしていたのであろう。また一方、ピッケリングの方でも、フンボルトの言語に関する研究はすべてドイツから取り寄せて精読しており、この両者は、文通の始まるずっと前から、書物を通じ、大西洋を隔てて学術的な交流があったのは事実である。

こういう二人を直接の文通へと駆り立てたのは、フンボルトやピッケリングの息子といってもよいほど若いアメリカの一人の青年、ジョージ・バンクロフト（一八〇〇―九一）のフンボルト邸訪問であった。

このバンクロフトは、後に四十年の歳月を費やし、全十巻に及ぶ『アメリカ合衆国の歴史』（一八三四―七四）を著したすぐれた歴史学者であり、また、母校ハーヴァード大学でギリシア語を講じたことのある古典学者でもあり、さらに、アメリカ合衆国を代表して、イギリス、および、ビスマルク時代のドイツに使いして全権大使となった外交官でもあった。こう見てくると、フンボルトとの共通点が多いのに驚かされる。

このバンクロフトは、ハーヴァードを卒業してからすぐにドイツに留学し、ゲッティンゲン大学（フンボルトの母校でもある）で古典語を専攻し、一八二〇年、二十歳でドクターの学位を得、さらに研鑽を積むべくベルリンに来ていた。そこでフンボルトに会ったわけである。

一八二〇年十二月二十二日、五十三歳のフンボルトは二十歳のバンクロフトを快く迎え入れ、午餐を共にしながら語り合ったのである。そのときの様子をバンクロフトは次のように書き残している。

「その日、私は故フォン・フンボルト男爵閣下と食事を共にし、その学識には大いに驚かされた。共に招かれたのはベッカー教授〔ドイツの古典学者で、ベルリン大学教授。プラトン、アリストテレスの原典編纂で知られる〕、および、シュライエルマッハー博士〔フンボルトときわめて親しかった神学者でベルリン大学教授、初代の神学部長。プラトン全集のドイツ語訳者〕であったが、フンボルト閣下はこの二人の学者とギリシア文学について語り、この両者と同等、いや、それ以上に詳しかった。閣下はギリシア末期の詩人をよく知っておられ、ノンノス、トゥリフィオドロスなどについては殊の外詳しかった。その態度は親切かつ慇懃であり、座談の術に長け、くつろいだ話しぶりではあったが、威厳と生気とに満ちていた。邸の内部は整然としており、優雅ではあったが、無駄なもの贅沢なものとて何ひとつ見られず、節倹な生活は窺われても気品に満ちていた。」（『バンクロフト文書』、（記述日不詳）、（マサチューセッツ歴史学協会所蔵））

バンクロフトはこの会食の翌々日、十二月二十四日にも、再びフンボルトの邸を訪れるが、そのときの話題は学校教育の方法の問題であったという。

さて、バンクロフトはフンボルトの邸を訪れたとき、たまたま手許にあった雑誌『北米評論』(North American Review) の最新号（第十一巻、一八二〇年）を持参してフンボルトに見せた由である。フンボルトはすぐ眼を通し、その中の小さな書評に注目して、直ちに秘書にそれを書き写させた。書評の筆者は雑誌の中では匿名となってはいたが、バンクロフトはそれがピッケリングであることを知っていた。この書評に強い印象を受けたフンボルトは、ピッケリングの学術的な立場に共感を懐き、この会見から二ヶ月足らず経った翌年の二月、バンクロフトがアメリカに帰国するに当って、ピッケリングへの書翰を託したのであった。

当時新大陸では、征服者たるヨーロッパ人の言語の方が、文明の度合の低い現地人の言語よりもはるかにすぐれていると考えるのが通常であったが、ピッケリングは、現地の諸言語もそれなりにすぐれた構造を備えており、文明の高低に拘らず、言語そのものに優劣の差はない、という立場を堅持しており、現住民の言語の研究も高度の学術的な立場から行なうべきことを主張していた。この点がフンボルトの考え方と軌を一にしているところである。

（7）フンボルトが次男テオドールに宛てた、現存する唯一の手紙を紹介する前に、この次男とフンボルト一家との関係について簡単に述べておこう。

フンボルト一家は、夫妻をはじめ子供たちもみな等しく学問を愛し芸術を好み、ギリシアやラテンの古典やゲーテ、シラーの作品がよく話題の中心となっていた。九歳で夭折した長男ヴィルヘルム（テオドールより三歳年長であった）は、ホメーロス作品の多くの箇所を暗記しており、それを朗唱しては両親を喜ばせていたそうである。そういう雰囲気の中で、テオドールだけは、古典にも文芸作品にもそれほど関心を示さず、乗馬やフェンシングなど体育に専ら興味をもち、家族の生活態度には反撥を示し、その結果、粗暴な振舞いも多かったと伝えられている。そして両親が次々と亡くなったときも、いずれの葬儀にも顔を見せず、両親に宛てた手紙も一通もなかった。

テオドールは短期間ハイデルベルク大学に在籍したものの、ナポレオンの軍隊がロシアから敗退してゆくのを機にして起った解放戦線の運動には率先して参加して、軍人となった。

ところでフンボルト一家とテオドールとの疎遠な間柄は、テオドールの結婚問題を契機としてまた急速に強まっていった。テオドール（一七九七―一八七一）は一八一八年、二十一歳のときにまだ十八歳にもならないマティルデ・フォン・ハイネッケン（一八〇〇―一八一一）と結婚しようとした。間接的にこの話を耳にしたフンボルト夫妻は、年齢が二人ともまだ若く、人生経験も乏しいので、結婚を半年間延期し、それでも決心が変らなければそのときに結婚するようにと人を介して忠告したが、テオドールの方では聴き容れず、一八一八年七月二十八日、結婚してしまった。当時、テオドールは陸軍の下級将校で、モーゼル川上流のローマ時代からの古い都市トゥリアに駐屯していた。因みにこの年この小都市では、五月五日、カール・マルクスが生れている。

この頃フンボルトは大使としてロンドンに赴任しており、妻のカロリーネは長女の偏頭痛治療のため、二女、三女を連れてイタリアに転地しており、三男のヘルマンは寄宿学校に入っていた。この頃のフンボルト夫妻の間に交わされた手紙には、音信不通となっているテオドールに対する心配や怒りがよく書き残されている。(『フンボルト夫妻往復書翰集』第六巻)

フィリップ・マトソンの編した『フンボルトの発翰来翰一覧』を見ると、テオドールから両親宛ての手紙は一通もなく、また、両親からテオドール宛てのものも、ここに紹介する一通だけしか記録されていない。ただし、テオドールの妻マティルデは心優しい女性としてフンボルト夫妻に愛されており、このマティルデに宛てた手紙は七通が右の「一覧」に記載されている。

この頃ヨーロッパ大陸では、台頭する自由主義の風潮とそれに対抗しようとする古い保守的な勢力との争いが渦巻いていた。ロシア、オーストリア、プロイセンの三国王が〈神聖同盟〉を結成して王権の確立維持を計り、その〈同盟〉の会議がアーヘンで開かれることになっていたし、また、〈ドイツ連邦会議〉が結成されてフランクフルトでその会議が開かれることも決まっていた。そして、フンボルトはその会議のプロイセン代表に任命されることになっていた。

そこで、フンボルトは一八一八年十月末、ロンドンを発ち、三国の国王が集うアーヘンにまず赴いてそこでほぼ一ヶ月を過し、その後首相のハルデンベルクと同行してボンを経てコブレンツまで来る。ここで、首相と別れ、新しい任地であるフランクフルトに向うことにしていた。ここでフンボルトはかなり遠回りをしても、トゥリアの次男夫妻を訪れる計画を立てるのである。コブレンツからローマに滞在していた妻のカロリーネに宛てた手紙(一八一八年十二月三日付)ではその旨が記されている。

さて、ここにフンボルトがテオドールに送った現存する唯一の手紙を訳して掲げようと思う。この短い手紙は、一九六九年十一月、ベルリン国立図書館がマールブルク市の古書店シュタールガルトの競売で入手したものである。葉書よりやや大きく新書版ほどで、一枚の用紙の表裏二面にわたってぎっしりと書かれており、封筒は残っていない。破損はかなりひどく、破れたところをセロテープで貼ってあり、その部分は甚だ読み難い。発信地は到着したばかりの任地フランクフルト・アム・マインである。

では次にその手紙を掲げるが、その前にその手紙の「ベルリン国立図書館・プロイセン文化財」における登録番号(Signatur)、この手紙が競売に付されたときの型録の番号、および、マトソン編『フンボルトの発翰来翰一覧』の整理番号を掲げておく。

Wilhelm von Humboldts Brief an Mathilde und Theodor von Humboldt-Dachroeden, Autographen I/868,Handschriftenabteilung, Staatsbibliothek Berlin, Preus. Kulturbesitz ; Stargardt Katalog 591, Nov., 1969, Nr. 458 ; Mattsons Verzeichnis Nr. 6768

「〔表面〕一八一八年十二月十二日、フランクフルトにて、

今月十日の深夜、私はコブレンツ経由で無事当地に着いた。取り敢えず安着の旨を知らせておく。トゥリアを発ってからコブレンツまでは雨が降っていたが、間もなく雨も上がった。それでも寒くはなかった。さて、たとえごく短時間とはいえ、きみたちの家では本当に楽しい時を過すことができて嬉しかった。私は長い間、家族と共に過すという仕合せを欠いた暮しをしてきたので、なおのこと、あの楽しい一刻が嬉しかったわけなのだ。きみたち二人が幸福に暮しているだろうと信じてはいたものの、眼のあたりその様子に接して取りわけ心安らいだのである。こんなに早くきみたちが手にした幸福を十分に享受したまえ。そして、天がきみたち二人に祝福を与え給わんことを祈っている。この祝福なくしては地上の仕合せなど何ひとつありえないのであるから。間もなく始まろうとする新しい年、および、きみたちが今後ともに過すであろうすべての歳月に、常に神の恵みが贈られんことを私は心から願っている。そして、きみたちの家での暖かい款待を今でも有難く思い返しているところだ。〔以下裏面〕ただ残念なのは、マティルデよ、あなたが具合が悪いのに、あんなに面倒をかけたことで、本当に済まなかった。〔イギリスから持ち帰った〕私の荷物は明後日梱包し直して、その中の薬を送って上げよう。それから、テオドールよ、顧問官のブーデラン氏〔未詳〕に尋ねたところ、きみは十二月分の生活費補助をまだ受け取っていないとのことなので、当地からすぐ送ることにする。——では、二人とも元気で暮すことを祈る。いついつまでも、二人が結ばれたときの想いと愛情を保ち続けて欲しい。

なお、テオドールよ、きみの叔父さんの住所を左に記しておく。

アレキサンダー・フォン・H、男爵
プロイセン国王侍従職
パリ市エオール河岸通、二六番地

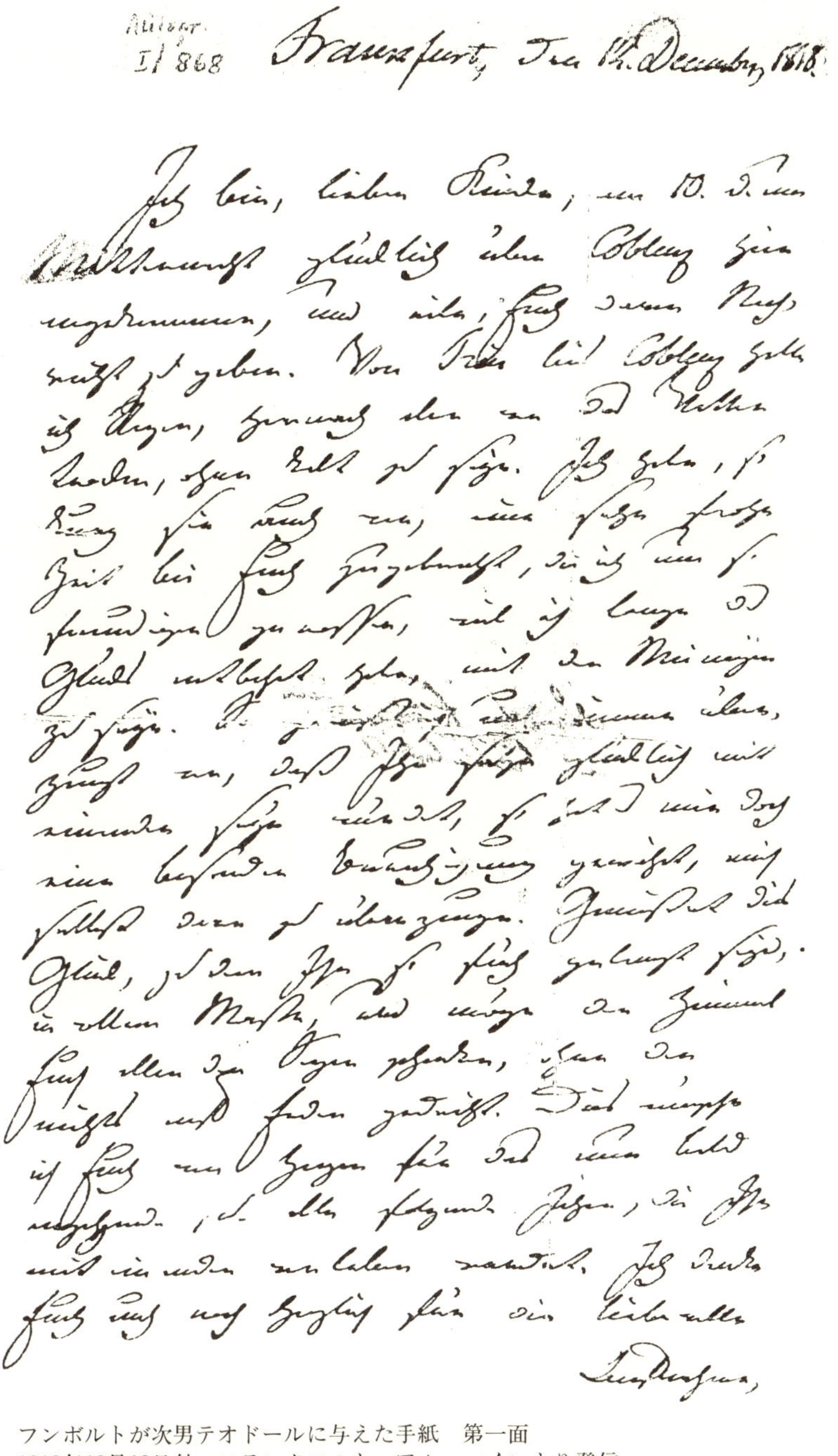
Autogr. I/868
Frankfurt, den 12. December, 1818.

フンボルトが次男テオドールに与えた手紙　第一面
1818年12月12日付　フランクフルト　アム　マインより発信
ベルリン国立図書館　手稿部門　自筆資料　I／868

〔以下は破損部分が多く読み難い〕
ダマ氏〔未詳〕に……問い合わせた。同氏の言うところでは、二月初めまでは馬車が出来上ることはないとのこと。その理由は、気候がよくないため、すぐには塗装ができない……〔テオドールの請いに応じて馬車を買い与えることにしたのであろうか〕

テオドールが父からこの手紙を受け取ってから五年後の一八二三年のことである。テオドールは、上官の命に従わず軍隊の秩序を乱したという廉で、将校の資格を剥奪されるに至った。彼はかつて戦闘中に自らも負傷し、乗馬も二頭までも戦闘行動中に被弾して死んだという勇敢な将校であったが、こういう形で軍隊を去っていったわけである。この点については左の資料に拠る。

Wilhelm von Humboldt : A Biography by Paul R. Sweet, 2 vols., Ohio State University Press, Columbus, U. S. A. 1980 2nd Vol. p. 445.

(8) この文書には、筆者の名も宛先も記されてはおらず、日付もない。内容から見れば、フンボルトが一八三五年四月八日、歿してから間もない頃に書かれたものであろうし、筆者はフンボルトが病臥していたテーゲルの邸にいた附添の看護人ではあるまいか。なお、主治医は妻のカロリーネの最期の場合と同じく、ディーフェンバッハという外科医で、当時ベルリンでは最も著名な医家の一人であった。

また、この文書はシュレジールという人の遺品として図書館の目録に載っているが、この人物はフンボルトの死後間もなく、『フンボルトの想い出』という一種の伝記を書いたといわれている。しかし、その伝記をベルリンのどの図書館を尋ねても見ることはできなかった。

なお、二葉三面にわたって書かれたこの文書の第四面には、アレキサンダー・フォン・フンボルトの紛れもない筆跡――拡大鏡なしでは読めないほどの細字で、しかも極端に右上りの行を連ねてゆくもの――で数行書き込まれているので、アレキサンダーがこの文書に眼を通していることは確実である。その意味では、この文書にはそれなりの資料的価値があることは確かであろう。

まず、ベルリン国立図書館におけるこの文書の標題と所属箇所を記し、ついで訳文を掲げる。

Aufzeichnung über Krankheit und Tod Wilhelm von Humboldts, Unbekannte Hand mit eigenhändigen Zusätzen Alexander von Humboldts, Nachlaß Gustav Schlesier, 5, a., Handschriftenabteilung, Staatsbibliothek Berlin, Preus. Kulturbesitz.

「あの偉大な人物の最後の日々に接して、私は尊敬の念がいやましに強まってゆくのを感ずるとともに、あの方の体力が次第に弱って行くのを眼のあたりにして心配でなりませんでした。あの方の精神の力は依然として変ることはありませんでしたが、上体は一層前屈みになり、足の運びも静かで歩幅も短くなりました。両腕も絶えず動き続けていましたが、やがて震えが激しくなり、同時に頭も揺れるようになってきました。このことは、不随意筋に対する小脳と背髄の支配力が犯されてきたことを示しています。身体のさまざまな機能は、食欲や消化能力を含め、良好でしたし、わずかな時間でも睡眠が得られれば、それで元気が恢復したものでした。

そんな具合に毎日の生活は変ることなく続いていました。しかし、亡くなられた奥様の邸内の墓所を訪ねたときにひかれた風邪の結果と、テーゲルに起った猩紅熱の流行に対する懼れとが、敏感なあの方の体質に影響を及ぼし、さらに、小さなお孫さんたちがこの猩紅熱に罹りはしないかという恐怖も重なって、病床に就いてしまわれたわけなのです。やがて、いま述べたようなさまざまな症状が強まってゆき、両腕がさらに震え、頭が揺れ、さらに、発熱時に特有の症状が加わってきました。顔が紅潮し、両眼は強く輝いて突出したように見え、脈拍は良好ではあっても鼓動が早まり、その上、後頭部に激しい痛みを感ずるようになりました。眠りと覚醒とが短い間隔で交替し、まどろんでいる間にもよく幻想的な夢に驚かされるようになりました。しかし、眼が覚めると幻覚も直ちに消え、澄み切った意識が甦り、周辺の親しい人々に対しては、いつもながらの気配りに満ちた愛情で接するのでした。

熱発時に特有の症状が見られ、後頭部の痛みが強まったときには、症状に適した高熱に対処する治療（antiphlogistische Behandlung）が穏かな形で行われました。すなわち、少量の瀉血がなされ、下腹部を空にし、頭部を冷しながら芥子泥が背中に貼られました。そうすると一時的に病状は好転するのですが、すぐに病状はもとに戻り、特に両腕の激しい動きが見られるようになりました。

一過的な意識の喪失がたびたび起り、卒中の発作（apoplektischer Anfall）の初期のような症状が見られたこともありましたが、それも間もなく消えました。後頭部の痛みの苦しさはますます増してゆきましたが、瀉血、および、蛭に血を吸わせることを繰り返し、ぬるま湯に全身を浸し、冷水を頭部に注ぐことで、この苦しみは幾分和らいだものでした。その間、体力は次第に弱まり、幻想的な夢が支配的になってきましたが、それでも、眼が覚めたときの意識は明瞭でした。肉体はもはや病気に抗する術はなく、この偉大な方の生命が消え去ったのは、炬火が消えるのに似ておりました。

〔以下はアレキサンダー自筆の書き込み〕

猩紅熱の流行で私の兄が不安を感じたのは、ビューロー夫人〔フンボルトの三女ガブリエレのことで外交官ハインリヒ・フォン・ビューローの妻。当時ビューローはプロイセンの駐英大使、のちに外務大臣〕のかわいい子供たちが来合せていたからである。兄の秘書のフェルディナント・シュッツは兄の信頼をかちえていた人物であるが、この病いに罹り……〔以下判読不能〕

（9）この手紙はアレキサンダー・フォン・フンボルトが、兄ヴィルヘルムの孫（（註7）の受信者テオドールとマティルデの長男）に宛てたものである。（註7）の手紙の書かれたのは一八一八年のことであったが、これは、それから二十二年後の手紙で、その間にフンボルト夫妻も相継いで歿し、ゲーテも高齢で亡くなっている。

アレキサンダーの手紙の発信地は、ベルリンの西郊ポツダムにあるプロイセン国王の宮殿サンスーシ、日付は一八四〇年七月二十九日で、このとき筆者のアレキサンダーは七十一歳、手紙を受け取ったヴィルヘルム（祖父の名を承けている）は十七歳である。

なお、この手紙は一九七一年四月、西ベルリンの国立図書館がロンドンのサザビーの競売で入手したもので、同図書館の手稿部門に架蔵されており、二葉二面に記されている。

Alexander von Humboldts eigenhändiger Brief an Wilhelm von Humboldt-Dachroeden (1823-1867), Enkel Wilhelm von Humboldts, 2 Seiten, Autographen 1/976 (Handschriftenabteilung der Staatsbibliothek Berlin, Preus. Kulturbesitz), Sotheby Auktion von 27, April 1971.

〔第一面〕心の底から愛しているヴィルヘルムよ、いつかきみのくれた手紙はとても愉快な気持のよいもので、長いものではなかったが、黄色の紙に上手に書いてありました。その日付と、いま送らせようとしている私のこの手紙の日付とを比べてみると、全く恥ずかしいと思っています。きみのお祖父さんが昔書いた本〔註、『カヴィ語研究』全三巻〕を何とかして送って上げようと思って探しても仲々見つからなかったこと、そして、何よりも先に私の人生に取って大きな区切りともいうべき重要な出来事〔アレキサンダーが侍従として仕えていたプロセイン国王フリートリヒ・ヴィルヘルム三世（在位一七九七―一八四〇）の逝去〕のために、手紙が遅れてしまったわけなのです。きみもきみのお母さんも、きっと私の手紙がこんなにも遷延したことを許してくれることと思います。〔父親のテオドールについての言及がないのは何故であろうか―筆者註〕。きみたちの家のすぐ近くに住んでいる私の子供のときからの友人、頭脳明敏で鳴るあの銀行家の〔ヨーゼフ・〕メンデルスゾーン〔啓蒙期のベルリンの思想家、モーゼス・メンデルスゾーンの子、音楽家フェリクス・メンデルスゾーン＝バルトルディの伯父〕のお陰で、〔祖父ヴィルヘルムの遺著〕『カヴィ語研究』は、きみの通っているギムナジウムの図書館に、かなり前から収まっているものと思っています。この書物の前の方のところは、言語構造一般を取り扱っており、きみのように勉強の好きなギムナジウムの最上級生にとっては、フェンシングの稽古の合間に剣を休め、精読して然るべきものと思います。ヴィルヘルムよ、きみ自身について、また、きみの学習の成果について、いろんな人から私の耳に入ってくる情報は、すべて喜ばしいものばかりでしたよ。緊張の持続、勤勉、持久力、および、学問的に抜んでようとする固い決意、この四者こそ、どんな時代にあっても、学問をするときの忘れてはならない要因なのです。きみはまだ十九なのに〔十七歳の誤り〕、もう大学に入ることができるとは全くすばらしいと思います。私としては、立派なボン大学の方が、どこから見ても浅薄皮相なベルリン大学よりも奨める価値があると思います〔ベルリン大学に対するこの評価の根拠は不明―筆者註〕。さらに勧めたいのは、ここで数年間兵役に就くことです。強制的な規律というものは妙薬と言ってもよく、強制と自由とは、今後の人生のすべての歳月において混り合っているものなのです。ところで、きみのお母さんのやっておられる事業〔未詳〕については、法務大臣のミュラーが私に届けてくれた営業収支の写しを見る限り、甚だ残念なことですが、期待されたほどの成果をまだ挙げてはおりません。きみのお母さんに伝えて欲しいのですが、私はいついつまでもその仕事に関心を懐きつづけて、〔以下二面〕気配りをしてゆくつもりです。さて、永年にわたって身近に仕えた国王の崩御は、私にとって大きな打撃でした。臨終のときのさまざまな様子に接したとき、きみのお祖父さんの〔五年前の〕最期の頃の胸痛む想い出が甦ってくるのを感じました。ここ〔ポツダム〕における田園生活（私が住んでいるのは、いわゆる新宮殿のある〈歴史的な丘辺〉の麓のところです）のお蔭で、私の健康はすっか

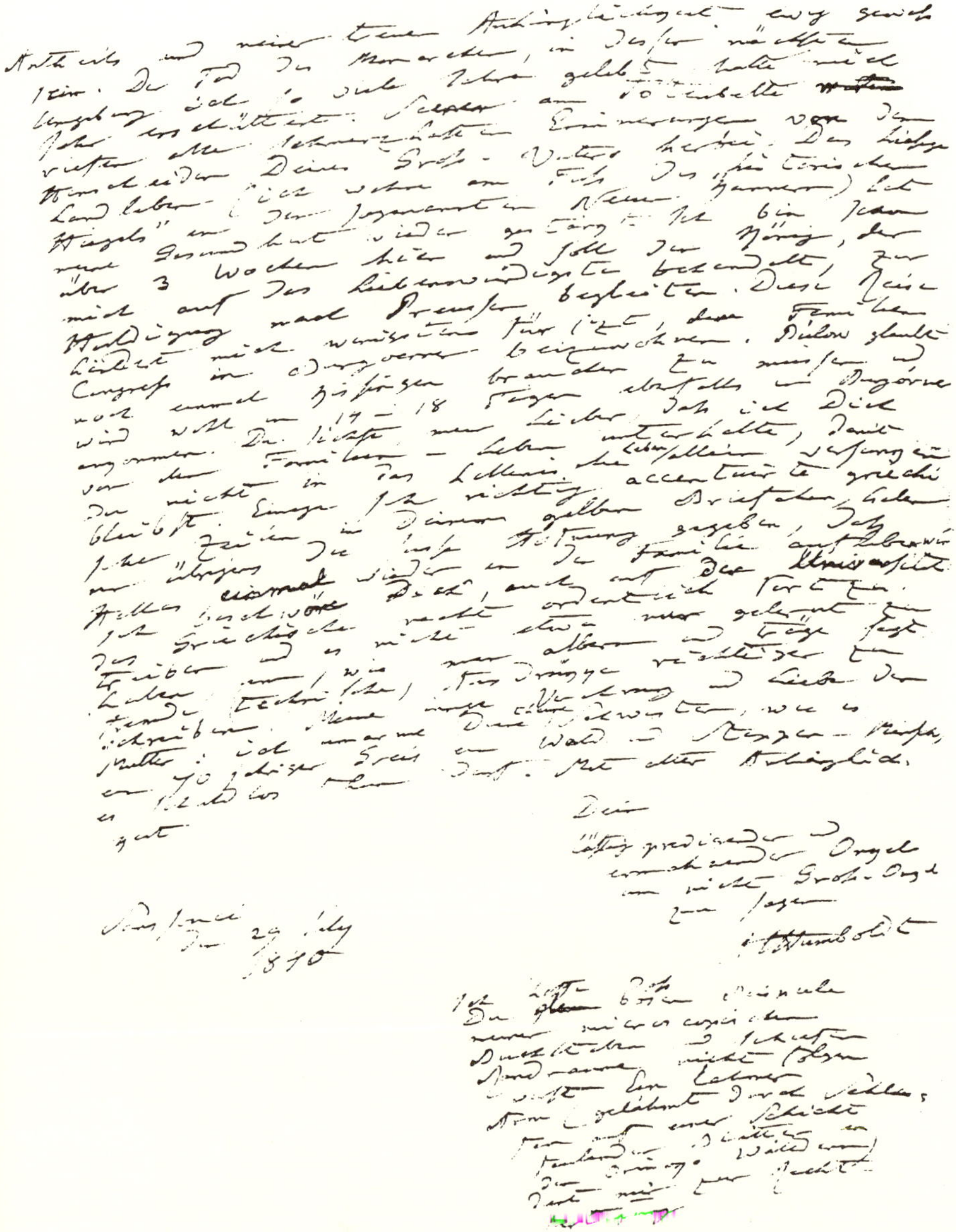

アレキサンダー・フォン・フンボルトが兄ヴィルヘルムの孫に送った手紙
1840年７月29日付　ポツダムのサンスーシ宮殿より発信　第二面
ベルリン国立図書館　手稿部門　自筆資料　I／976

り恢復しました。ここには、もう三週間以上住んでいるのですが、新国王がプロイセン各地を訪問されるのに随行することになっています。この国王も私には非常に親しく接して下さっているのです。この旅行がありますので、ブルクエルナー〔フンボルトの妻カロリーネの実家であるダッハレーデン侯の所領。カロリーネのたった一人の兄エルンストは一八〇六年病歿して子供はいなかったし、父のフリートリヒ・フォン・ダッハレーデン侯が一八〇九年死亡すると、エルフルト市きっての名門ダッハレーデン家は絶えてしまった。それで、故侯爵の孫に当るテオドールが一八〇九年以降はその家を相続し、フォン・フンボルト＝ダッヘレーデンと二重の姓を名乗ることになった。この姓はその後今日まで続いている〕における家族・親族の会合には、今のところ参加できそうもありません。ビューロー〔フンボルトの三女ガブリエレの夫で外交官〕はもう一度キッシンゲンの湯治場にゆく必要があると言っており、それを済せてから、今から十四日ないし十八日後にブルクエルナーに行くことになるでしょう。私はきみがこういう家族の絆から大いに糧を得て欲しいと思っています。というのは、きみが古典ギリシアの世界の中にのみ沈潜してしまわないように願っているからです。きみが先頃くれた黄色い紙の手紙に記されていた何行かのギリシア語の文章は、正しく書かれており、それを見て、わが家にも再びギリシア古典の花が開くという望みが湧いてくるのを感じたのでした。きみが大学に行ったら、ギリシア語をきっちりと学び続けて欲しいと私は強く願っています。その学び方も多くの世人がやるように、外国語の術語として正確に書くためにのみギリシア語を学ぶ、というような生命の欠けた、馬鹿げた学び方であってはなりません。さて、お母さんに私の心からの敬意と愛情とを伝えて下さい。また、きみの大切な妹さん〔母と同名のマティルデといい、当時十歳〕も抱きしめたいと思います。七十歳の老人（もう枯れ果てて、森の人、草原の人と言えるでしょう）がそうしても無邪気なもので許されるでしょう。

愛情をこめて

いやになるほどお説教したり注意ばかり与えている叔父、大叔父などとは呼んで欲しくない叔父より

アレキサンダー・フォン・フンボルト

サンスーシ　一八四〇年七月二十九日

きみが顕微鏡でなければ読めないような私の小さい字や、紙の端に斜めに寄ってゆく悪い書き癖を真似しないようにして欲しいと思います。何故こんな書き方になったかと弁解すれば、〔ベネズエラの〕オリノコ川沿いの森の中で、腐った葉の層の上で寝たとき、私の腕が麻痺してしまったからなのです。

(10)　シラーが一八〇五年歿したとき、その柩は一時的にヴァイマルのヤーコプ教会墓地の一角にある石組の穹窿の中に安置された。一時的というのは、ゲーテが亡くなったときには、ゲーテとシラーの二つの柩を並べて、ヴァイマル公国の宮廷墓地に葬ることになっていたからである。ところが、一八二六年大雨のためこの穹窿が崩れてしまい、そこに置いてあった二十三個の柩がみなばらばらになってしまった。シラーの遺骨は丹念に拾い集められて大きな木箱に収め、宮廷の図書室に置かれた。ゲーテはそこから密かに頭蓋骨だけを取り出し、自分の書斎の机上に飾ったのである。これは我々には異様なできごとと思われるが、似たようなことがないわけではない。ポール・ヴァレリーがデカルトの記念講演を行なったとき、パリの人類史博物館にあるデカルトの頭蓋骨を講演会場に持ち込んで、それに手を触れながらデカルトの精神の活動を称えたという。

第四章　フンボルトとマルティン・ハイデガー

ハイデガーは、東京大学の手塚教授との対談という形を取った〈対話篇〉「言葉についての対話より」の中で、〈言葉〉の問題と自分との関わり合いを回想し、概ね次のような趣旨のことを語っている。

「一九一五年の教授資格取得論文『ドゥンス・スコトゥスの範疇論と意味論』という標題を見れば、そこにはすでに自分の問いの進むべき方向が示唆されていたと言えるだろう。範疇論は、存在しているものが有るということ《ザイン》はそもそも何であるかを解明するものであるし、意味論は、そういう有《ザイン》への連関において、形而上学の立場から言葉について思いめぐらすものであるから、この論文において問題として浮び上ってくるのは、当然、有と言葉の二者ということになる。しかし、当時はまだ、そういう関連性がよく見通せてはいなかった。実は、この二つの問題は、非常に早い時期から自分の思索の道筋を規定していたものである。それ故にこそ却って、その解明を表立って行なうことが仲々できなかったわけである。教授資格論文より十二年後に発表した『有と時』（一九二七年）の根本的な欠陥は、時期尚早であったにも拘らず、有の問題を余りにも遠くまで展開してしまったことなのかもしれない。ところが、言葉の問題を意識的に取り上げたのは有の問題よりかなり後のことである。すなわち、教授資格論文からは二十年ほど経った頃で、丁度、ヘルダーリンの讃歌の解釈を講義し始めた時期と一致する。一九三四年の夏学期、「論理学」という問題の講義を行ない、その中でロゴスの問題に思いを到し、そこに言葉の本質を見出そうと努めた次第である。」(『言葉への途上』、ネスケ刊、一九五九年、九一—九三ページ)

この「論理学」から更に四分の一世紀の歳月を閲した一九五九年に至り、ハイデガーは、初めて〈言葉〉を標題として掲げた論集『言葉への途上』[1]を公刊した。先に引用した「言葉についての対話より」は、この書物の中の一篇である。

さて、こういう経過だけを表面的に見ると、言葉の問題はハイデガーにおいて、間歇泉のように一定の間隔をおいて噴出してくるようにも見える。しかし決してそうではないのである。たとえ言葉という字句が主題として明示されていないときでも、言葉の問題は、ハイデガーの問いそのものの深みに、また、彼の問いかける事柄自体の奥に、常に潜んでいる最重要課題のひとつなのである。

それならば、ヴィルヘルム・フォン・フンボルト(一七六七—一八三五)は、当然、ハイデガーの視界の内に捉えられ、その凝視の対象となるべき筈の人物である[2]。というのは、フンボルトほど言葉の問題に強い関心を懐き、言葉の哲学的解明と、現実の諸言語の実証的探索とを併せ行なおうとした研究者は、後にも先にも先ず例を見ないからである。

ところで、このフンボルトの活動した分野といえば、正に多様である。彼はギリシャのピンダロスの讃歌の研究やアエスキュロスの『アガメムノン』の翻訳で知られ、ゲーテ、シラーと深い交わりを結び、適切な助言を与え合った文人である。また、カントの研究に打ち込み、カント哲学を人間形成の支柱にした厳格なモラリストである。また、ベルリン大学の設立とプロイセンの教育制度改革の中心人物であり、大学における研究教育の自由という理念を確立した大学人である。また、プロイセンの外交官として、イタリア、オーストリア、イギリス等で大使を務め、激動する十九世紀初頭の数々の国際会議には、全権代表の一人として活躍した。このフンボルトが、一八一九年末、五十二歳で官界を去り、ベルリン郊外のテーゲルにある邸に隠棲し、世を去るまでの十六年間、専ら言葉の問題を考え続けたのである。

ハイデガーは、『言葉への途上』に収められた六つの論文の中で、ヘルダーリン、トゥラークル、ゲオルゲ、ゲーテ等の詩人、カント、ニーチェ等の思索者を相手としてそれぞれ〈対話〉を交わしているのであるが、書中の「言葉に通ずる道」という論文で、〈対話〉ないし〈問答〉の当事者として選んだのが、このフンボルトである。

しかし、ハイデガーの見詰めているのは、あの多様な活動をしたフンボルトの全体像ではない。そうではなくてその最晩年、妻と死に別れた孤独のさなかで、やがて未完の遺作となる『ジャワ島におけるカヴィ語の研究』の『序説』の執筆にいそしんでいたフンボルトなのである。つまり、ハイデガーは、特定の時期の特定の仕事をしているフンボルトにのみ焦点をあてていることになる。似たような事情は、ハイデガーがヘルダーリンを取り上げたときにも見出される。ハイデガーにとってヘルダーリンとは、『ヒューペリオン』を書いた小説家、『エンペドクレス』を書いた戯曲家、ホンブルクにおいて論文を綴った思想家のいずれでもなく、ひたすら、後期の「讃歌」をうたい上げた詩人に他ならなかったからである。

さて、フンボルトの『カヴィ語の研究』は、序説のほか、第一、第二、第三の三巻から成り立っているが、彼の生前、みずから校閲して上梓したのは、第一巻のみであり、序説と第二巻、第三巻はほぼ完成されていたとはいえ、いずれも草稿のまま遺されていた。ここにカヴィ語というのは、九世紀頃から十四世紀頃までジャワ島で用いられていた詩文用の雅語であって、構造的にはマレー語系の言葉であるが、語彙の多くはサンスクリットである。フンボルトはこの作品において、異質の言葉を語り、対蹠的な性格を持つ二つの文化圏の接触の態様を観察し、文化の受容の仕方とそれに伴う言葉の変容との関係、なかんずく、言葉の変容がその構造の深部にまで浸透しているか否かの実態を抉り出そうしたのである。ところで、この序説部分は、なるほどカヴィ語研究の序として書かれたものではあるが、序説だけを取り上げても、完結した独立の業績とみなし得る内容を備えている。フンボルトは、この序説において、インド・ゲルマン、セム両語族のほか、アメリカ南北両大陸の原住民の言葉、マレー語、ビルマ語、中国語等々の言語構造の相違性を素材とし、カントの哲学を軸として、体系的な言語哲学を展開し、更に、個人・民族・人類が言葉を媒介として相互に関連し合う世界史という場面を、歴史哲学的にも考察しているのである。

ヴィルヘルム・フォン・フンボルトより二歳年少の弟、アレキサンダー・フォン・フンボルト（一七六九―一八五九、『コスモス』三十五巻、『新大陸地誌』（フランス文）の著者）は、ヴィルヘルムの友人、弟子の協力を仰いでこの序説を独立した一書としてまとめ、ヴィルヘルムの死の翌年、一八三六年にベルリンの王立アカデミーから公刊した。そして序説の中の文言に基づき、『人間の言語構造の相違性と、人類の精神的展開に及ぼすその影響について』という標題を付した。

ハイデガーは、この作品を「ギリシャ古代に端を発し、多岐な道を辿りながらも継続してきた言語考察の努力が、結集してその頂点に達したもの」（「言葉に通ずる道」、『言葉への途上』、二四六ページ）とみなし、この書物が「賛否両論あるにせよ、今日に至るまで言葉についての学、および言語哲学のすべてを陰に陽に規定している」（前掲書、二四六ページ）と指摘している。

さて、それならばハイデガーは、フンボルトのどのような考え方に注目しているのであろうか。ハイデガーの引用しているフンボルトの所説を聴いてみよう。

「言葉は……過ぎゆくもの《フォリユーバーゲーエンデス》である。たとえ文字を用いて言葉を保持するとしても、そこに保たれているのは、ミイラにも似た不完全なものでしかないので、どうしても、それを再び口に出して生き生きと語り、感性に訴えるようにする必要が生ずる。言葉そのものは出来上ったもの《ヴェルク》（エルゴン）ではなく、活動性《テーティヒカイト》（エネルゲイア）なのである。それ故、言葉を本当に定義しようと思えば、必ずその生成《ゲネティッシュ》に即したものでなくてはならない。つまり、言葉の真の定義とは、分節音声を思考の表現たり得るものとするための、不断に反復される精神の働きであるということになろう。しかし、直接かつ厳格にこの定義を捉えると、これは、その都度語り出す《シュプレッヒェン》ことの定義となっている。だが、本来の、しかも本質的な意味からすれば、こういう語ることのいわば総体が言葉《シュプラーヘ》であるとみなしてよい。」（『言葉への途上』、二四七ページ）

ハイデガーは、フンボルトのこうしたエネルゲイアの解釈にすでに大きな問題を見出している。ハイデガーは、エネルゲイアはここで非ギリシャ的に捉えられており、むしろライプニッツの単子論の立場のごとく解せられているとするからである。（前掲書、二四九ページ）

ハイデガーは、かつて『マールブルク大学における最終講義より』（一九二八）の中で、単子の持つ力であるヴィス・アクティーヴァをスコラ哲学のポテンチア・アクティーヴァから区別すべきことを説いている。ヴィス・アクティーヴァは、ポテンチア・アクティーヴァのように静止的・潜在的な力ではなく、迫ってゆく力《ドゥレンゲン》であり、この迫ってゆくという事態それ自身は、可能性としてはそれのみで全宇宙であり得るものの、実際は個別的なので、必然的に何らかの外なる抵抗に直面せざるを得なくなる。かくして、単子という本来の実体であったものの力が、実は、近代的な意味における主体の力に転化してしまった。簡単に言えば、ハイデガーはこのように考えているわけである。（『道標《ヴェータマルケン》』クロスターマン刊、一九六七年、三九四ページ）フンボルトは言葉をエネルゲイアとして捉えたのではあるが、このエネルゲイアがギリシア的な意味においてではなく、ライプニッツの単子論の力の意味において理解されていると解する限り、ハイデガーによれば、フンボルトは言葉を強く人間主体の側に引きよせてしまったということになるのであろう。同じことはフンボルトの〈世界〉の捉え方についても言い得る。フンボルトにおいては、「言葉は、精神が自己と対象との間に、精神の持つ力の内的な働きによって定立するひとつの真正な世界」であるが、こういう「世界の見方《ヴェルトアンジヒト》」ないし「世界眺望」は、結局、世界を精神の発現、もしくは人間の主体性の表現としてのみ捉えることになりかねない。

「言葉に通ずる道」という論文におけるハイデガーのテーゼは、〈言葉を、言葉として、言葉へもたらす〉であった。これに照らしてみると、フンボルトの言語哲学の図式は、〈言葉を、人間の主体性において加工され、仕上げられ《アウスゲアルパイテット》た世界眺望《ヴェルトアンジヒト》の一種および一形式として、言葉にもたらす〉（前掲書、二四九ページ）ということになってしまう。ハイデガーのテーゼの第二項〈言葉として〉が、フンボルトの場合は、〈人間の主体性において加工された世界眺望として〉という正に人間くさいものとなっているわけである。ここに挙げたハイデガーのテーゼは確かにタウトロギーのように見えるかも知れない。しかし、言葉を〈人間の主体性において加工された世界眺望〉、あるいは〈分節音声を思考の表現たり得るものとするための不断の精神の活動〉であると規定し、限定することは、言葉を認識しようとする立場に立つ人々にとっては恰好な導きの糸となり得るであろうが、言葉を経験しようと待ち構えている人々にとっては、必ずしも直接経験に結びつけてくれるものであると言い切れない。ハイデガーによれば、言葉について我々が思念すべき場所《オルト》というものは、「（形而上学の場所ではないが）その場所に名をつけることはやめておこう」（「言葉についての対話より」、『言葉への途上』、一三八ページ）と言わざるを得ないような場所であり、そこに営まれるべき思索は、「別の思索《ダス・アンデレ・デンケン》と私は呼びます」（「今になお神のみ我等を救い得ん」（ハイデガーとの一九六六年九月二十三日の対話）、『デア・シュピーゲル』、一九七六年五月三十一日号、二一二ページ）とのみ表現し得る思索である。

ハイデガーは、ギリシア以来の言葉を表示する語は、ギリシア語のグロッサ、ラテン語のリングア、ドイツ語のシュプラーヘ等、どれひとつをとってみても、みな〈形而上学〉の色調を免れてはいないので、むしろその代りに、語り《ザーゲ》を用いる方がよいと語っている。（「対話より」、『途上』、一四五ページ）その理由は、語ること、語られたもの、語らるべきもの、の三者を、この語りは同時に意味しているからである。この語るということは「恐らく、立ち現れる《エアシャイネン》ことであるとともに、立ち現れさせる《エアシャイネン・ラッセン》ことでもあるという意味における示し《ツアイゲン》と同一であろう」（前掲に同じ）とハイデガーは述べている。そうなると、言語の主人公はもはや人間ではないことになる。「人間はみずからが恰も言葉を刻み出した者であり、その支配者であるかのごとくに振舞ってはいるが、しかし、言葉の方が実はいついつまでも人間の主なのだ」（「もの《ディンク》」、『講演・論文集』、ネスケ刊、一九五四年、一九〇ページ）とか、「言葉の本質・本質の言葉」（「言葉の本質」、『言葉への途上』、二〇〇ページ）とか、「思索は語ることにおいて、専ら有の語られざる語を言葉へともたらしてゆく。……有は自ら明るくなりつつ言葉に向う。有は常時言葉への途上にある」（『フマニスムスについて』、クロスターマン刊、一九四九年、四五ページ）というようなハイデガーの発言は、みな、言葉の問題において、人間を中心に据えている〈形而上学〉の立場からの脱却を狙ったものである。この点から見ると、フンボルトは主体性の哲学が展開され、主・客間のただならぬ緊張関係が精神の力に支えられているドイツ観念論の只中にいる人物であり、それ故に、正に〈形而上学〉の渦中にあったと言ってよい。

　しかし、それにも拘らず、ハイデガーは、強い共感をフンボルトに見出している。その理由は、『人間の言語構造の相違性と……』の中には、〈人間と言葉との関連性が変転する可能性〉（『途上』、二六七ページ）についてフンボルトが予感していたと思しきところがあると、ハイデガーは認めているからである。次のようなフンボルトの主張は、恐らくハイデガーをそう感じさせた箇所のひとつであったと言えるのではあるまいか。「言葉を尋ねようとする者は、言葉の中には形式より一層高く、かつ、より根源的なものが秘められていることを決して見誤ってはならない。そして、たとえ認識という手段によっては形式を越えたそういう領域に到達することができぬにせよ、言葉の研究者はかかる領域の存在することについての予感《アーンデン》だけを持っていなくてはならない。」（『人間の言語構造の相違性と……』、アカデミー版フンボルト全集、第七巻、一六六ページ）

ところで、弟のアレキサンダーが編者として記した『人間の言語構造の相違性と……』の前書で述べているところによると、ヴィルヘルム・フォン・フンボルトは、〈孤独に、ある墓の近くで〉死に至るまで、この『人間の言語構造の相違性と……』の著作に没頭していたということである。そして、ハイデガーはこのアレキサンダーの言葉をわざわざ引用し、感銘深げに特記しているのである。（「言葉へ通ずる道」、『途上』、二六七ページ）

さて、この〈ある墓の近くで〉というのは、実は、ヴィルヘルムの妻カロリーネの墓所のことである。

彼女はヴィルヘルムより一歳年長で、エールフルトの貴族の娘であった。このカロリーネはシラーの妻となったシャルロッテとはもともと親友であり、フンボルトがシラーと知り合うに至ったのも、このカロリーネの紹介というよすがによる。カロリーネは若干病弱ではあったが、その才知と高潔な志操とで夫のよき伴侶となり、夫のヴィルヘルムも、事大小となく彼女の意見を求めたといわれる。ヴィルヘルムは、カロリーネをリーという愛称で呼んでいたが、四十年近く生活を共にしたこのリーも、一八二九年六十三歳で世を去った。ヴィルヘルムが官途を辞して言葉の研究に没頭するようになって十年ほど経った頃である。「妻亡き後の心の慰めとしては、最も深い、絶対の孤独しかありません」と、ヴィルヘルムは、早くに未亡人になっていたシャルロッテ・シラーその他の知己に書き送っている。妻の死後、フンボルトの真の住処は正に〈孤独〉となったのである。

カロリーネは生前から、死んだときにはテーゲルの邸内の一画に埋葬して欲しいという希望を洩しており、みずからその場所を選んでおいていた。そこは、鬱蒼とした樅の樹林に囲まれた中に、すっくと立つ一本の樫《アイヒェ》の木のもと、遥かに懐しい邸を一望のもとに見はるかすところであった。ヴィルヘルムは、リーの埋葬されている場所に隣接して高い台座を築き、その上に細い花崗岩の円柱をのせ、更にその上に希望を象徴する像を掲げた。この像は、ずっと以前、フンボルト一家がローマに駐在していた頃、カロリーネ自身が彫刻家のトールヴァルツェンに委嘱して作らせたものである。ヴィルヘルムは塋域に鉄格子をめぐらし、しかるべき樹を植えそろえ、彼の〈巡礼〉の場所にふさわしいたたずまいを与えた。著作活動に明け暮れるヴィルヘルムの日課の最後は、時を問わずたとえ深更であろうと、この場所を、独り訪れることであったという。(ハイム著『ヴィルヘルム・フォン・フンボルト』、ゲルトナー刊、一八五六年に拠る)

さて、これが、〈孤独に、ある墓の近くに〉いるヴィルヘルムの姿である。ハイデガーが『人間の言語構造の相違性と……』の中に〈形而上学〉を乗り超え、対象化の論理を脱し、根源からの呼び声に耳を傾けているフンボルトを見出したかのごとく語っている所以のものは、フンボルトが妻の死を機縁として、〈孤独〉の淵に徹し、自己を〈死すべきもの〉として引き受けることを学びとり、この体験に基づいて〈言葉を経験する〉ことができたからではあるまいか。(3)

註

(1) この書物に収められている論考ないし対話篇六篇のうち、四篇の邦訳がいちはやく発表された。すなわち、「詩の中の言語」「言葉」(いずれも三木正之訳)が『詩と言葉』ハイデッガー選集14(一九六三)、「ことばについての対話」(手塚富雄訳)が『ことばについての対話』ハイデッガー選集21(一九六八)、「言葉への道」(佐々木一義訳)が『ヒューマニズムについて』ハイデッガー選集23(一九七四)の諸巻の中に収められている(いずれも理想社刊)。
邦訳のなかった二篇を含み、ドイツでハイデッガー自身の手沢本の書き入れを採り入れて発行された決定版原典に基づいた邦訳本がその後刊行されている。『言葉への途上』(亀山健吉訳、ハイデッガー全集第十二巻、創文社、一九九六)

(2) ハイデガーの『有と時』(一九二七)では、フンボルトの論文「いくつかの言葉における場所の副詞と人称代名詞の親縁性について」(一八二九)を援用し、ハイデガーの現有の捉え方と関連させて論じている。(『有と時』第二十六節)。

(3) フンボルトとハイデガーの両者に等しく注目しつつ、独自の言語論を展開しているのが、ジョージ・スタイナーである。彼は文芸批評家、比較文学者として著名であるが、同時に、そのすぐれた文学的感受性と鋭い哲学的な問題意識とを提げ、豊かな言語学の知識に支えられて言語の問題の解明に当っている。

その主著『バベルの後に』(上下二巻、亀山健吉訳、法政大学出版局、ウニヴェルジタス叢書、一九九九、二〇〇〇)では、「翻訳」という概念を中軸とした独自の言語論を展開しているし、ハイデガーの研究に関しては、『ハイデガー』と題したモノグラフィ(邦訳、生松敬三訳『ハイデガー』G・スタイナー著、岩波書店、同時代ライブラリー125、一九九二)は、数多い研究書の中でも特に優れた作品といってよい。

第五章　言語の民族性研究の系譜
――ヘルダー、フンボルト、ヴァイスゲルバー

はじめに

本章は、言語の民族性という問題を自覚的に問題として取り上げた三人の学者の所説を手掛りにして、「言語の民族性」を解明する端緒を得ようとするものである。

この三人というのは、ヘルダー、フンボルト、ヴァイスゲルバーであるが、この三者を選んだ理由は、三者とも、問題意識を共通にしているのみならず、三者が内的連関を持ちつつ、一定の学問的系譜を形成し、全体として体系的な展開を示しているからである。勿論この「体系」が、「言語の民族性」を解明する唯一の方法というわけではない。この問題の本質に迫っていく方法は他にいくらでも可能であろう。それにも拘らず、この三者を敢えて選んだのは、彼らの織りなす「体系」の中で、言語そのものの意義や構造の哲学的探求と、言語の民族性の開明という二つの問題が、内的に連関して考察されているからである。

我々は先ず編年史的順序に従って、ヘルダーの所論を取り上げてみよう。

第一節　ヘルダー

ヨーハン・ゴットフリート・ヘルダー（Johann Gottfried Herder, 1744-1803）は、啓蒙期の合理主義には終始反対の態度を取り、民族性や風土性を強調し、民族の詩歌に示される詩作活動こそ、民族精神の発露であると考えた。ヘルダーが、言語を哲学的に考察しようとした最初の人々のうちの一人であるというのも、彼が民族精神と詩、すなわち民族精神と言語との関係に注目したからである。大体、十八世紀後半のドイツにおける「シュトゥルム・ウント・ドランク」の時代から、「ロマン派」の運動に至る時期に、ハマン、ヘルダー、フンボルトをはじめとして、急激に、「言語」の問題に関心が集中するようになった理由を考えてみる必要があろう。スイスの批評家シュトリッヒ（F. Strich）は、ドイツの古典派とロマン派の対立を原理的に考察した優れた労作の中で、この問題に鋭い洞察を示している。彼によれば、ロマン派の運動は、ヨーロッパを超えて、ヨーロッパの背後に迫ろうとする「郷愁」ということになる。この場合のヨーロッパとは、理性に基づいて構成された完結した全体であり、その意味での斉合的なまとまり、すなわち有限な統一なのである。そしてヨーロッパを超えるというのは、こういう統一性や完全性の原理となっている理性そのものの「退位」を求めることに他ならない。古典派は完結的・静止的な美を求めるのであるが、そこに求められる美というものは、流動性の原理としての時間の枠内には見出され得ず、むしろ時間から解放された空間的形態の持つ造型美として志向されることになる。ロマン派という運動原理は、完結性に対するよりは無限性に憧れ、普遍的完成よりは個別性、すなわち個人性や風土的・民族的特殊性を求め、静止した彫塑性よりはより動的な言語、更には音楽へと関心が向うのである。(1) シュトリッヒの指摘したこのような背景から、ハマン、ヘルダー、フンボルト、シュレーゲルというような、「言語」の問題をめぐって、活発な哲学的・文学的考察を展開する文人たちが生れてきたわけなのである。

さて、ベルリンのアカデミーは、一七七〇年一月一日を締切り期限として、言語に関する論文を公募していたが、二十五歳のヘルダーはこの募集に応じて、『言語の起源についての論考』(*Abhandlung über den Ursprung der Sprache*) を提出して入賞した。カントが『純粋理性批判』を発表する十一年前であり、ヘーゲルやヘルダーリンの生年でもある。ヘルダーはかねてよりハマンの影響のもとに、言語に強い関心を懐いていたが、この論文提出の直接の機縁となったものは、ジュースミルヒ (Süßmilch) の『言語が神に由来することの証明』(*Beweis, daß die Sprache göttlich sei*) という論文であった。ジュースミルヒは、かつて一七五八年にアカデミーにおいて同じ題のもとに講演を行ない、この講演の内容が一七六六年に出版されたのである。この論文を読んだヘルダーは、ジュースミルヒの論文と対決して自らの言語哲学を展開しようとする意欲に駆られたらしく、一七六七年には友人のシェフナーに手紙を送り、「(この論文に関し) 少しでもいいから公けに語りたくなった(2)」と述べている。

註　ヘルダーの引用は、本稿においてはすべて次の版による。
Johann Gottfried Herder, Sämtliche Werke in 36 Bdn., Herausgegeben von Bernhard Suphan, Georg Olms Verlagsbuchhandlung, 1967. Reprografischer Nachdruck der Ausgabe Berlin 1891.

そこで、ヘルダーは、「言語は果たして神に由来するのか、それとも、すぐれて人間的なものであるのか」という設問を自らに課するということになる。そしてヘルダーの『言語の起源についての論考』は、ジュースミルヒへの反論ということを意識して、「動物として人間はすでに言語を持つ」という書き出しで始まっている。

ヘルダーの言語哲学の特色は、このように極めて「自然的」な立場を取っているということである。この書き出しのテーゼに引き続いて、ヘルダーは次の如く語る。「人間の強い感覚、その中でも最も強い身体の苦痛や、心の激しい情熱は、叫びや響きや言語的音声にならない野性の声として直接に表現される。苦痛に苛まれている動物は勿論、英雄フィロクテルでさえも、苦痛に襲われると、呻き声をあげ、痛みを訴えるであろう。たとえ、見捨てられた孤島で、助けてくれそうな仲間の生物を見ることもなく、その足跡すら知らず、助けてくれる者の存在すら希望が持てぬ場合においてさえも。……さて、ここで全体として、次のことが明らかな自然法則であることを認めようではないか。〈ここに（人間という）敏感な存在があるが、これは生き生きとした感受（Empfindung）を自己のうちに閉じ込めておくことはできず、心動いた瞬間に、思わず知らず、また目的もなしに、その声を上げざるを得ないのである〉……人間は弱い、敏感な存在で、単独かつ孤立的であり、世界全体という敵意に満ちた嵐にただ直面しているだけなのだ、などということはやめよう。人間は孤独ではない、自然全体と結びついているのだ。（人間に）与えられている琴線は微かなものかも知れないが、自然はこの琴線に音を潜ませているので、刺激を受けたり、励まされたりすると、そこに生れる響きは、同じように微妙に造られた他の存在を目覚めさせ、まるで眼に見えぬ鎖で繋がれているが如くに、遠く離れた心の中に、この見たこともない存在に対して共感するという火花を伝えるのである。この吐息（Seufzer）、この響き（Töne）こそが言葉である、すなわち、端的な自然法則であるところの、感受の言語が存在するのである。」[3] 人類の長い歴史を通じて、人間はいつしか言語のこの根源を忘れ、言語を「理性と社会の子」[4] としてのみ受け取るようになるが、ヘルダーによれば、「言語の根源は常に自然的であり、また、この根源は、超人間的（übermenschlich）ではないのみならず、動物的なのである」[5] ということを忘れてはならない。

さて、こういう「動物」としての人間は、また同時に、人間としての固有の性質、すなわち、意識性（Besonnenheit）、もしくは内省（Reflexion）を持っている。「人間が、人間に固有の内省状態に入り、この意識性

（内省）が始めて自由に働くようになると、言葉を見出すのである。……人間にとって言語の発見は、人間が人間であるのと同じように自然なのである。この内省と言語という二つの概念を発展させてみようではないか。――人間の心の力（die Kraft seiner Seele）が、人間のすべての官感を通して荒れ狂う大洋のような感受（Empfindungen）の群の中から、いわば、一つの漣を抜き出し、それを留め、それに関心を集中し、その小さな波動が浮び出して見えるのが意識できるほど、心の力が自由に働くときに、人は内省を証したことになる……」(6)

ヘルダーがここに内省とか意識性とか呼んでいるものは、フンボルトの言語哲学では、精神の活動として捉えられている働きに相応するものであるし、ヘルダーが感受と呼んでいるものは、フンボルトの用語法では表象に相当する。ただ、ヘルダーの場合、フンボルトにおけるほど精神の自発的活動という面が自覚されてはおらず、感受や意識性という「自然的」な要素が重視されてはいるが、しかし、構造的には、フンボルトにおけるような思考と言語との関係が予感されていると言ってもよかろう。

さて、ヘルダーはジュースミルヒの「言語の起源は神なり」というテーゼに反対して議論を展開していく。カント流にいえば、ジュースミルヒの独断の迷夢を覚そうとするのである。

「言葉が神に由来するとする論者は、〈言語の使用は必然的に理性の使用に通ずる〉ことを立証し、それが言語が神的であることの証左であると主張しているが、このことは、〈理性の使用は、言語の使用と同じく、人間にとって極めて自然である〉ことの証明にしかならない。……私が証明したのは、理性をいささかでも使用するためには……徴表なしでは不可能であることである、というのは、一般に二つのものの相違点は、常に第三のものによってのみ認識されるのであり、この第三のもの、すなわち徴表（Merkmal）は、同時に、内面的な徴辞（Merkwort）でもある。かくして、理性の活動の最初の場面から、全く自然に言葉が生じてくることになる。(7)」

そして、ジュースミルヒの議論をまとめれば、「言語なくしては人は理性を所有せず、また、理性なくしては言語は存在しない。そして、理性と言語を欠いては、神の教えを理解することはできず、神の教示なくしては、人は理性も言語も持ち得ない」ということになるので、ヘルダーは、これを「永遠の循環論」であるときめつける。更にこの循環論に対して、ヘルダーは、その自然主義の立場から次のように分析してみせる。「私にはよく分っているのだが、神の教示（Göttlicher Unterricht）という場合、普通は、両親の子供に対する言語教育が考えられていることが多いのである。しかしながら、実際は決してそうではないことをよく考えて欲しい。両親が子供たちに言葉を教えるのではなく、子供たちが自分の力で両親と一緒に言葉を見出していくのだ。親は言葉という特定の記号(Wortzeichen) を用いて、物事の相違点に子供の注意を向けさせるだけなのである、親は子供に何かを与えるというのではなく、言語によって、子供の側での理性の使用を容易にし、その働きを助長するにすぎない。(8)」

ヘルダーは『言語の起源について』の第二部において、言語を四つの「自然法則」に基づいて考察している。

「第一自然法則、人間は自由な思考を行なう活動的存在であり、その能力は進歩しながら働き続けるものである。それ故、人間は言語の生物たるべきものである。(9)」

この法則の中の「それ故」は、この法則の文章のみで判断すれば、十分に論理的ではないので、若干の補足的説明が必要であろう。動物としての人間の特色は考える動物であるということになる。内省であれ、理性の使用であれ、考えるという活動は、言語において、言語を見出しながら行なわれる。この「それ故」は、思考と言語の相即性に基づいて必然的に導出される論理的帰結を示している。そして、「人間は言語の生物たるべきもの」(darum sei er ein Geschöpf...) というように、繋辞が接続法第一式の表現を取っているのは、人間が動物的存在と内省的存在という二重の構造を持っており、後者のより本質的な面をより強い程度において存在させることが人間の自然であることを表現しようとするものに他ならない。

「第二自然法則、人間はその規定性において群の生物、社会の生物 (ein Geschöpf der Herde, der Gesellschaft) である。それ故、言語を形成し続けていくことは人間にとって、自然であり、本質的であり、必然的である。(10)」

「第三自然法則、人類全体が一箇の集団にまとまっていることができないように、人類はただひとつの言語を保持することはできない。それ故、種々の民族語 (Nationalsprachen) が生じてくる。(11)」

「第四自然法則、人類は、ひとつの大きな共同生活を営みつつ (in einer großen Haushaltung)、根源を同じくするひとつの進歩する全体を形成しているに違いないが、すべての個々の言語の全体や、言語と共に、教養 (Bildung) の連関全体についても同様である。(12)」

以上が、ヘルダーのいうところの言語に関する四つの自然法則であるが、さて、我々の当面の課題である言語の民族性という領域に関して注目すべきものは、第三法則である。ヘルダーは、種々なる言語の発生の原因、およびその意義をどのように考えているのであろうか。

ヘルダーの考え方の要旨は次の如くである。先ず、少なくとも発音および用語に関する限りは、男女間、老若間、親子間などでも差異があり、家によっても口のきき方が異なる場合が多い。風土、空気や水、食物や飲物などは、発声器官に影響を与え、従って言語にもそういう自然条件が流れ込んでくる。社会のしきたりや習慣という強力な要素は、方言の成立を促す。また、言語というものは一般的にいって、ある言語に生気が漲っていればいるほど、変化し易い。ところが、同じような地域に住んだり、相互に関係が深いような民族や種族の間に、大きな言語的相違が認められるのは何故か。それは、民族や種族が相互に懐いている憎悪に基づくのである。そもそも言語は、種族、民族の紐帯であり、祖先の業績を謳う栄光の歌であるとすれば、異国の言葉を語るバルバーレンはそのことのみで軽蔑に値すると共に卑小なものと同義となる。同じことを各民族が相互に考え合っているとすれば、その結果は、「軍鼓は高鳴り、誇りと勇気は目覚め……いずれの側の人々もみな英雄、愛国者と化し……かくて民族的憎悪は、不断に続く激しい戦にまで永遠化されることになる。[13]」

かくして言語の民族的相違はますます強まることになる。

以上、ヘルダーの言語哲学の一端を簡単に紹介したのであるが、ヘルダーは、人間であることと言語を持つということの内的関連や、思考活動と言語行動との相即性というような言語哲学の根本問題に注目はしたものの、それを方法的に厳密に追求すべく余りにも文学的であり、また、彼の「自然的立場」は、思考活動の論理構造を充分追求するには不適切であり、更に諸言語の実証的な研究を行なっていないので、その所論はともすれば現実の言語の実態から離れて空想に走り勝ちである。そこでより論理的であると同時に実証的でもある言語哲学の展開は、フンボルトの登場を待たなくてはならない。

第二節　フンボルト

ヴィルヘルム・フォン・フンボルト（Wilhelm von Humboldt, 1767–1835）は、言語一般の哲学的考察において、ヘルダーよりも更に大きな一歩を進めたのみならず、サンスクリットを中心とするインド・ゲルマン語属、ヘブライ語、アラビア語などのセム語属、カヴィ語、マレー語など東南アジアの諸言語や南太平洋諸島の諸言語、アメリカ大陸の本来の現住民その他の諸言語、スペインのバスク語、中国語、満州語、日本語に至るまで各種各様の言語の実証的研究を通して、それらの言語の構造や語彙の基本的性格を的確に把握し、そういう豊富な知識を前提にして、民族精神と言語体系との内的連関を明らかにしようと努めた。フンボルト以前においても、以後においても、言語一般の哲学的・原理的研究と、具体的な個々の言語の実証的研究とが、彼の場合ほど、相互に内面的に結びつき、二つの研究方法が相互補完的に助長し合っているという例はないといっても過言ではない。

フンボルトの言語問題についての業績は、極めて多岐にわたり、その論文の数も甚だ多く上っているが、初期の草稿断片を除けば、みな、一八二〇年以降、彼の他界に至るまでの十五年間に書かれている。フンボルトはプロイセンの政治家ないし外交官として、一八〇二年にローマに赴任して以来、ヨーロッパの最も激動の時代を、ウィーン、ロンドンと歴任し、プロイセンの関係する重要な国際会議にはみな参加している。そして、ロンドンではロスチャイルド家からプロイセンのために借款を得るのに成功している。[14] こういう任地での彼の生活は、豊富に遺されている日記や旅行記で詳しく知ることができる。ところで、一八一九年の暮、彼は五十二歳で引退した。彼が自己を三人称で表現している『自伝』（*Autobiographisches B*）の中で、彼は「それ（引退）以来、彼は冬の一部をベルリンで過し、残りの時期は、田舎で過し、主として言語学的な仕事に携わった」[15] と記している。

註　本稿においては、フンボルトの引用はすべて左記の版による。
Wilhelm von Humboldts Gesammelte Schriften in 17 Bdn.,
Herausgegeben von der Königlich Preussischen Akademie der Wissenschaften,
Behr's Verlag. 1907 ; Photomechanischer Nachdruck, W. de. Gruyter, Berlin 1968.

フンボルトは、ベルリン大学の創設を頂点とするプロイセンの教育制度の改革に寄与すると同時に、ピンダロスやアエスキュロスのすぐれた翻訳者としても、ゲーテの『ヘルマンとドロテア』に関するすぐれた批評家としても知られた文人であり、また、官途について栄進をした外交官でもあったが、この多彩な経験と、不断の読書や思索で蓄えられた豊かな学殖のすべてを投じて、余生を言語問題の研究に没頭したわけである。

さて本稿においては、数あるフンボルトの労作の中でも、主として、題名が酷似していて混同され易い二つの重要な論文を資料として、彼の言語論の概要について考察してみたいと思う。その論文というのは、ひとつは、『人間の言語構造のさまざまな相違点について』(*Über die Verschiedenheiten des menschlichen Sprachbaues* [1827–29])[16]であり、他のひとつは、『人間の言語構造の相違性と、この相違性が人類の精神的発展に及ぼす影響について』(*Über die Verschiedenheit des menschlichen Sprachbaues und ihren Einfluß auf die geistige Entwicklung des Menschengeschlechts* [1830–1835])[17]である。両論文とも完結していない。そして、後者は、晩年のフンボルトの主要な研究テーマであったマレー語、特にジャワ島の古い英雄譚の言語であった「カヴィ語」(Kawi)の研究の序説部分として用意されていたもので、内容的には、言語哲学一般を扱った長篇の論文草稿である。カヴィ語の研究は、その一部がフンボルトの在世中に出版されたが、この序説部分は彼の死の翌年、弟のアレキサンダー・フォン・フンボルトの手で上記の書名で出版された。普通この論文は『カヴィ語研究序説』という名で扱われているので、本稿においても、『カヴィ語研究序説』と呼ぶことにしたい。それと同時に前者の論文を『相違点』（*Verschiedenheiten*）と略称することにする。『相違点』と『カヴィ語研究序説』はフンボルトの言語論の中では最も長いもので、前者は百九十三ページ、後者は三百四十四ページである。この二論文を比較対照してみると、共通する部分は勿論あるが、異なっている部分も多い。綿密な比較校合によって、晩年のフンボルトの言語論の展開を読み取ることもできようが、それは他日の機会に譲りたいと思う。

さて、フンボルトの言語哲学は、彼がみずからに課した二つの設問によって貫かれているように思われる。

この二つの問題というのは、ひとつは、人間のもっとも根源的な活動であるところの言語活動が成立してくる所以は一体何であるのか、別の言い方をすれば、人間であることと、言語を持つということの関わり方がどうなっているのかという問いであり、他のひとつは、人間にとって最も普遍的なものである言語活動が、現実においては最も特殊性の強い存在形態をとり、相互に異質な諸言語に分裂して現象してくるという事実の原因およびその意義は何処にあるのかという問いである。

フンボルトの場合、この二つの問題は内面的に連関し合っているので、第一の設問に対する解答の中に、必然的に第二の問いに対する解答が用意されていることになり、また、第二の問題と取り組むことは、同時に、言語そのものの本質の解明に通ずることになるのである。そして結論的にいえば、フンボルトの言語哲学の中核は、「言語は精神活動である」というテーゼであり、しかも、この「精神」が内面的なものでありつつ、自己を外化し、諸言語として現実形態を取って、今度は外部の強制力として我々に迫ってくることになるのであるが、この場合、内と外との媒介者として、音声を見出してくるというのが、極めて特徴的なのである。

さて、フンボルトは、思考作用は言語において営まれる精神活動であると規定するが、その思考作用の態様について次の如く語っている。なお、この箇所は、前述の『相違点』および『カヴィ語研究序説』のいずれにおいても

一、二の字句を除くほか全く同一の記述がなされているところをみると、彼自身この表現を適切なものと思っていたらしい。さてフンボルトの言葉というのは、次のようなものである。「主観の活動は、思考において客観を形成する。というのは、どのような種類の表象であろうとも、表象は、すでに現存している対象を純粋に受動的に観照するもの（Beschauen）でしかないとは、とても考えられないからである。感覚の活動は、精神の営む内面行動と綜合的に結びつかなくてはならず、しかも、そこに生れた表象はこうした結合から自己を解き放ち、主観のもつ力に対抗して対象になり切る、更に今度は対象として新しく知覚されつつ、主観の内へと還帰していく。そういうわけであるが、この際、言語が不可欠なのである。つまり、言語において、精神の働こうとする力が唇を通して外部へ解放される。そして精神によってそこに生み出されたものは、今度は、耳へと戻っていくのである。ここにおいて、表象は、現実の客観性へと移行していくことになるのであるが、しかし、それだからといって、表象が主観性から切り離されたわけではない。そして、言語なくしてはこのことは為し得ないのである。このように、表象が現実の客観性へと移行していくことは、言語の助けによって気がつかれなくても常に生起しているのであるが、このことなくしては、概念の構成も、従ってすべての真正な思考も不可能なのである。[18]」

フンボルトがここに述べたような思考と言語との関係は、単に個人においてのみ認められるものでは決してない。言語活動と相即するところの思考作用は、必然的に、主体と主体とが関わり合う場面において展開されるべきものとみなさざるを得ない。フンボルトは、言語および思考のもつこの間主体性については、次の如くいっている。

「言語が音声を媒介として外部への働きかけを必要とする最大の理由は、社会性（Geselligkeit）であり、人間はその本性上何といってもこの社会性を欠くわけにはいかない。……人間においては、思考は本質的に社会的な存在のあり方と結びついており、人は肉体的・感覚的な諸関係以外に、純粋な思考を行なうという時にでも、

〈我〉(Ich) に対応する〈汝〉(Du) を必要とする。……概念は他の思考力からの反照を受けることによってのみ始めて規定性と明白性を得るのである。概念というものは、動いている多くの表象からある表象が己れだけを解放し、それが主観に対する客観になることによって作り出されるものであるが、こういう分裂が主観のみにおいて行なわれるというのでは充分ではなく、表象している人が思考の内容を己れの外部において看取(erblicken) して始めて客観性が完きを得るのであるし、外部において見るということは、同じように表象し思考する他人という存在においてのみ可能となるのである。思考力(を持つ人)(Denkkraft) と思考力を持つ人とを媒介する唯一のものが言語であり、ここにおいてもまた、思考内容を完成するためには言語が必要であるという理由が生じてくる。また、言語そのものの中にも常に二重構造があり、語るということはすべて語りかけと応答とから成っている。語(Wort) は対象ではなく、対象に比べればむしろ主観的なものであるが、それにも拘らず、思考している人の精神内部では、語というものは、その人によって作られ、その人に逆に作用を及ぼす客観でなくてはならない。語と語の対象との間にはこういう異様な断絶があるので、語が仮にあるたった一人の個人の中に生れたとすれば、それは単なる見せかけの対象に比すべきものにすぎない。そうであるから、言語は他の人と関わる努力が積み重ねられることによってのみ現実性を得るのである。それ故、語は、聴く人、応える人において本質性を獲得することになる。代名詞というものは、二人称を三人称から区別するものであるが、このことは、言語の基本構造をよく示している。〈我〉(Ich) と〈彼〉(Er) は、その中の一方を考えれば、必然的に相互に対立するような、それ自身において異なった対象であり、この両者によってすべてのものが実は蔽いつくされるのである。というのは、別の表現をすれば、〈我〉と〈非我〉(Nicht-Ich) ということになるからである。ところが、〈汝〉は〈我〉に対抗する〈彼〉である。〈我〉と〈彼〉との両者は、内的・外的な知覚という基盤の上に立っているが、〈汝〉の中には、我による選択という自発性 (Spontaneität der Wahl) が潜んでいるのである。〈汝〉も亦〈非我〉ではあるが、〈彼〉の如くにすべて存在するものという領域においてあるのではなくて、〈我〉が働きかけるということによって生れた共通の行為の領域に属するのである。[19]」

ここにフンボルトによって示された言語および思考の社会性という指摘は、彼のすぐれた業績のひとつであろう。ただ、〈汝〉の成立を〈非我〉、なかんずく〈彼〉の中からの〈我〉による選択であると規定している点には問題があろう。〈彼〉という第三者は、むしろ、〈汝〉となるべきものが〈汝〉となりえずに退いたもの、いわば、〈汝〉の欠如態であり、〈汝〉を〈彼〉の中から選択するのではなく、〈汝〉となりえないという否定的選択によって退行していったものが、〈彼〉なのではあるまいか。〈彼〉という形で〈我〉の視野に入ってくることは、そのこと自身すでに、〈彼〉というより以前に遠い〈汝〉なのである。遠い〈汝〉の遠いという距離性が、本来、主体と主体との間にあるべき張りを得ることなく、そのまま定着してしまうことが、〈彼〉という第三者の成立の根拠なのである。

フンボルトもこの点はある程度問題を感じていたのかも知れない。〈彼〉の中から、あるいは〈非我〉の中からの選択によって、〈汝〉が成立してくるという表現は、上記の註に示した如くいくつかの論文の中で、ほぼ同じ形で繰り返されているが、彼の最後の論文すなわち、『カヴィ語研究序説』の中では次のように若干表現を変更して述べている。「〈我〉の中にはおのずから〈汝〉がすでに与えられているのであり、この二者の対立から第三者が生起してくる。この第三者は、感ずる者、語るものという領域の外へ出ると、生命のないもの (Sachen) にまで拡げられる。[20]」

この言葉のみで、フンボルトが、「〈彼〉の中からの選択による〈汝〉の成立」から、「〈汝〉の欠如態としての

〈彼〉の生起」へと、考え方を変えたとするのは速断に過ぎるであろう。

いずれにせよ、人間関係は、本質的には、主体と主体との間の緊張関係であるから、その関係を空間的・時間的な一種の張りとして捉えることは極めて自然である。そして、このことは、当然、言語構造、少なくとも用語法には反映する筈である。

フンボルトは、一八二九年、プロイセンの科学アカデミーで行なった講演『いくつかの言語における人称代名詞と場所の副詞との親縁性について』(*Über die Verwandtschaft der Ortsadverbien mit dem Pronomen in einigen Sprachen*)の中で、「空間概念」と人称代名詞との親縁性の根拠およびその実例を述べている。人称代名詞として用いらるべき語は、〈我〉と〈汝〉をよく区別して表現すると共に、〈我〉や〈汝〉という名でよばれる人のもつ種々の質的な相違を捨象しつつ、しかも感覚性を捨てることは許されない。そして、〈我〉と〈汝〉をそれぞれの領域に局限しつつ、しかも、この両者の分離や対立を超えて、両者をまとめて、第三者に拮抗させるだけの能力を備えていなくてはならない。こういう条件を備えているものは、空間概念である。そして、空間概念を表わす場所の副詞と、人称代名詞との関わり合いの仕方を三種類に分っている。ひとつは、一人称、二人称、三人称の代名詞に、それぞれ場所や方向を示す特定の副詞が常に随伴的に用いられるトンガ語のような場合、第二は、場所の副詞が、代名詞全体の一部になり切ってしまったが、代名詞全体にまでは及んでいないシナ語のような場合、そして、第三に、人称代名詞と場所の副詞が同音で、両者が全く同一であるとみなし得る日本語やアルメニア語の場合である。そして、日本語については次の如く述べている。場所的な遠近を表わすコノ、ソノ、アノ、および、コレ、ソレ、アレは、いずれもラテン語のhic, iste, illeに相当するが、前者の三つは名詞の前におかれる形容詞として用いられ、後者の三つは単独に用いられる。ノもレも接尾辞であるから、語幹としては、コ、ソ、アである。さて、コノ、ソノ、アノの三語に「その付近」(nahe bei)を示すアタリがついて、コナタ、ソナタ、アナタという場所の副詞ができ、それがそのまま一人称、二人称、三人称の代名詞として用いられるようになった[21]。フンボルトが参照した日本語文典は、ロドリゲス（Rodoriguez）、コリャド（Collado）、オヤングーレン（Oyanguren）がそれぞれ著したものであるが、前二者は十七世紀初頭から前半にかけて、最後のものは一七三八年の出版である[22]。フンボルトは、この三書を比較しつつ、日本語の基本的な性格を把握しようとしているのであるが、ソナタが二人称の代名詞であることについては、三書とも一致している。コナタに関しては、目上の人と語るときの二人称としても用いられるという点は共通であるが、その他一般に一人称としても用いられるとある本にあったり、あるいは、同等の身分の間でのみ一人称の代名詞として用いられるとあったりして一定していない。フンボルトは、本来、一人称を示すべき語で、基本的には代名詞ではないコナタが、何故話しかけの対象に転化したのか、その理由を知りたいと述べている[23]。

さて、ここには、フンボルトの日本語に対する関心の強さと、彼の見出した日本語の問題点の一端を示したのであるが、彼は、同じように多くの言語に対しても、その言語構造の基本性格を直截に捉えようとしているのである。

さて、我々は、ここで、フンボルトの言語哲学の第二の課題である人間の普遍的言語活動が特殊的言語に分裂してゆく理由およびその意義という問いに移っていかなくてはならない。

ヘルダーの場合は、言語が多くの言語に分れている理由は、家や国民（Nation）（この両者を包括して現在の日本語の用例では民族といってよかろう）が、相互に持つ憎悪感であった。分裂の原理が、憎悪という無媒介な心情であるならば、当然、民族の紐帯としての言語も、直接的で、本能的な愛情の対象でしかない。ヘルダーのこういう「自然的な」捉え方では、民族固有の発想法や感受性が、言語に反映し、また、この言語が更に民族の個性の形成に作用するという言語、特に母語の基本構造は、全く理解され得ないものである。

フンボルトの言語論は、上述の如く、徹頭徹尾精神論である。そして、近代観念論哲学における精神は「主体」として考えられるので、精神の活動とは、主体が〈定立〉することを意味する。ここに定立されたものは、精神活動によって「生み出された」ものという意味では客観であると同時に、「主体の活動」であるという意味では主観的である。フンボルトの言語論も、基本的にはこういう観念論哲学の図式的構造の例外ではない。そうであるとすれば、人間の言語が種々の形の諸言語として存在している理由は、結局、精神活動の仕方の多様性と、そういう多様な姿態の精神の活動性に影響を与えたり、精神活動に媒介されて言語の中に入ってくる自然条件、特に「風土性」の種々相ということになるであろう。そして、どの言語を取ってみても、それが精神活動の所産であるとすれば、どのような言語であれ、それは「完結した作品」（エルゴン）ではなく、「活動性」（エネルゲイア）として捉えられなくてはならない[24]。精神は音声を分節化しつつ、それを思考内容の表現にまで高めていくのであるが、このときの精神の活動の仕方のうち、「同一のもの、恒常的なものが、出来うる限り完全に関連のうちにおいて捉えられ、体系的に表現されるとき、言語の形式が成立する[25]」のである。

言語に形式があれば、必ず素材が対応しなくてはならない。それならば、言語における素材とは一体何であろうか。フンボルトが素材として挙げているものは、一面において音声であり、他面において概念形成に先立つ感覚的受容や精神活動の総体である。

悟性のはたらきや概念構成の仕方は、どこでも、いつでも同一であるように思われるかも知れないが、しかしフンボルトは、言語生産に携わる精神の力には度合の差違があり、また想像力（Phantasie）や感情も言語生産に際しては内面的力として作用するようになると指摘している。ここに言語の形式といわれているものは、具体的には、サンスクリットやギリシア語のような個々の言語の基本構造そのものを指しているのであるが、注意すべきことは、精神活動は、形式であると同時に素材でもあるという点である。このことは同時に、素材である音声も、精神活動の一要素として精神の中に含まれていることを意味している。このように、形式と素材というような論理的に分けられた二つの契機は、実は、相互に貫徹し合うという構造を持っている。フンボルトは、よく言語は有機体（Organismus）であるといっているが、人間が精神と肉体の二元から成り立っているように、言語も二つの契機の統一であることになるわけである。

さて、精神の働き方の相違やエネルギーの強弱、感受性、感情のあり様の相違などが言語の相違をもたらすことになるが、音声もそれに劣らず、言語相互間の差異性を強めるのである。言語の相違は民族の性格の相違であり、例えばギリシア語とドイツ語を比較すれば分るように、客観的な実在性をより多く言語に盛るか、それとも、主観的な内面性の方に重点をより強く置くかということが、民族の個性を決定することになる。民族の個性そのものであり、民族の精神の注ぎ込まれている言語の形式は、他民族と接触することによっても容易に変化することはない。例えば、かつて、ジャワでは、インドの優れた文明や文化を多く移入したが、それにも拘らず、思考の表現には不適当な不完全極まる土着のマレー語がそのために変化するということはなかった。逆に、遥かに優れているサンスクリットの言語形式をマレー語の形式に変形させて導入するという事態が生じたのである。[26] また、ゲルマン民族の大移動の時期に、ローマン諸語は多くの語彙をゲルマン系民族から受け取ったが、しかし、文法構造に関する限りは、ゲルマンの痕跡は認められない。ローマン諸語の成立は、ローマの崩壊と共に、各地方の言語が、それ自身の内面的原理によって展開されたものである。[27] また、ペルシア語は、構造的にはインドゲルマン語属に属するが、語彙だけを取ってみると圧倒的にセム語属のアラビア語系のものが多い。[28]

さて、このようにある民族の言語は、文化的に優れた他民族や政治的に支配的な他民族と接触しても、語彙の面は別にして、形式すなわち基本構造に関する限り、殆ど影響を受けないという事実が明らかになったのであるが、その理由は、言語が民族の個性であるからである。そして、言語が民族の個性であるということの意味は、それぞれの言語に、民族の性格――発想形式、感受性、生活感情等々――が反映し、表現されているという理由によるのみではなく、言語がひとつの「世界」であるからに他ならない。フンボルトは、『カヴィ語研究序説』の中で次のように言っている。「言語は単に相互理解のための交換手段に留まらず、精神が自己と対象との間に、精神の力の内面的働きによって定立する真正なひとつの世界（eine wahre Welt）であるという事実についての感じが心の中に目覚めたとき、人は人間の心が言語の中にあり、また言語の中に入り込むのであるという正しい道程を歩みつつあることになる」[29]（傍点筆者）。フンボルトは、『相違点』の中では同じことを次のように表現している。「概念の中には、対象の与える印象、主観における対象の受け止め方、言語音声としての語のもつ働きという三者が潜んでいる。そして語（Wort）の及ぼす作用という点でみると、同一の言語では、必然的に一貫した性質が支配しているし、一定の民族においては、同一の主観性が言語に働きかけているのであるから、どの言語の中にも特有の世界の見方（Weltansicht）があることになる……人間が言語を自らの内から紡ぎ出したときの行為と全く同じ行為によって、人間は自己を言語の中に織り込むのである。それ故、どんな言語でも、その言語の属する民族の周囲に円形（Kreis）を描くのであって、人は他の言語の円の中に入り込まない限り、その円から脱け出すことはできない。[30]」（傍点筆者）

この「円形」が、前に「世界」とよばれたものに他ならない。ハイデガーは、フンボルトが言語を世界および世界の見方として捉えた理由として、次のように述べている。「（フンボルトの）言語へ到ろうとする道筋は、言語としての言語によって規定されてはおらずに、人間の歴史的・精神的展開の全体を、その総体性において、と同時にそれぞれの個性においても、歴史的に表現しようとする努力によって規定されている。……精神の力の表現のされ方は多種多様であるから、世界の把握も各種の源泉から汲み取ることができる。フンボルトは（世界把握の）主要な要因のひとつとして言語を認識し選んだにすぎないのである……フンボルトの言語への道は、人間へ向う方向を取っている。そして、実は言語を通り抜けて言語以外のもの、すなわち人類の精神的展開の基礎づけ並びに表現を目指しているのだ。こういう視点で把握された言語の本質は、すでに言語性（Sprachwesen）というものを開示してはいないのである。(31)」ハイデガーは、有そのものによる「言《こと》」(Sage)、「示し」(Zeige)に言語の本質をみようとし、「思考と詩作の同一性」(Denken ist ein Dichten, alle Dichtung aber ein Denken)(32)を主張しているので、精神のはたらきとしての言語というフンボルトの言語論は、未だ充分に根源的ではないというのである。しかし、そのハイデガーも、フンボルトの最後の『カヴィ語研究序説』の中には、フンボルトがハイデガーのいうような意味での言語の本質に少しずつ開眼しつつあったことを示唆する箇所があるとして、その意味ではフンボルトに讃辞を呈している。(33)

フンボルトは、フィヒテ、ヘーゲル、シェリングとそれぞれ数年程度の年齢差であり、哲学的にみれば、ドイツ観念論の展開の真只中に生きていた。それ故、彼の上にドイツ観念論の影が大きく蔽いかぶさっていることは事実であり、彼の言語哲学の中心思想である「精神」論は正に時代の子であろう。そしてトゥレルチュが指摘しているように、フンボルトはシラーの唯一の後継者として「シラーの行なったカントとゲーテの統一を徹底的に続行し……カント・シラーの美学的方法を比較言語学に適用し、歴史哲学的に比較しながら多様な文化様式のそれぞれに従来よりも更に大きな権利を与えた(34)」といえるのかも知れない。

また、『相違点』も『カヴィ語研究序説』も未完の草稿であり、この草稿も、アカデミーで行なった講演の積み重ねであって随所に重複や用語の不統一が認められる。しかし、言語の哲学的考察のように、言語の原理的考察と実証的研究が統一されなくてはならない学問領域においては、逆に、「カントやフィヒテに比して用語の厳密性を欠いていることが却ってフンボルトの言語論の強味である(35)」というリープルックスのような皮肉な見方もありうるであろう。

いずれにせよ、フンボルトの言語論の中には、人間の言語活動に対する洞察と、諸言語の構造に対する比類のない学殖とが有機的に統一されて生き生きと脈打っており、一世紀半を経た我々に今なお問題を提起し続けているのである。

さて、言語はひとつの「世界」であって、民族全体を限定するひとつの「円周」であるというフンボルトの立場に注目して精神と対象との間に設定された「精神的中間世界」としての言語は「母語」であるという立場を展開していくのが、ドイツの言語学者レオ・ヴァイスゲルバーである。

我々は次にヴァイスゲルバーの所説を聴かなくてはならない。

第三節　ヴァイスゲルバー

レオ・ヴァイスゲルバー（Leo Weisgerber, 1894-1985）は、ボン大学のドイツ学教授として、また、多くの著作や学会誌、学術文献の編集者として知られている。彼の長年にわたる言語研究の道程に対して、常に最大の影響力を与えてきたものはフンボルトの言語哲学であり、特に、前節において引用したところの「言語とは、精神が自己と対象との間に定立する一箇の真正な世界」であるというテーゼは、ヴァイスゲルバーのモットーとなっている。フンボルトと並んで、彼に大きな影響を与えたのは、カッシーラー（E. Cassirer）の〈記号と象徴の概念〉であり、更にフィーアカント（A. Vierkant）の文化社会学の業績は、彼に言語社会学への扉を開く機縁を与えると同時に、フンボルトの言語哲学の中の社会性の契機を追求するという問題意識を目覚めさせたのである。ヴァイスゲルバーは、一九二四年、ボン大学において、『社会的認識形式としての言語』という論文で、大学教授資格を得て、その後最近に至るまで、ゲルマニストとして活躍していたが、彼は、理論的研究と実証的研究の間の平衡を保つことを非常に重視するといわれていた(36)。これは正にフンボルトの系譜をひくものであるというべきであろう。

さて、ヴァイスゲルバーにおいて重要な意味を持っている概念は、「母語」（Muttersprache）である。フンボルトにおいてはこの母語という用語の使用は絶無ではないが比較的稀であった。フンボルトは『相違点』の中で、一応、居住地域や生活状態の共同性を中心とする民族（Volk）と、伝統や言語が中心となるが、それを超えて、多様な環境の相違の影響を受け止める母体となる国民（Nation）とを区別し、更に法的、特に市民法的な原理で統一される国家（Staat）を加えて、民族ないし国家を表現するのに、三つの名称を用いているが、フンボルト自身が述べているように、民族と国民との間には、明白な限界がなく、常に混同され勝ちである。(37) フンボルトが国民（Nation）という語を用いる場合でも、法的な統一体としての国家や国民（この中には、人種、伝統、特に言語を異にする複数の民族を包含し得る）を指すよりは、むしろ、言語共同体としての民族を意味している場合の方が圧倒的に多い。ヘルダーもフンボルトも、ドイツ民族が近代的な意味での統一国家を形成しようとする時代の子である。特にフンボルトは、ドイツ民族を国家的統合にまで高めるのに中心的役割を果たしたプロイセンにおいて、教育制度改革を推進した国家的要人であり、国を代表して海外に使した国家的重要人物であった。それ故、彼においては、文化・言語共同体としての民族は、必然的に国家という政治的・権力的組織に収斂することによって、より高次の統一を得られると考えられていた。つまり、民族と国家との幸福な蜜月が暗黙の前提として予定されていたのである。

しかし、ヴァイスゲルバーの場合は、国家という領域と、言語共同体という地平とを一応切り離し、現実に生きて働いている言語を、国語としてではなく、「母語」として把握し、この母語の機能を追求しようとするわけである。

ヴァイスゲルバーは、「ドイツ語」の研究と、「ドイツ人の母語」の研究は、本質的に異なっており、前者はエルゴンとしての言語の研究であり、後者はエネルゲイアとしてのそれであるとする。(38)

さて、人類はその共同体的生活の不可欠の基本形式のひとつとして、言語共同体（Sprachgemeinschaft）というあり方を持っている。全人類が必然的に、いくつかの言語共同体に分れるのであるが、このように外面的に分割された多くの言語共同体の個々のものを、内面で支えている特有の言語形式、これが母語なのである。そして、母語と言語共同体とは相互に依存関係に立ちつつ、ひとつの全体を形成しているのである。

さて、この母語はどのような働きをするのであろうか。

ヴァイスゲルバーによれば、母語の働きを大別すると次の三態に分たれる。

第一に、「現実を精神の所有へと造り変える」(das Umschaffen der Wirklichkeit in das Eigentum des Geistes) ような「精神の創造的な力」(eine geistschaffende Kraft) としてである。フンボルトの「概念と音声が、その本性に基づいて、事実に即してのみ認識しうるような仕方で結合すると、語 (Wort) および発話 (Rede) として定立され、それによって、外界と精神の中間に、その両者とは異なった何かが形成される」[39]という指摘にみられるように、精神と現実との間に、精神の力に基づいて、母語により、中間世界が成立してくることになるのである。

第二に、母語は人間の文化活動の中に常に必然的に潜んでいる力であり、文化の所産には、母語の痕跡を常に残すという意味で、「文化を担う力」(eine kulturtragende Kraft) である。

第三に、言語共同体の法則に基づき、その集団の人間を統一し、かつ動かしていくような「歴史を支配する力」(eine geschichtsmächtige Kraft) として母語は存在する。

そして、母語のこの三様の活動を考察するのが、ヴァイスゲルバーのいうところの「言語社会学」の役割であることになる。[40]

なお、ヴァイスゲルバーは、人間と言語の一般的関係を探求するのが「言語哲学」であり、個人の生における言語の役割を明らかにするのが「言語心理学」であるとするが、彼が実際に力点を置いているのは、いうまでもなく、「言語社会学」の分野である。彼の「哲学」も、「心理学」も、すべてこの「社会学」を原点として、そこから発想されることになるので、本稿においては、「言語社会学」の学究としての彼（それがまた彼の本来の姿である）の業績を検討していきたいと思う。

彼は言語の各分野に共通の言語考察の段階（Stufe）を分類して、四つの「働き」を考えている。それは言語の現実の「形態」、「内容」、「精神の働きの結果として結実したもの」、および「精神活動への言語の影響」であり、前二者はエルゴンとしての、後二者はエネルゲイアとしての言語の働きに対応するものとしているが、ヴァイスゲルバーのこの方法の批判については、別の機会に譲りたいと思う。(41)

さて、「言語社会学」的に見た母語の三態の働きのうち、「文化を担う力」、および、「歴史を支配する力」の二者については、比較的理解し易いと思われるのであるが、問題は、第一に述べられたところの「母語が現実を精神の所有へと造り直し」、「精神的な中間世界を構成する」ということの意味は何かということである。この点について、ヴァイスゲルバー自身実例として挙げているものを、適切であるか否かは別にして、紹介してみようと思う。それは血縁関係の呼称の問題である。近代高地ドイツ語でオジ（Onkel）という名で呼ばれる男性は、客観的にみれば、四つの異なった関係に立っている親族が、思考作用によって統一されて同一の呼称を得たものである。すなわち、父の兄弟、母の兄弟、父の姉妹の配偶者、および、母の姉妹の配偶者の四者を指している。オジのみならず、オバ、イトコ、オイ、メイ等についても同様であって、いずれも多様な親族関係を思考によって統一し秩序づけた結果の呼び方である。ところが近代高地ドイツ語のオジ（Onkel）、オバ（Tante）、女性のイトコ（Kusine）は、十六、七世紀にフランス語から移入したものであるし、オイ（Neffe）もドイツ語ではあっても忘れ去られていたものが、フランス語の neveu に触れて再生したものである。つまり、ドイツ語にとっては必ずしも伝統的なものではない。中世高地ドイツ語を見ると、親族のうち、血族と姻族とは判然と区別され、しかも血族のうち、父系と母系はまた厳密に区別されて呼ばれ、近代高地ドイツ語のように、これらすべてを蔽う呼称は絶対に存在しない。例えば、オジも父の兄弟は通常 vetere であるのに対し、母の兄弟は öheim である。そして、血縁でないオジ、すなわち、父母の直接の姉妹であるオバの夫を示す呼称はなく、強いて呼ぶ場合は、先ず父方と母方のオバを別々の名でよび、更にその配偶者という表現を取る。その場合、父の姉妹は base、母の姉妹は muome である。それ故、現在 Onkel というひとつの名詞で表現されているオジが、中世高地ドイツ語では、⑴父の兄弟、⑵母の兄弟、⑶父の姉妹の夫、⑷母の姉妹の夫という相互に全く関係のない四種類の表現を持つことになる。中世高地ドイツ語から近代高地ドイツ語へかけてのこういう変化は、単なる呼称の歴史的変遷というようなものではなく、客観的には同じ親族関係を精神が捉えて形成した「精神的中間世界」の基本的な変容であるとヴァイスゲルバーは主張しているのである[42]。そして母語が、生活領域の精神的捉え直しの原点であるとすれば、この改造によって形成される精神的世界は、単なる思考形式とか理念とかいうものではなく、外界の「事柄」や「事実」が、実は人間の例からの秩序づけ(Ordnen)、価値づけ(Werten)、把握の仕方(Begreifen)によって捉えられ形成されたものであるということを意味している。中世高地ドイツ語の親族呼称の中で育った人は、その呼称に基づく人間関係の「世界像」を持っているのであり、近代高地ドイツ語におけるように、親族関係を父系、母系、婚姻関係という区別をなくして類概念的にまとめている「世界像」を体得した人は、親族関係に関する限り、中世高地ドイツを母語とする人に比べ、異質の世界に住んでいることになる。このように、どの母語を取ってみても、その中核をなしているものは「世界像」なのである。母語の内容が、このような世界像であるとすれば、母語の働きは、ヴァイスゲルバーが一九五四年以来用いている用語によると、「世界を言語化する」(das Worten der Welt)ということになる[43]。そして何人といえども、何らかの言語共同体に属さざるを得ず、何らかの現実の言語を母語として持たざるを得ないのであるから、人間が成育していくということは、必然的に、特定の言語の習得を意味する。そして、一定の言語を母語として習得するということは、個々の意識が言語共同体の働きつつある精神に触れることを意味すると同時に、その意識が母語の中に生きている「世界像」に適うように鋳直されていくことをも意味している。母語の習得とは正に母語の「世界像」に基づいて現実を見ることを体得することに他ならないのである。

そして、ヘルダーにおいても、フンボルトにおいても同じように問題となった「言語の相違」という大きな問題に関しては、ヴァイスゲルバーは次のように述べている。「一般的にいって言語の相違（Sprachverschiedenheit）の核心は、言語的世界像の相違の中に潜んでおり、言語の多様性という事実はこの点からのみ理解されうるのである。」[44]（傍点筆者）

以上、極めて粗雑ではあったが、ヴァイスゲルバーの所説の概要を紹介しようと試みたわけである。

ここでも明らかなように、ヴァイスゲルバーの立場は、全くフンボルトを踏まえて展開されている。フンボルトにおいて注目されなかった母語概念を展開したり、言語と文化・歴史との関係を詳しく考察したり、ドイツ語自身の特色を綿密に追求してはいるが、基本的には、フンボルトの祖述である。

ここで注意すべきことは、フンボルトにおいて「真正な世界」であり、「円周」という限定作用であった言語は、ヴァイスゲルバーにおいては「世界像」および「精神的中間者」というものになっている点である。

フンボルト自身『相違点』の中では、「世界の見方」という表現を用いているが、この表現が余りにも「静的」でありすぎるので、『カヴィ語研究序説』においては、「内的言語形式」（innere Sprachform）に改めたことをヴァイスゲルバー自身指摘している。[45]

フンボルトが、言語という世界を常に動的に捉えようとしているのに対し、ヴァイスゲルバーには、「世界像」、「中間者」として静的に固定化しようとする傾向が認められはしないだろうか。そしてこのことは、ヴァイスゲルバーが、言語活動の主体としての母語集団の直面している現実を、素朴実在論的に確定し得るとし、主体と認知可能な現実という二者の中間者として言語を考えるという立場に傾く危険性があることを意味している。言語において、そしてまた言語によってのみ思考活動が行なわれるとすれば、そこに認識され、言語的表現にもたらされたものが、唯一の「現実性」であって、それを超えた「物自体」としての「現実性」があるわけではないのである。(46)「客観的事実」が、継時的にみても、同時的にみても、極めて多様な表現形態を持つことを、綿密に立証したのは、言語学者としてのヴァイスゲルバーであった。しかし、言語哲学者として、母語の世界を「世界像」として把握し、その背後に素朴実在論的世界を設定するかの如き表現を取ることは、誤りであろう。母語の世界が、実は唯一の現実性であることを銘記すべきであった。このことは、ヴァイスゲルバーの言語論において、「言語と論理」の関係という問題意義が欠落していることと相表裏するのである。

おわりに

残された大きな問題として、母語と国語との関係という問題がある。我々は無意識のうちに、よく「母国語」という表現を用いることがあるが、この表現自身の中にすでに問題が露呈しているのである。「母国語」は、母語にして同時に国語でもある「母・国語」の意味なのか、それとも、母国の公式の言語としての「母国・語」の意であるのか甚だ曖昧である。

もしも、「母・国語」という表現のなかに、母語は常に国語でもあるという認識が潜んでいるとすれば、事実に反するのである。母語が同時に国語でもあるという「幸福な」国家は多くあるし、また、「母語即国語」というのは要請としては当然のものではある。しかし、母語が国語でもなく、公用語でもないという例が現在でも多く認められるのである。この場合は、国語でも公用語でもない言語を母語とする集団は、国家を超えた母語文化圏の成員であるという誇りを持ちつつ、日常生活において多大の不便、ある場合には非常な危険をすら忍ばなくてはならない。また、その母語が非常に限定された少数民族の言語で、国家を超えた文化圏を持っておらず、一国のごく限られた範囲のみで用いられているような場合は、少数民族の孤高を保つか、母語を捨てて、すなわち、母語の与える「世界」を捨てて、国家の公用言語の「世界」を己れのものとするかの選択の前に立たざるを得ない。

さて、「母国語」を、「母国・語」と解して、母国の指定する公用語が母語であるという意味に取れば、ここに権力機構としての国家の暴力性が赤裸々に露呈してくる。国家は、その国語と認めたものを政策的に強制してくるのである。かつて、イギリスを征服したノルマンは、アングロ・サクソン系住民にノルマン系フランス語を「国語」として強要したし、現在においてもマレーシアでは、中国系・インド系住民（いずれも長い伝統と優れた文化を誇る母語を持っている）に対して、言語としては甚だ未成熟なマレー語を国語として、強制している。(47)

このように、それぞれの民族に対して、その文化的伝統とは無関係な言語を、「国語」の名のもとに強制的に与えるということになると、「母語」という世界が国家権力によって消滅させられてしまうことになる。そして、母語の解体ということは、心情的な意味における文化的伝統の否定に留まらず、母語のもつ「世界」、すなわち「価値体系」や「現実把握」の総体の否定である。言語問題をめぐって、インド、セイロン、ベルギー、カナダなどで、大規模な流血の騒乱が起るのは、このためである。そして、国家の指定する言語の「国語」としての強制は、民族固有のものとは異なった世界像や価値体系の押しつけである。

我々は言語の民族性の問題を考えていって「母語」の問題に直面することになったわけであるが、母語と国語の関係を考えれば、必然的に国家と民族との関係という問題に到達せざるを得ない。そして、我々は、改めて、現在の歴史的状況における「国家」の存在理由と機能という問題が生起してくるのを認めないわけにはいかない。「国語」の強制による世界像や価値観の押しつけは、人間の自由に対する最大の侵害である。国家という組織に果たしてそれだけの権利があるかといえば、答えは否である。そして母語集団が、その属している国家を離れて、自分たちだけで新しい国家を創設することは、不可能である。我々は言語の民族性を考察する過程で明らかとなってきたこの民族と国家の相即性と乖離性という「倫理」的な問題を、課題として受け止める労を惜んではならないと思う。

註

(1) Fritz Strich, *Deutsche Klassik und Romantik*, 5. Aufl., Francke Verlag 1962, S. 11f., 164-196, 339-363.

(2) Bd. II. S. 66.

(3) Bd. V, S. 9

(4) ebd.

(5) ibid., S. 17.

(6) Bd. V, S. 34.

(7) Bd. V, S. 39.

(8) Bd. V, S. 41.

(9) Bd. V, S. 93.

(10) Bd. V, S. 112.

(11) Bd. V, S. 123.

(12) Bd. V, S. 134.

(13) Bd. V, S. 131.

(14) Bd. XV, S. 461f.

(15) Bd. XV, S. 528.

(16) Bd. VI, S. 111-303.

(17) Bd. VII, S. 1-349.

(18) *Verschiedenheiten* § 41, Bd. VI, S. 155 ; *Kawiwerk* § 14, Bd. VII, S. 55.

(19) *Verschiedenheiten* § 46, Bd. VI, S. 160f

Grundzüge des allgemeinen Sprachtypus § 31, Bd. V, S. 381.

Über die Verwandtschaft der Ortsadverbien mit dem Pronomen in einigen Sprachen, Bd. VI, S. 305.

(20) *Kawiwerk* § 25, Bd. VII, S. 104.

(21) Bd. VI, S. 318.

(22) *Notice d'une grammaire Japonaise imprimée ā Mexico*, Bd. V, S. 237.

(23) Bd. VI, S. 319.

(24) *Kawiwerk* § 12, Bd. VII, S. 46.

(25) ibid. S. 47

(26) *Kawiwerk* § 7, Bd. VII, S. 27.

(27) ibid. § 34, S. 247.

(28) *Verschiedenheiten* § 118, Bd. VI, S. 257

(29) *Kawiwerk* § 31, Bd. VII, S. 176

(30) *Verschiedenheiten* § 61, Bd. VI, S. 180.

(31) Martin Heidegger, *Der Weg zur Sprache* in *Unterwegs zur Sprache*, Neske, 1959, S. 249.

(32) ibid., S. 267.

(33) ibid., S. 269.

(34) Ernst Troeltsch, *Aufsätze zur Geistesgeschichte und Religionssoziologie*, Neudruck der Ausgabe Tübingen 1925, Scientia Verl., 1966, S. 564.

(35) Bruno Liebrucks, *Sprache und Bewußtsein*, Akadem. Verl., 1965, Bd. 2, S. 16.

(36) Helmut Gipper, Vorwort zu Weisgerbers Aufsätze *Zur Grundlegung der ganzheitlichen Sprachauffassung*, Schwann, 1964, S. 6.

(37) W. V. Humboldt, *Über die Verschiedenheiten des menschlichen Sprachbaues* § 70, Bd. VI, S. 187.

(38) Weisgerber, *Das Menschheitgesetz der Sprache*, Quelle & Meyer, 1964, S. 33.

(39) W. V. Humboldt, *Kawiwerk* § 34, Bd. VII, S. 211.

Vgl. L. Weisgerber, *Die Zusammenhänge zwischen Muttersprache, Denken und Handeln* in *Zur Grundlegung der ganzheitl. Sprachauff*., S. 184f.

(40) Weisgerber, *Das Menschheitgesetz der Sprache*, S. 34ff.

(41) Weisgerber, *Die vier Stufen in der Erforschung der Sprachen*, Schwann, 1963.

(42) Weisgerber, *Das Menschheitgesetz der Sprache*, S. 45 ; *Vgl*. auch *Die Zusammenhänge zw. Muttersprache, Denken und Handeln*, in *Grundlegung d. ganzheitl. Sprachauff*., S. 186f.

(43) ibid. S. 74.

(44) ibid. S. 170.

(45) Weisgerber, *Die vier Stufen in der Erforschung der Sprachen*. Schwann, 1965, S. 95.

(46) 言語と世界の関係という問題に関しては、初期のヴィトゲンシュタインの労作、特に『論理哲学論考』(Wittgenstein, Tractatus logico-philosophicus, 1921) に鋭い問題の指摘がみられる。

(47) マレーシアにおいて行なわれているマレー語の国語化運動の過程で生起するさまざまな問題は、言語一般および国語と母語の関係を考えていく場合に多くの示唆を与えるものである。拙稿『マレーシアにおけるマレー人の意識構造と国語問題』(『アジア近代化の研究』〔一九六九、御茶水書房刊〕所収) を参照されたい。

第六章　フンボルトの日本語研究

はじめに

さきに訳出した『カヴィ語研究序説』の中で、フンボルトは、実に多種多様な言語をその考察の対象として選んでいる。

屈折言語の代表としてのサンスクリットと、孤立語の典型としての中国語とを、構造的に対立する二極として捉え、その間に位置するさまざまな性格や構造の言語が取り上げられているわけである。フンボルトの言語論の中でも、これほど多くの言語に言及されている作品は他に例を見ない。

『カヴィ語研究』の主題となっているカヴィ語が、体系としてはマレー語に属する言語であるが故に、この『序説』では、フンボルトが広義のマレー系言語として考えている。インド洋から太平洋全域にわたる島嶼の言語が取り上げられているのは当然である。しかし、それだけではなく、アジアでは、中国語との関係において、ビルマ語、タイ語、さらには満州語が考察の対象となっているし、そのほか、印欧語族の多数の言語、セム語族の諸語、また、アメリカ大陸原住民の抱合語体系のさまざまな言語など、驚くほど多くの言語に、フンボルトの視線が向けられている。

それにも拘らず、『序説』においては、日本語については片言隻句触れられていない。それならば、フンボルトは生涯を通じて、日本語とは何の接触も持たなかったのであろうか。それとも、もし少しでも日本語に関心を注いだことがあったとすれば、日本語についてどのような所見を遺したのであろうか、そして、この『カヴィ語研究序説』では、何故日本語を全く問題にしなかったのであろうか。我々日本人としては、当然、こういう疑問が脳裡をよぎるのを感ぜざるを得ないのである。この小論は、この疑問に対するささやかな解答である。

なお、本章においては、フンボルトの作品については、特記しない限り、左の著作集を底本とする。『ヴィルヘルム・フォン・フンボルト著作集』(プロイセン王立科学アカデミー編纂、全十七巻、ベルリン、一九〇三―三六。写真版複製、ベルリン、一九六八)

Wilhelm von Humboldts Gesammelte Schriften, Herausgegeben von der Königlich Preussischen Akademie der Wissenschaften, 17 Bde., Berlin, 1903-1936 ; Photomechanischer Nachdruck, Berlin, 1968.

フンボルトの作品を引用する場合は、右著作集の巻数をローマ数字で、その下方の数字でページ数を示すことにする。例えば、V、二三五は、右著作集、第五巻、二三五ページを表わしている。

また、引用文その他の中の〔 〕は、文意を明らかにするため、著者の施した補註であることを示している。

第一節　フンボルトと日本語との関係

フンボルトはその生涯を通じて、日本人に会ったり、日本語を耳にしたりする機会はなかったものと思われる。フンボルトは、一七六七年ベルリン郊外のポツダムに生れ、一八三五年ベルリン西北地区テーゲルで歿している。日本流に言えば、明和四年の生誕、天保四年の逝去であり、その活躍した時期は、享和・文化・文政の交に当る。そして、当時の幕藩体制下における鎖国の厳しさを思えば、追放されたキリシタンの信者の住みついていた東南アジアは別として、ヨーロッパに日本人が渡っていたとはまず考えられない。

もっとも、九州、国東半島の出身であるペテロ・岐部のように、十七世紀の初頭、日本を追放されてからマカオに住みつき、やがて神父となる決心をして、エルサレムを経てローマにまで赴き、イエズス会の修練会で修道を続けた日本人もいるにはいた。彼は、ついに一六二〇年、フランシスコ・ザヴィエルの列聖式の際、ローマで神父の資格を与えられたのである。神父となった岐部は、やがてアジアに戻ってタイに滞在し、さらに九州、坊ノ津に密上陸してから東北地方に潜入して地下で伝道活動を行なったが、事露れて捕えられ、一六三九年、江戸で処刑されている。こういう人物もいることであるから、フンボルトの頃、追放された信者の子孫か密航者の日本人が、ヨーロッパに一人もいなかったと軽々に断言はできないのかもしれない。しかし、もしもそういう日本人がいたとすれば、知的好奇心の旺盛なフンボルトは、その人物をみずから訪うか、あるいは、人を派して何か知識を求めたはずである。

一例を挙げよう。

一七九九年（寛政十一年）、三十歳をわずかに越えたばかりのフンボルトは、私人としてパリに滞在し、フランスの文人と交りを重ねつつ、「ヨーロッパの十八世紀思想史」の執筆やゲーテの『ヘルマンとドロテア』の評論の想を練るのに没頭していたが、この年、家族を伴い、スペイン一周の長途の旅行に出かけている。

途次、フランスの港ボルドーを訪れたとき、たまたま入港してきたイギリス船に何人かの中国人が乗り組んでいることを聞いたフンボルトは、わざわざその船を訪れ、中国語の発音を直接耳にするとともに、筆硯を持ってこさせて、漢字・漢文を書く有様を実見したそうである。これは、フンボルトが、言語の研究を生涯の課題とする決心をする遥かに以前のことであった。この話は、ドイツのエルフルト市に住む岳父ダッハレーデン侯に宛てた書翰の中に記されているが、もしもフンボルトが日本人に実際に会ったことがあるとすれば、友人・知己への書翰か、数ある論文の中に何らかの痕跡を留めなかったはずはない。しかし、筆者の知る限り、フンボルトの書いたもののなかに、そういう事実は見出し得ないのである。

それならば、フンボルトが日本語に触れたとすれば、日本人以外で日本語をよく知っている人に教示を乞うたか、あるいは文献を通して学んだが、いずれかしか考えられない。

ところで、ヨーロッパ人によって日本語の研究が行なわれたのは、十六世紀後半から十七世紀にかけての、キリシタン伝道の時期を嚆矢とする。もっとも、それ以前でもまた以後でも、ヨーロッパ人の中国への関心は深いものがあったので、中国を通して間接的に日本語についての情報がヨーロッパに達していたことは当然考えられるが、それだけでは、日本語の研究とは言い難いであろう。また、東方への進出の機会を絶えず窺っていたロシア帝国が、日本の漂流民などを使って、すでに、一七〇五年（宝永二年）には、ペテルスブルクに日本語学校を作るなど、それなりに日本語研究を行なっていることも事実であるが、その活動の考察もいまは一応考えないことにしておく。

また、オランダ船の船医として来日したドイツ人、ケンペル（E. Kämpfer）（一六五一―一七一六）の『日本誌』（一七二七）（享保十二年）が、鎖国下の日本の生活や風物を紹介して、ヨーロッパ人に強い知的衝撃を与えていることも事実であるが（例えば、哲学者のカントもこの書を読んでいる）、しかし、日本語の研究という点から見れば、五十音図の図表がヨーロッパに伝えられただけで、それ以上の進展は見られなかった。

さて、一五四九年（天文十八年）八月、鹿児島にフランシスコ・ザヴィエルが上陸してからは、イエズス会やドミニコ会の宣教師が次々と日本に来航した。しかし、秀吉、家康の相次ぐキリシタンの禁令により、布教をすることのできた期間は、わずか半世紀ほどにすぎず、その後は、キリシタンの弾圧と鎖国とによって、伝道活動は全く中断せざるを得なかった。

時間的にきわめて短期であったにしても、この間、ポルトガル人、スペイン人の神父によって行なわれた日本語研究の水準の高さには驚くべきものであり、今日でも日本語の学的研究には不可欠な資料とされている『日葡辞書』（一六〇三―四、長崎）、ロドリゲス『日本文典』（一六〇四―八、長崎）、同じ著者の『日本小文典』（一六二〇、マカオ）などの成果が、それを実証している。

鎖国になってからも、日本とヨーロッパの絆は、長崎の出島を通じてオランダとの間に細々と続けられたが、そのオランダで体系的な日本語の研究が行なわれたわけではない。日本語の読み書きにある程度まで通じたオランダ人がいたことはもちろん否定できないし、また、ケンペルの『日本誌』のように、日本についての高度の情報が、オランダを通してヨーロッパに伝えられていたことも事実ではあるが、日本語を学問的に把握しようとする機運は生れてこなかった。ホフマン（J. J. Hoffmann）のすぐれたオランダ語の『日本語論』（*Japansche Spraakleer*）が書かれたのは、一八六八年（明治元年）のことであり、この書物はやがてドイツ語訳（一八六七）、英語訳（一八七六）と翻訳が広く行なわれてゆくが、それはいずれも、明治初年になってからのことである。

ところで、ヨーロッパで体系的な日本語の研究が行なわれるようになったのは、一八二〇年代（文政年間）になって、パリに「アジア協会」（La Société Asiatique）が設立されたのをその端緒とする。そして、この時期は、ちょうどフンボルトの晩年に当っている。ただし、この「アジア協会」の活動の重点はあくまでも中国研究に置かれており、日本語について言えば、中国研究の周辺事項のひとつにすぎなかった。

以上述べたような事情を勘案すれば、フンボルトが、日本語を研究しようとしても、また、研究の途上、疑を質そうとしても、師と仰ぐべき人物がヨーロッパに存在しなかったことは、容易に想像されよう。

そこで、フンボルトが日本語の研究に従事したとすれば、文献を通じて行なったとしか考えられない。事実、フンボルトの日本語との触れ合いは、もっぱら文献を通じてのみなされたのである。

以下、フンボルトが日本語を学んだ時期並びにその業績、および、フンボルトの使用した文献等について述べ、最後に、フンボルトの得た日本語像について紹介しようと思う。

第二節　フンボルトの日本語研究の時期

フンボルトが、いささかでも日本語と接触したことが確実であると言い得るのは、一八〇四年（文化元年）秋から翌年の夏にかけてのことである。時にフンボルトは三十七、八歳、プロイセン王国のローマ法王庁駐劄公使として、ローマに滞在中であった。

彼の二歳年少の弟、自然学者アレキサンダー・フォン・フンボルトは、五年有余にわたる中南米の学術調査旅行を成功裡に了えて、一八〇四年八月三日、フランスのボルドー港に帰着し、やがてパリに移り住んだ。

フンボルトの妻カロリーネは、長男を病いでローマに喪った後、同じ病気に罹った次男の療養のため、この年はたまたま、実家のある中部ドイツの小都市エルフルトに滞在していた。カロリーネはローマの夫の許に帰る際、パリまで足を伸ばし、公務のためローマを離れ難い夫フンボルトの代りに、義弟のアレキサンダーに無事帰国の祝辞を述べ、かつ、早い機会にローマを訪れるよう招いたのである。

さて、アレキサンダーは、中米・南米の新大陸の学術調査に当っては、多くの領域にわたり立派な業績を残した。各地で天文・気象の観測、地磁気の測定を連続して行ない、同行したフランスの植物学者ボンプランとともに、植物の採集、植生の観察に努め、また、動物に関する調査も怠らなかった。

火山チンボラゾーの地学的調査では、実に五八〇〇メートルを超す高度をきわめ、オリノコ川の探検では、二五〇〇キロ以上にわたって、水流・水質の調査を実施し、海上でも海流を調べて、今日の〈フンボルト海流〉の名を遺したのである。

このような自然学的研究活動のほか、アステカ文明の遺跡の調査をはじめ、多くの種族にわたって、原住民の生活・習俗、服装・民具、宗教儀礼から言語にいたるまで、その鋭い観察の眼は及んだのである。

ヨーロッパに持ち帰った植物の標本のみで一万二千余点に及び、そのうち三分の一は西欧の学界にとって全く未知のものであったし、調査結果を次々とまとめてパリで刊行したフランス語の報告書は、千数百の銅版画による挿絵を含み、フォリオ判の大型の書物で三十五巻もの多きに達した。

この調査旅行の成果は、世人に強い感銘を与え、アレキサンダー・フォン・フンボルトは〈第二のコロンブス〉と称えられ、当時、ナポレオンと並ぶ名声を博したと言われている。

このアレキサンダーは、言語に深い関心をもつ兄のフンボルトに対し、入手した言語に関する資料をすべて寄贈した。その資料というのは、抱合語体系に属する中南米原住民の言語に関するものが大部分であったが、その中に一冊だけ、日本語の文典が含まれていたのである。

その『日本文典』は、一七三八年（元文三年）、メキシコにおいて刊行されたもので、スペイン語で記されている。著者は、フランチェスコ会の神父オヤングーレン（P. Oyanguren）（一六六八―一七四七）である。

さて、アレキサンダーが持ち帰ったアメリカ原住民の言語資料と、オヤングーレン神父の『日本文典』とが、いつ、ローマのフンボルトの許に届いたか、正確には分らないが、アレキサンダーのヨーロッパ帰着後、恐らく数箇月以内に、ボルドー、もしくは、パリからローマへ届けられた可能性が大きいと思われる。当時の郵便事情はそれほど悪くなく、ローマにいるフンボルトがベルリンに駅逓馬車で送った私信は、平均して十日前後で到着していることが分かっている。言語に関する資料が、ボルドーもしくはパリからローマに向けて送られたとしても、発送されてからは、恐らく一箇月は要しなかったであろう。また、途中での資料の紛失を懼れて、アレキサンダー自身がローマを訪問するまで発送を手控えていたとすれば、貴重な文献がフンボルトの手許に届くのは、帰国の翌年のこととなろう。アレキサンダーは、一八〇五年三月中旬、パリを発ってイタリアに向い、途中で各地の科学者に迎えられてアメリカ学術調査の成果を報告しつつ旅を続け、ローマの兄の家の客となったのはその年の六月五日から九月十七日までのことであった。貴重な資料はこの時届けられたのかも知れない。

いずれにせよ、フンボルトがメキシコで出版されたオヤングーレンの『日本文典』を所蔵するようになったのは、一八〇四年の秋から一八〇五年にかけてのことであろうと思われる。

ところで、フンボルトが『日本文典』を所持するようになったことと、彼が日本語の研究に手を着けたこととが同義でないのはもちろんである。

フンボルトはローマ在任中、公務のかたわら、ローマでのみ眼にし得るギリシア・ラテンの数々の典籍を読み、また、若年の頃より学んだイタリア語を錬磨するとともに、アイルランド出身の法王庁の神父と知り合ってケルト語の教えを受けたこと、および、弟より入手した資料に基づいて、アメリカ大陸原住民の言語の研究に手を染め、手持の資料を補うため、法王庁の図書室に盛んに出入して、アメリカの原住民の言語に関する宣教師のヴァチカン宛て報告書を数多く見ていることが、フンボルトの書き残したものの中に記されているが、日本語については何も述べられてはいない。オヤングーレンの『日本文典』を手に取って時に繙読したかも知れないが、本格的な研究は始めていなかったことは確かである。

フンボルトの作品の中で日本語について言及されるようになるのは、オヤングーレンの書物を弟から贈られてから、ほぼ二十年も後のことである。

この間の公人としてのフンボルトの活躍はめざましい。ローマ駐在の外交官を辞してからは、内務官僚となり、ナポレオンに敗れ去って悲境の最中にあったプロセインの教育制度を改革し、ベルリン大学設立（一八一〇）の中心人物となった。やがて、再び外交官に転じてプロイセン王国のウィーン駐箚大使となり、折しも開かれるようになったウィーン会議、および、パリ平和会議においては、プロイセンを代表する全権の一人として、ナポレオン戦乱後のヨーロッパに、新しい秩序を恢復するのに尽力したのである。ロンドン駐在大使を短期間務めた後、プロイセンのハルデンベルク内閣の大臣となり、保守的な首相に対する進歩派を代表する閣僚として、堂々の論陣を張った。内閣における保守派と進歩派の対立は、一八一九年の〈カールスバートの決議〉(1)の取り扱いをめぐって最高潮に達し、ついにその年の大晦日、保守派の政策を選択した国王によって、フンボルト、およびその同調者の閣僚は罷免され、あらゆる公職から追放されるに至ったのである。

一八二〇年初めからは、フンボルトは一私人として、ベルリン西北郊テーゲルの地にある邸宅に隠り、前々から強く望んでいた学究としての生活に没頭することになり、すべてを言語の研究に捧げることにしたのである。

フンボルトは、まず、懸案であったサンスクリットの学習に挑み、それとともに、アメリカ大陸原住民の言語の研究を推進し、同時に、新しく東洋に眼を向け、中国語を学び始め、さらに並行して、南太平洋の広大な海域の島嶼に分布している広義のマレー語に属する諸語の比較研究を始める。

フンボルトと日本語との触れ合いは、こういう状況のもとで行なわれたのである。

そして、フンボルトは、日本語について、次章で述べる三つの論文において発言しているだけで、やがて、フンボルトの遺作となる『カヴィ語研究』執筆に当る最晩年の時期には、(2) 日本語に関しては全く黙して語らなくなってしまう。すなわち、一八二六年が日本語について言及した最初であり、一八二九年十二月のベルリンの王立アカデミーにおける講演がその最後である。

言語を対象とする永年のフンボルトの活動歴において、日本語を取り上げたのは、時間的に見れば、結局四年に満たない。かくも短期間で、フンボルトが日本語から去っていった理由については、後に詳しく考察を加えるであろう。

第三節　フンボルトの日本語についての業績

一八二六年（文政九年）、フンボルトは、「メキシコで出版されたある日本文典についての覚え書」と題するフランス語の小論を、パリで発表する。プロイセンの台閣を追われ、学究に転じて以来すでに六年、フンボルト五十九歳のときである。ここに、「ある日本文典」と呼んでいるものは、言うまでもなく、オヤングレーンの書いた文典のことである。

さて、フンボルトが日本語に関心を懐くようになった機縁は、パリに設立されたばかりの「アジア協会」が一八二五年（文政八年）、その当初の事業のひとつとして、ロドリゲスの『日本小文典』（写本）のフランス語訳を刊行したことである。

ここで、フンボルトとパリの「アジア協会」との関係について、簡単に触れておく必要があろう。

「アジア協会」の中心人物の一人は、フランスの著名な東洋学者、アベル＝レミュザ（Abel-Rémusat）（一七八八

—一八三二）である。

彼は、一八一四年以来、パリのコレージュ・ド・フランス（Collège de France）で、ヨーロッパでは最初の中国語の講座を担当していたが、一八二二年、他国にさきがけて、最初の体系的な中国文法書である『中国基本文典』（Éléments de la grammaire Chinoise）を著した。これが、フランスにおけるシナ学（Sinologie）の道を拓いたのである。(3)

ベルリン郊外テーゲルの地にある邸宅に在って、学究としての明け暮れを過していたフンボルトは、直ちにこの『中国文典』を入手し、非常な熱意で熟読した。

当時のフンボルトは、ちょうど、東洋に強い関心を懐き始めていた折でもあり、また、個々の言語の性格や構造に対してばかりでなく、人間の言語活動一般の哲学的考察に対しても、従来よりは問題意識が強まっていた。そのフンボルトは、新しく接触した中国語によって、人間の持つ言語構造の可能性について、さらに大きな視野を得ることになったわけである。そこで、フンボルトは、当時執筆中の論文「文法形式の成立、および、文法形式が理念の展開に及ぼす影響について」（*Über das Entstehen der grammatischen Formen und ihren Einfluß auf die Ideenentwicklung*）の中で、新しく得た中国語についての知見を素材として用い、言語哲学的な議論を展開した。すなわち、「通常の意味における文法形式から、全くと言ってよいほど切り離されている言語でも、数千年にわたり、文芸の華が開いた最も著しい実例が、中国語なのである。よく知られているように、孔子およびその弟子の著作の書かれている文体であり、さらに、今日でも広く哲学・歴史に関する作品の記される文体でもあるところの、いわゆる古文体においては、文法的な関係は、もっぱら語の位置で示されるか、〔屈折しない〕孤立した語によってのみ表わされる。そして、文脈の中で、ある語を、名詞、形容詞、動詞、あるいは何らかの不変化詞として捉えることを、全く読者に委ねてしまうことも珍しくない」（IV、三一〇）と述べているのである。

これが、フンボルトの中国語について言及した最初である。

ところが、レミュザの方でも、フンボルトのドイツで発表したこの論文を読んで感銘を受け、その論旨の紹介と当の論文に対する批評とを、主宰する雑誌『アジア評論』(4)に掲載したのである。

フンボルトが、この雑誌の定期購読者であり、レミュザの批評に直ちに眼を通したことは言うまでもない。

このようにして、フンボルトとアベル＝レミュザとの間には、学術的な労作を媒介として、学的であると同時に人間的な交流が行なわれるに至った。

そこでフンボルトは、中国語との接触によって得られた経験を昇華して、中国語を主題とする論文を書き始めるのであるが、その論文は、アベル＝レミュザに宛てた書翰の体裁を取ることに決めるのである。この形式は、レミュザの学恩に報いる意味もあろうし、同時に、東洋学の先駆となっているパリの学会に対して、ベルリンにも人在り、との主張も込められていたかも知れない。

この論文は、一八二五年の暮に筆を下し、翌年の三月七日の日付で完成する。印刷は、弟アレキサンダーの監督のもとにパリで行なわれ、同地で出版される。

この書翰体論文の標題は次のごとくである。

『アベル＝レミュザ氏宛ての書翰、文法形式一般の性質、特に、中国語の特性について』(*Lettre à Monsieur Abel-Rémusat sur la nature des formes grammaticales en général et sur la gênie de la langue chinoise en particulier*)(5)

(V・二五四―三〇八)

なお、この論文は、後に、標題と内容とに若干の変改を施し、雑誌『アジア評論』に転載された。

こういう次第であるから、フンボルトは、アベル＝レミュザを通して、「アジア協会」の設立の事情や、その活動についても、よく知っていたものと思われる。

「アジア協会」が、ランドレスの手によってフランス語に訳されたロドリゲスの『日本小文典』を、一八二五年、パリで刊行すると、フンボルトは、時を措くことなく、直ちにこの日本文典に眼を通すのである。

さて、このフランス語訳の『日本小文典』には、巻頭に長い「序文」がついているが、そこには、日本文典としてアルヴァレス、ロドリゲス、コリャドの名と著書は挙げられているものの、オヤングーレンについては、全く触れられていない。この「序文」を見たフンボルトは、幸いにして自分の所持しているオヤングーレンの『日本文典』を、パリ、ひいてはヨーロッパの学界に紹介する責任があると感じたのである。この責任感と、新しく日本語を知った感動とが、フンボルトを日本語の研究へと駆り立て、「ある日本文典についての覚え書」なる論文の筆を執らせたのであろう。

ロドリゲス『日本小文典』（フランス語訳）の刊行の次の年、一八二六年に、「アジア協会」は、同書の『補遺』を出版する。

『小文典』の訳著、ランドレスは、恐らくフンボルトの示唆によるものと思われるが、オヤングーレンの『日本文典』を参照し、ロドリゲスと比較した上、重要と思われる点を、一九ページの「補遺」としてまとめたのである。そして、フンボルトの日本語についての最初の論文「メキシコで出版されたある日本文典についての覚え書」は、ランドレス編のこの「補遺」の付録論文として扱われたもので、フンボルトの「覚え書」と、ランドレスの「補遺」とが、合せて三十ページ余りの小冊子として、『ロドリゲス神父の日本文典補遺』(*Supplément à la Grammaire Japonaise du P. Rodriguez*) の名のもとに刊行されたわけである。

それでは、フンボルトが、この「覚え書」をドイツでは発表せずに、フランス語で書いた上、パリの「アジア協会」にその発行を委ねたのは、何故であろうか。

フンボルトの論文は、オヤングーレンの文典の紹介を兼ねている以上、同じくオヤングーレンを援用している「補遺」と、一本にまとめておくことが、文献の形式として望ましい、とフンボルトが判断した事情はもちろん考えられる。しかし、それと同時に、次のような背景をも考え合わせる必要があるのではなかろうか。

フランスでは、「アジア協会」を設立したことでも分るごとく、中国のみならず、アジア一般の研究では、世界の中心になろうとするだけの気概と自負を持っていた。従って、東洋に関する学術資料に関しては、著者がフランス人であろうと、他国人であろうと、積極的にみずからの手で出版するという意欲に燃えていたと思われる。また、当時は、フランス語が最も国際的な言語の位置を占めており、他のいかなる言語にもまして、世界の心ある人々に理解されていたという実態も、フランス人のこの姿勢を支えていた、と言い得るであろう。

日本について言えば、この時よりほぼ四十年後の一八六二年（文久二年）から数年にわたり、フランスの外交官レオン・パジェス（Léon Pagès）（一八一四―八六）が、パリに在った『日葡辞書』と、ドミニコ会の同書のスペイン語訳本（一六三〇、マニラ）とに基づいて、『日仏辞書』を刊行したのも、同じ伝統を踏まえたものと言えよう。

さて、日本語についての最初の小論文を発表してから数年後、フンボルトは、一八二七年から二九年にかけて、長篇の未完の論考「人間の言語構造のさまざまな相違点について」（VI、一一一―三〇三）を書き、その中では、ほぼ四ページほどを日本語の人称代名詞の考察に充てている。

この二番目の日本語について言及した論考に続いて、一八二九年十二月十七日（文政十二年）、フンボルトは、ベルリンのプロイセン王立アカデミー(6)、歴史・古典部門において、「いくつかの言語における場所の副詞と人称代名詞との親縁関係について」と題する講演を行なうが、ここでは、日本語の人称代名詞の考察が重要な役割を果たしている。すなわち、日本語のコナタ・ソナタ・アナタは、本来は純粋な場所の副詞であったが、そのままの形で人称代名詞として用いられたもので、この点に関する限り、日本語とアルメニア語以外には例を見ない稀有な性質であることを指摘している。

この講演を境として、フンボルトの作品からは、日本語についての記述は全く消えてしまうのである。この講演で、日本語に非常に強い関心を示しているにも拘らず、その後、日本語について全く発言しなくなったのはいったい何故であろうか。

この問いに対しては、前記の講演の中で語られている次の言葉が、その答えの一端を与えているのではなかろうか。

「〔日本文典を〕発刊順に見ると、ロドリゲス、コリャド、オヤングーレンのものということなるが、それぞれが不完全と言わざるを得ず、その説くところが互いに背馳しているので、この〔人称代名詞の正しい人称の判定という〕点に関しては、日本語の実態をより明確に、より確実に知りたい、との願望を禁じ得ない」[7]（VI、三一九）と語り、この箇所の脚註には、コナタという人称代名詞を、一人称と見るのか、二人称として捉えるべきなのか、また、話者と対者の身分関係の上下によって、この人称代名詞の人称が果たして移動するのか否か、等々の問題をめぐって、上記三者の文典が互いに矛盾している実例を列挙しているのである。

フンボルトが、一八二九年のアカデミーにおける講演以降、日本語について全く発言しなくなったのも、日本語に対する関心が失われたからではなく、彼の学問的な探究に応えるだけの資料・文献が得られず、やむを得ず、研究の継続を断念したのではあるまいか。

さて、ここで、フンボルトが日本語について述べている三つの論文を一括しておく。

I 「メキシコで出版されたある日本文典についての覚え書」（一八二六）（V、二三七―二四七。および、『ロドリゲス神父の日本文典補遺』（一八二六）所収（一―一二）

Notice d'une grammaire Japonaise imprimée à Mexico, dans *Supplément à la Grammaire Japonaise du P.*

Rodriguez

II 「人間の言語構造のさまざまな相違点について」（一八二七―二九）（VI、一一一―三〇三。および、コッタ版『フンボルト作品集　五巻本』第三巻「言語哲学論集」、一四四―三六七）(8)

Über die Verschiedenheiten des menschlichen Sprachbaues

III 「いくつかの言語における場所の副詞と人称代名詞の親縁関係について」（一八二九）（VI、三〇四―三三〇）

Über die Verwandtschaft der Ortsadverbien mit dem Pronomen in einigen Sprachen

なお、上記Iの論文、「ある日本文典についての覚え書」に関しては、本稿において底本として選んだ、ベルリン王立科学アカデミー編『フンボルト著作集』第五巻所収のテクストのほか、パリのアジア協会の刊行による『ロドリゲス神父の日本文典補遺』に収録されている初版本のテクストがある。

ここでは、この二本を比較する便宜上、底本としたものをベルリン本、後者の初版本テクストをパリ本と呼ぶことにする。

まずベルリン本について見ると、編輯者ライツマン教授による脚註が三箇所に付せられている。それはいずれもテクストに関するもので、註記によれば、アカデミー版『フンボルト著作集』に収められている「ある日本文典についての覚え書」は、パリで発行された刊本ではなく、フンボルトの原稿そのものに基づいて編せられていることが分かるのである。そして、フンボルトが原稿に一度書き記し、推敲の段階でみずから抹消してしまったところを、〈消去された部分〉という標題の脚註として復活して掲げ、テクストと脚註とを比較対照することによって、フンボルトの思考過程の推移や表現の変遷を、読者に理解させようとするものである。この方法は、ライツマンが『フンボルト著作集』を編むに当って、全般的に採用している基本原則である。

さて次にパリ本について見ると、ベルリン本にある註記が付せられていないのは、初版本の性格として当然である。

その代わり、パリ本には五箇所にかなり長い解説的な註記が与えられており、それぞれの註の後に、筆者の頭文字が掲げられている。五つの註のうち二つがA・R、三箇がC・Lである。この頭文字から判断すると、前二者はアベル＝レミュザであり、後の三つはランドレスであろう。内容的には、レミュザのものは、本文のフンボルトの所説を中国語の実例を挙げて補強しようとするものであり、ランドレスのものは、フンボルトの説明をオヤングーレンの文典に基づいて例証しようとするものであると言ってよい。

ベルリン本、パリ本については、両者の脚註の相違が最も眼につくところであるが、それ以外に、本文そのものを二本について対校すると、表現の細部にわたって何故か相等数の異同が見られる。しかし、基本的な文脈・文意については、ほぼ同一とみなしてよい(9)。

第四節　フンボルトが日本語研究に用いた資料

本節では、フンボルトが日本語を知るために手にした資料を、彼が使用した時間的順序に従って紹介しようと思う。

(1) オヤングーレンの『日本文典』

すでに述べたように、フンボルトが弟アレキサンダーから贈られて、最初に所持したのが、オヤングーレンの『日本文典』である。この書は、一七三八年（元文三年）、メキシコで出版されているため、ヨーロッパでは殆ど知られていなかったらしい。

このオヤングーレン神父（P. Oyanguren）（一六六八―一七四七）は、スペインの大西洋岸、ビスケー地方出身の、フランチェスコ会に属する神父である。

彼は伝道のため東洋に来航し、まず、交趾支那王国で宣教師として活動し、その後、フィリピンに赴いて修道院の院長となると同時に、現地の言語であるタガログ語の教授をも勤めた。晩年はメキシコに移り住んで伝道に従事し、やがて、同地で引退生活を送った。『日本文典』は、そのメキシコで書いたものである。

オヤングーレンが東洋で活躍していた時期は、十七世紀末から十八世紀初めであるから、当時の鎖国の厳しさからみて、日本に来航した可能性はないと思われる。

さて、オヤングーレンの『日本文典』の書名は、『日本の言語についての書、四巻に分かち、ネブリハの書に拠る』（*Arte de la lengua Japona, divido en quatro libros segun el arte de Nebrixa*）である。

このスペイン語で記された『文典』は、四折判で、本文二百頁、巻末の目次二ページからなり、巻頭には、献辞、教会の認可状、序言が十八ページ付せられている。

標題に「ネブリハの書に拠る」とあるのは、ネブリハの著した『ラテン語文典』に準拠して記されたものであることを示している。

それならば、ラテン文典に即してある土地の言語の文典を編むとは、一体、何を指すのであろうか。次にそれについて述べておくことにする。

ポルトガルやスペインの宣教師が、海外に布教しようとするときには、まず、教えを弘めようとする土地の言語を学ばなくてはならない。その方法として神父たちは、カトリック教会の公用語であるラテン語の文法書に、これから学ぼうとする新しい言語の活用その他を併記し、ラテン語の屈折や語法との対比においてその言語を習得する、という方法を選んだ。そして、基準となる「ラテン文典」としては、神父の属する会派で選定したものに拠ったのは当然である。

イエズス会はポルトガルのアルヴァレス著すところの「文典」を、フランチェスコ会、ドミニコ会は、スペインのネブリハのまとめた「文典」を、それぞれ、「基準文典」として決定したのである。

ポルトガルのアルヴァレス(Alvarez)が、その『ラテン文典』(*De Institutione Grammatica*)をリスボンで刊行したのは、一五七二年(元亀三年)のことで、直ちに、イエズス会の基準文典の指定を受けた。ほぼ二十年後の一五九四年(文禄三年)には、ラテン語の屈折に対応する日本語の活用や助詞の使い方を併記した同文典が、早くも天草で出版されている。(10)

ところで、イエズス会に激しい対抗意識を燃していた、フランチェスコ会、ドミニコ会では、スペインのネブリハ(Nebrixa)の『ラテン文典入門』(*Introductiones in Latinam Grammaticen*)を基準文典に指定した。フランチェスコ会の神父オヤングーレンが、その『日本文典』を編むに当って、「ネブリハの書に拠る」と書名にまで謳っているのは、こういう事情があるからである。

さて、このオヤングーレンは、日本語に熟達していたとは言い難い。彼は一度も日本の土地を踏むことなく、主としてコリャドの『日本文典』や『日本語辞典』に基づいて、その『文典』を作成したのであるから、その出来映えが、在日三十余年にわたる経験に基づき、すぐれた語学的才能を生かしたロドリゲスのものに比べれば、遥かに劣っていたとしても当然である。

(2) ロドリゲスの『日本小文典』(フランス語訳)、およびその『補遺』

フンボルトが日本語を研究する際、最大の拠りどころとした文献が、ロドリゲス『日本小文典』のフランス語訳である。

フンボルトは、日本語について述べた最初の作品「メキシコで出版されたある日本文典についての覚え書」の初めの部分で次のように記し、彼の用いた資料の位置づけをしている。

「オヤングーレンは、ロドリゲスの文典を参照していないらしい。それは、両者の相違点が余りにも甚だしいからである、ロドリゲス、オヤングーレン両神父の文典をよく比べて見ると、ポルトガルの著者〔ロドリゲスを指す〕のものの方が、よりよく整っており、より正確でもあることは、直ちに理解されるところである。しかし、もうひとつの作品〔オヤングーレンの文典を指す〕も、前者を学ぼうとするとき、補完的な役割を果し得る。」(V、二三八)

さて、「アジア協会」が、一八二五年、パリで出版したロドリゲス『日本小文典』(フランス語訳)には、巻頭に十二ページに及ぶ「序文」が掲げられており、そこには、この書物の刊行に至るまでの経緯が記されている。しかし、この「序文」には、「アジア協会」の名も、また、具体的な筆者の氏名も付せられておらず、日付もない。「序文」が無名のままであるということは、刊行者の責任において書かれたものと考えられるので、この「序文」は、「アジア協会」の名において記されたものとみなしてよかろう。そして、その記述がまことに要を得ており、かつ、広い視野に立った的確な展望を示しているところを見ると、実際に筆を執ったのは、「協会」の中心人物であるアベル＝レミュザではあるまいか。

では、ここに「序文」の初めの部分を抄訳して紹介しておこうと思う。

「序文」は、まず、十六世紀末、および、十七世紀初めのポルトガルの神父を除き、ヨーロッパにおいては、日本語を研究する者はなく、アジアの言語の中で最も未知な言語のままである、ことを指摘している。そして、中国語で書かれた日本語に関する資料が若干はヨーロッパに存在してはいても、現実には役に立たず、また、日本語で記されたさまざまな文献が、ヨーロッパに舶載されてはいても、解読されることなく放置されており、ヨーロッパ人は、日本の学問・芸術・歴史・地理などについては、依然として無知な状態にある、という事態を強く批判している。

そして、「アジア協会」は、発足の当初に、まず、基本的な『日本文典』を刊行することによって、上記のごとき遺憾きわまる空白の状態を埋めることを決意した、と述べている。それに続けて、ここに世に問われるべき『日本文典』は、学徒が信頼するに足りる正確さを備えていると同時に、学ぼうとする者の意欲を沮喪させないだけの簡潔さを保っていなくてはならない、とする。

ついで、すでに行なわれている日本語に関するヨーロッパ人の業績として、アルヴァレス、ロドリゲス[11]、コリャドのそれぞれの書名を挙げ、このうち、コリャドのものはローマで刊行されているために、最も入手し易いものであるが、しかし、内容的には最も劣っており、他の二者は、内容の点ではコリャドよりも秀でている点があるとはいえ、日本で刊行されたものであるが故に、ヨーロッパでは容易に見ることができず、また、縦え眼にすることができたとしても、そこに展開されている観念が曖昧で混乱しており、学ぼうとしても超え難い障害となっている、と述べている。

そこで、「アジア協会」がフランス語に訳して刊行することに決めたものは、ロドリゲスの『日本文典』の抄本であるが、これは、『文典』が余りにも浩瀚でありすぎることに気づいた著者が、みずから縮小したものであり、これならば、初学者の要求に充分応え得るであろう、とロドリゲスの『日本文典』の抄本を底本として選んだ理由を述べている。

ところで、「アジア協会」が翻訳して出版しようとしたのは、今日、我々がロドリゲスの『日本小文典』(*Arte Breve da Lingoa Iapoa*)(一六二〇、マカオ)として知っている刊本[12]そのものではない。「アジア協会」が底本としたのは、この刊本ではなく、写本である。この点について、「序文」には次のごとく記されている。

「これは、四折判で八十六葉にわたり、シナ製の紙にポルトガル語で記された草稿であり、一六二〇年に書かれたものである。冒頭に、この作品を審査した協会の上司の与えた認可状が掲げられていることで明らかなように、近く印刷に付せられることが決まっていたものである。この草稿は、〔パリの〕の王立図書館の所有となっていたが、永年の間落ち入っていた忘却の淵から、いまや、救われることになった次第である。すなわち、『アジア協会』は、これをフランス語に訳し、出版することを決定した。」

右の記述を見ると、「アジア協会」の人々は、この『小文典』がマカオで出版されていたことを、知らなかったように思われる。そして、この稿本がロドリゲスの自筆か、あるいは、自筆のものから直接書写されたものと考えていたらしい。さらに、この稿本は、何らかの理由で印刷されることなく、いつしかパリの王立図書館の有に帰し、書庫でずっと眠り続けていた、と「協会」とは考えていたようである。ところが、今日の我々としては、この稿本は、マカオの刊本をイエズス会の誰かがどこかで筆写したもの、と解して誤りはないと思われる。

さて、この稿本の『小文典』のフランス語訳を担当したのはランドレス(C. Landresse)である。彼は「アジア協会」の一員であり、「序文」によると、中国文学についてすでにいくつかの論文を発表していた由である。恐らく、このランドレスは、アベル＝レミュザの弟子ではあるまいか。そして中国研究に従事していたところを、このたび、『日本文典』の出版に際し、特に恩師の慫慂により、ポルトガル語のロドリゲス『日本小文典』(写本)をフ

『日本文法の基本　ロドリゲス神父著

王立図書館所蔵の草稿によりポルトガル語より翻訳、その際、著者自身が一六〇四年長崎にて出版した『文典』と克明に校合したもの

訳者　アジア協会会員　C・ランドレス

なお、冒頭には日本語の音韻についての解説、および音韻を示す日本の文字を記した図票二葉を付す

筆者　アベル＝レミュザ』

(sic)
ÉLÉMENS

DE LA

GRAMMAIRE JAPONAISE,

PAR LE P. RODRIGUEZ ;

Traduits du Portugais sur le Manuscrit de la *Bibliothèque du Roi*, et soigneusement collationnés avec la Grammaire publiée par le même auteur à Nagasaki en 1604,

PAR M. C. LANDRESSE

MEMBRE DE LA SOCIÉTÉ ASIATIQUE :

Précedés d'une explication des *Syllabaires* japonais, et de deux planches contenant les signes de ces syllabaires,

PAR M. ABEL-RÉMUSAT

ランス語に翻訳するという困難な仕事と取り組むことになった、と思われる。

さて、一八二五年、「アジア協会」の手でパリにおいて出版された、ロドリゲスの『日本文典』（フランス語訳）の標題は、前ページのごとくである。

この標題を見ると、フランス語に訳されたロドリゲスの『日本文法の基本』、実質的には『小文典』は、長崎で刊行された『文典』、すなわち、いわゆる『大文典』と綿密に校合されたと記されている。

ところが、この長崎版『大文典』（一六〇四）は、他のキリシタン本と同じく天下の稀覯書であり、今日その所在が知られているのは、世界中で、オックスフォード大学のボードリアン文庫、および、スコットランドのクロフォード侯の書庫に架蔵されている二部のみである。そのような珍籍の『大文典』を、パリの「アジア協会」はどのようにして、校合の資とすることができたのであろうか。それとも、当時は、前記二部以外の刊本なり、写本なりが、パリに在ったのであろうか。こういう疑問が生ずるのも当然であろう。

この問いに対しては、オックスフォード本の『大文典』の歴史そのものが、明解に答えてくれている。このオックスフォード本ロドリゲス『大文典』[13]は、大学が一八二七年、三十一ポンド十ペンスの価格で購入したもので、この日付と値段が、同書の見返しにインクで記されているのである。そして、同じ見返しのさらに上部には、それ以前の所有者である、フランスの東洋学者ラングレー（L. M. Langlès）（一七六三―一八二四）の署名と、彼が入手した時期を示す一八一〇年の数字が、鵞ペンと思われる太い字で濃く書かれているのが、影印本でも直ちに読み取れるのである。また、ロドリゲスの研究家土井忠生[14]によると、ラングレーが所有するに至るまでは、この『大文典』は、パリにあるイエズス会のコレジオに蔵されていたそうである。

さて、ランドレスによる『小文典』（写本）のフランス語訳本の刊行は、一八二五年のことであるから、翻訳の作業や校合の仕事は、恐らく、一八二三年、二四年の頃行なわれたものと思われる。その時期は、まさに、現在のオックスフォード本『大文典』が、パリのラングレーの手中にあったか、あるいはまた、ラングレーの一八二四年の逝去以後でも、パリに所在していたものと思われる。『小文典』の訳者ランドレスは、ラングレー、およびその歿後ならば恐らくその家族、の好意により、翻訳しつつある、パリ王立図書館所蔵の『小文典』の稿本と、長崎で出版された本物の『大文典』でたまたまパリにあったものとを、対校することができたわけである。そして、フランス語訳『小文典』の序文には、ラングレーへの謝辞が述べられている。

しかし、この校合がどの程度厳密に行なわれたかについては、疑問が残る。ロドリゲスの『小文典』は、『大文典』の単なる縮小ではなく大幅に書き改められている点があること、そして、『小文典』のマカオ版原典と、ランドレスが底本として用いた稿本との間にも異同があること、により、ランドレスの訳稿と『大文典』原典との校合を、どのような視点で行なうべきか、その方法は相当多くの問題を含んでいるはずである。そして、フランス語訳の『小文典』にも、日本語の誤記が、かなり多く認められるのであり、それが、フンボルトの日本語理解をある程度誤らせていることも、事実なのである。

さて、ランドレスの手によってフランス語に訳された『小文典』は、「アジア協会」による「序文」十二ページ、日本語の音韻と文字を示す「付表」(*Syllabaires Japonais*)二葉、アベル＝レミュザの「付表解説」六ページ、著者ロドリゲスの「序文」二ページを巻頭にそろえ、それに続けて、百二十六ページの本文が、百三十六の小節に分かたれて記されている。そして、この章節区分は、訳者ランドレスの与えたもので、ロドリゲスの『小文典』の原典のそれとは全く異なっている。(15)

さらに、本文の後には、訳者ランドレスの特に与えた付録として、ポルトガル語の原典にはないところであるが、書中に用いられている日本語の「語彙一覧」とそのフランス語訳が、十二ページにわたって、アルファベット順に並べてあり、その語数は八百五語に達している。この「語彙一覧」に続けて、訳者がロドリゲスの記述ないし書字法に疑いをもった日本語の単語十六語について、コリャドの『日本語辞書』と対照した「一覧表」、および、三ページの「目次」（ロドリゲス自身のものではなく、ランドレスによる章節区分を示す）が、最後に添えられている。

ロドリゲスの『小文典』については、その原典と、フランス語訳との厳密な比較研究が強く望まれるところであるが[16]、章節区分の仕方の相違、配列の順序の変更、内容の省略、語彙の訳語表の付加等を別にすると、直ちに気づく異同が二つ認められる。

ひとつは、日本語の音韻をラテン文字によって標記する書字法を、フランス語の発音に合せて変更していることである。

ロドリゲスのポルトガル語に基づく書字法と、ランドレスの標音の綴り字の相違を、左に掲げる。

（フランス語訳本）	tsi	o	ka	tu	mou	ou	yi	wo	kou	fou	ko	you	si	se	sou
（ポルトガル語原典）	chi	vo	ca	tçu	mu	v	y	vo	cu	fu	co	yu	xi	xe	zu
	チ	ヲ	カ	ツ	ム	ウ	ヰ	オ	ク	フ	コ	ユ	シ	セ	ス

もうひとつの異同は、日本語の文字とその発音をラテン文字で示した図表についてである。長崎で出版された『大文典』では、日本の文字は全く用いられてはいない。マカオで出版された『小文典』の原典には、平仮名で、「いろは」および「五十音図」が印刷されており、各文字の横にはラテン文字で音価が標記されている。

ところが、『小文典』のフランス語訳本では、巻頭に折込みで二葉、「いろは」と「五十音図」がそれぞれ掲げられているが、その図表には、片仮名、平仮名、変態仮名、および、五十音図の各音に中国語で対応したり近似した音をもつ漢字が、それぞれ数箇ずつ記載され、同時に、仮名文字・漢字にはラテン文字による音の標記が付せられている。

『小文典』(原典)に掲げられている音韻図表の平仮名活字の字体は、日本人か、少なくとも筆を使い慣れた中国人か、いずれかの手になる筆蹟に基づいて、活字が鋳造されたことを思わせるものがある。ところが、『小文典』(フランス語訳)に載せられている「いろは」、および、「五十音図」の図表の字体は、日本や中国の文字にも筆法にも、全く親しみのない人物が臨写したと思しき特徴が顕著に認められるのである。これから判断すると、このフランス語訳本の図表は、日本人か中国人の書き記した資料を、レミュザかランドレスか、いずれにせよ、ヨーロッパ人が模写したものを、印刷に付したことを窺わせるのである。[17]

なお、このフランス語訳のロドリゲス『小文典』は、かつて明治から大正年間にかけて、上田萬年教授が、東京帝国大学において国語学の演習にテクストとして使用されたそうである。

また、筆者が眼にしたフランス語訳の『小文典』は、東京の国際交流基金図書館所蔵の初版本で、国際文化振興会旧蔵のものであった。[18]

パリの「アジア協会」は、ランドレスの手によってフランス語に訳された『小文典』刊行の翌一八二六年(文政九年)、同じランドレスによる『ロドリゲス神父の日本文典補遺』[19]を出版する。前にも述べた通り、フンボルトの最初の日本語論「メキシコで出版されたある日本文典についての覚え書」は、付録論文としてこの『補遺』の巻頭に掲げられたものである。

(3) コリャドの『日本文典』

D・コリャドは、一六三二年(寛永九年)、ローマで、ラテン語による『日本文典』(*Ars Grammaticae Iaponicae*

Linguae）を出版する。

歴史的に見れば、ロドリゲス『大文典』の完成に後れることほぼ四分の一世紀、メキシコのオヤングーレンの『文典』に先立つこと約一世紀である。

ディエゴ・コリャド（Diego Collado）（　―一六三八）は、スペインのドミニコ会の神父であるが、一六一九年（元和五年）、来日し、迫害を受けながらも長崎地区で布教活動を行なった。やがて、その頃日本で殉教した神父や信者のうち、誰が聖人に列せられる資格があるか、その調査を担当するようになり、その資料を携えて、一六二三年、ローマに赴いたのである。ローマ滞在中、『日本文典』のほか、ラテン語・スペイン語・日本語対訳の形を取った『日本語辞書』（*Dictionarium sive Thesauri Linguae Iaponicae*）および、日本人信徒の神父に対する懺悔を、左側のページに日本語のラテン文字標記、右側のページにそのラテン語訳を対照して排列した『懺悔録』（*Niffon no cotōbani yô confesion, Modus confitendi et examinandi*）を刊行した。

コリャドは、再び東洋に戻るべく、まず、マニラを目指して航行を続けるが、途中、乗船がインド洋で難破して死亡した。時に一六三八年（寛永十五年）、ちょうど島原の一揆の年である。

さて、コリャドの『日本文典』は、四折判、標題からページ数を起し、発音の説明にも触れた三ページからなる「序文」（prologvs）を含めても、全巻でわずか七十五ページである。実質的な本文は、第六ページから始まっているが、その冒頭には「アントニウス・ネブリハに拠る」との記載がある。

さて、ここで、ポルトガルやスペインの神父の著した日本文典の量的な比較をしてみよう。

ロドリゲス『大文典』は、四折判四百三十八ページ、同じ著者の『小文典』（原典）は、四折判百九十二ページ、『小文典』（フランス語訳）は、四折判で本文のみでは百二十六ページ、オヤングーレン『日本文典』は同じく四折判、本文二百ページである。これらの文典と比べれば、コリャドの『文典』は、用いている活字が比較的小さいことを考慮しても、量的には最小である。[20]

さて、フンボルトが日本語研究に用いることができたのは、初めは、自己の所持するオヤングーレン『日本文典』と、ランドレス訳ロドリゲス『小文典』（フランス語訳）のみで、後になって、コリャド『日本文典』をも参照している。

さて、フンボルトが、彼の用いた資料によって、有機的な、統一ある日本語像を得たかと言えば、否である。「日本語の実態を、もっとはっきり、もっと確実に知りたい。」「〔日本語について〕私より深い知識を獲得し得る人々に判断を委ねたい。」等々の嘆きを残して、フンボルトは日本語の研究を中止せざるのやむなきに至った。

次章において、不充分な資料に基づくとはいえ、フンボルトが、日本語をどのような言語として捉えたのか、について報告しようと思う。

第五節　フンボルトの日本語論

第三節に述べたごとく、日本語について、フンボルトは三つの論文において言及している。そして、いまその論文をI、II、IIIと略称することにする。すなわち、論文Iが「ある日本文典についての覚え書」（一八二六、フランス語）、論文IIが「言語構造のさまざまな相違点」（一八二七―二九、ドイツ語）、そして、論文IIIが「場所の副詞と人称代名詞の親縁関係」（一八二九、ドイツ語）である。

なお、論文Iに関しては、底本としてベルリンのアカデミー版『フンボルト著作集』に収められているもののほか、テクストに若干の異同のあるパリの「アジア協会」刊行の初版本もあるが、それをここではパリ本と呼ぶことにする。

さて、これらの論文において、フンボルトは、日本語の中にいかなる問題点を見出し、どのような特色を看取したのであろうか。

論文I、II、IIIを通観してみると、フンボルトの関心を引いたのは、次のような点であった。

まず、論文Iにおいては、日本語の形容詞（より正確には形容動詞）および動詞の性格、さらにそれと並んで、日本語の人称代名詞の用法が論じられており、論文IIとIIIにおいては、引き続き、人称代名詞の用法が問われている。

フンボルトが日本語を考察の対象とした期間は、多く見積っても五年未満であり、しかも、その間日本語の研究のみに集中していたわけでなく、同時に他の多くの言語の実証的研究と、言語活動一般の哲学的な考察とを並行して行なっていたのである。そして、フンボルトが日本語と関わりをもっていた全期間を通じて、日本語の人称代名詞の用法と性格の問題が終始その脳裡を去らなかったように見受けられる。

論文IIIの主題は、空間概念と人称表現との関連性はそもそも何であるか、というものであるが[21]、この課題の設定は、実は、日本語を学ぶことによって触発された問題意識によって、導き出されてきたものではなかろうか。

以下、フンボルトの日本語論を、(1)形容詞、動詞についての考察と、(2)人称代名詞に関する論議とに分かって、紹介してみようと思う。

(1) 日本語の形容詞、および、動詞について

論文Iでフンボルトは、彼の関心を引いた日本語の特色として次の二点を挙げている。

「何よりも私の関心を引きつけたのは、日本語の文法における、形容詞を動詞と結びつける慣習（パリ本、

用法〕である。」（V、二三八。パリ本、二）
「動詞の人称の前での代名詞の置き方〔パリ本、占めるべき位置〕が、特に私の関心の的である。」（V、二四三。パリ本、七）
フンボルトは、日本語に接触してすぐに、形容詞や動詞の性格と、人称代名詞の用法とに注目したようである。それでは、彼の語るところを聴いてみよう。

(a) **形容詞について**——本節では、前記二つの問題のうち、まず前者の形容詞について考えてみることにする。

「〔日本語のように〕形容詞を常に〈である〉(être) という動詞と分ち難く結びつけることは、アメリカ原住民の言語にも見られるところであるし、また、そういう〔表現の生れてくる〕ものの見方は、抽象観念に不慣れな民族においては、自然であると言ってよかろう。抽象作用によってのみ、形容詞がそれ自身で独立したものと考えることができるようになるのであって、〔抽象化に不得意な人々は〕形容詞を常に何らかの対象に〈である〉(étant) を付したものとして心に描くのも無理からぬことなのである。〔この場合〕形容詞は、それ自身、実際は無に等しいのであって、何らかの方法で構成された対象にほかならないのである。この点に関しては、ロドリゲス神父は、形容動詞 (verbe adjectif)、および、〔形容詞として用いられる〕他の方法を実にうまく説明している。だが、オヤングーレン神父は、この言語の感覚 (le sens)〔パリ本、精神 (l'esprit)〕や性質を、それほど深く把握しているとは言い難い。オヤングーレンは、〔形容〕動詞の現在形を基本形とみなし、その語根 (radicaux) を副詞であると考えている。そして、オヤングーレンが動詞の活用について論ずるときは、直説法の現在形こそ動詞の基本形であると主張し、その基本形に対して、頭の中で、実体・存在動詞 (verbe substantif)〔〈である〉、〈がある〉のごとく、実体性・存在性を示すもの〕を付け加える必要がある、と述べている。こう考えることによって、オヤングーレンは、『日本語の形容動詞の〕活用語尾（désinence）の持つ本当の動詞的な性格を見誤ってしまっている。他面、ロドリゲスは殆ど手を着けなかったところであるが、オヤングーレンは、形容動詞を名詞の後に置くか、前に据えるかによって生ずる違いを、はっきりさせている。この後者の〔形容動詞を名詞の前に置く〕場合は、直説法現在形しかあり得ず、それ以外の形容動詞の活用は、〔形容動詞が名詞の前に置かれているにも拘わらず〕名詞が先に置かれる〔関係〕文を作る役割しか果たすことができないのである。このように、二人の学者〔パリ本、文法家〕は、〔パリ本、日本語の文法のこういう基本的な問題に関して〕互いに補い合っているわけである。」（V、二三九、パリ本、三）

フンボルトは、日本語の形容詞をまず形容動詞として捉えたロドリゲスの考え方に同調し、抽象概念としての形容詞ではなく、存在動詞と常に結びつき、具体的な対象との関連においてのみ成立してくる形容詞（実は形容動詞）の存在を、日本語のひとつの際立った特長と考えたわけである。

それならば、フンボルトがこのような判断をするにいたった原典である、ロドリゲス『小文典』（フランス語訳）における形容詞の捉え方は、どんなものであったろうか。簡単に考察しておく必要があろう。

ロドリゲスは、一般的に言って、日本語を研究した他の神父たちとは異なり、すでに『大文典』において、日本語の形容詞の特色を形容動詞という特別の項目を立てて捉えており、『小文典』においても、さらにその考え方を推し進めているのであるが、ここでは、フンボルトが見ることのできなかった『大文典』、および、『小文典』（原典）は除き、『小文典』（フランス語訳）の所説と、フンボルトの考え方とを比較して考察してみたいと思う。[32]

さて、ロドリゲス『小文典』（フランス語訳）の第十一節「形容詞について」においては、次のごとく記されている。

「日本語における本来の形容詞は、特別の活用（déclination）を全くしない。形容詞は、実名詞（substantif）[33]と同じように、格助詞[24]や助詞[25]を取る。しかし、形容詞がひとつの実名詞と結びつくときは、その実名詞と格を等しくし[26]、そして、〔名詞の〕前に置かれる。(「九十二節」参照[27])

形容詞には二種類ある。ひとつは、不変化形容詞というべきもので、常に実名詞の前に置かれる。もうひとつは、不規則動詞(verbes anomaux)(「五十五節」参照)であって、日本語に特有のものであり、たった一語で、ひとつの形容名詞と存在動詞〈être〉の両者を表現する。そして、問題となる語の前につくときも、後になることもある。この〔不規則〕動詞は、他のすべての動詞と同様に、固有の活用をする。

こういう形容動詞の末端にくる音節は、数からいえば六個である。すなわち、アイ、エイ、イイ、オイ、ウイ、ナもしくはナルであり(ai, ei, ii, oi, oui, na ou narou)[28]、最初の五音は、書く言語〔文語〕では、キとなる。

このような不規則動詞の現在形が、何らかの実名詞の前におかれると、実際は形容詞ではないにも拘らず、形容詞として働くのであり、〔こうした形容動詞の入っている〕文は、実は、関係文なのである。我々は、高い山(montagne élevée)[29]と言うが、日本語の〈タカイヤマ〉とは、〈高くあるところのその山(la montagne qui est élevée)〉のことなのである。」(『小文典』(フランス語訳)第十一節、六)

さて、ロドリゲス『小文典』(フランス語訳)のこの箇所を読んだフンボルトの脳裡に浮んだのは、次の問題点であろう。

すなわち、形容詞と存在動詞とを一語のうちに包含している日本語の形容動詞なるものが、述語として用いられるときには、何も際立って特異なものとは言えないであろう。フンボルトは語る。

「すべての言語が、こういう形容動詞を所有している。例えば、〈輝く〉(briller)に対する〈輝いている〉(être brillant)のごとくである。この場合、形容動詞が、すべての話法、すべての時称にわたって活用され得ることは当然である。しかし、〔形容動詞が名詞の前に置かれて〕形容詞の観念が実名詞と親密に結びついてしまうと、動詞がそこに介在していることは、観念の在り方としては自然な秩序に背反していると言わざるを得ず、結果的には、二つの命題をひとまとめにしてしまうことになる。それ故にこそ、ロドリゲス神父は、こういう文を関係文とみなしたのである。しかし、こういう説明の仕方は、我々の文法概念に捉われたもののように私には思われるのであって、このような言語〔表現〕の形成を行なった民族の観念ではあるまい。タカイヤマとは、〈それは高くある、その山は〉(elle est élevée la montagne) のことであるが、かかる表現は、我々にしてみれば、脈絡がなく、不自然のように見える。しかし、我々にとって未知の〔日本〕民族、生れながらにこういう口のきき方をしている民族にとっては、逆にきわめて自然な言い方なのである。自己の見ている対象の性質に真先に感動した人は、まず、〈高い!〉(c'est haut !) と叫ぶ。そして、後から、説明のために、〈その山は〉(la montagne) と付け加えるのである。この点をよく考えれば、こういう場合、形容動詞が何故常に直説法現在形を取るか、という理由が明らかになってくる〔パリ本のみ、第七十一節参照、とある〕。そして、ここに挙げたような種類の文は、二つの文をたったひとつの文にまとめてしまうことになるが、それができるのは、〈その山が高い〉という事柄の省察の方が、〈高い山〉という表現に先立っていたはずだからである。

動詞形式の形容詞を〔名詞に〕先行させることに一旦慣れてしまうと、形容詞と名詞とを結んでひとつの語にまとめてしまうときにも、当然、〔存在動詞を補うという〕同じことを行なっていることになる。タカヤマとタカイヤマとが同じものであることは明らかであり、ここに生じた変化は、純粋に音調を佳くするためのものである。そして、我々がタカヤマなる語に見出すのは、〈高い山〉という概念にほかならない。我々はこのような語を、サンスクリットにおいて kharmadharaya と呼ばれている合成語の部類に属するものと言ってよかろう。日本人は、その場合にも、〈である〉(être) という観念をこの語に付与していることになるはずである

し、言語形成の時期には、そうしていたことは確かである。」(V、二四一、パリ本、五)

日本語の形容詞が、実は形容動詞であるという認識から、フンボルトは続いて、日本語の動詞について考察の歩を進めるのである。

(b) **動詞について**——彼の言うところを聴いてみよう。

「日本語の動詞は、他の言語の動詞と比べると、動詞としての性格が弱い。というのは、〔主語の〕人称に応じた〔動詞の〕人称変化をすることが決してない、という事情があるからである(ロドリゲス、文典、二十六節参照)。一般的に言って、動詞はその作用を受ける人物を必要とする、ということが、動詞をして動詞たらしめている所以なのである。ところが、名詞についてみれば、名詞は特定の場合を除き、人に関わることはない。〔そして、日本語の動詞は、実は名詞に近いのであるから、動詞の当然備えているはずの人との関係が稀薄なのである。〕〔エジプトの〕コプト語と、アメリカ原住民の言語のうちのいくつかのものは、〔抱合語の特徴として〕〔目的語となる〕名詞と、動詞との〔一体化した〕合成語の中間に、〔人称〕代名詞を挿入することになっており、そうすることによってこの代名詞が、そういう〔抱合語に属する〕言語の文法組織の、魂とも中核ともなるわけなのである。(30) ところが、日本語においては、〔人称〕代名詞は、そんな具合にはなっていない。日本語の代名詞は、〔抱合語のように文の中核となることなく〕孤立したものであり、名詞とも動詞とも、それなりに容易に結びついてしまう。そんなわけで、〔人称〕代名詞は、動詞の構成とは無縁になってしまうのである。

〔日本語において〕〔人称〕代名詞を動詞の人称の前に置く方法が、特に私の関心をひいた。ロドリゲス神父は、この点については何も述べておらず、彼の捉えた動詞変化の問題点からは省いてしまっている。しかし、オヤングーレン神父は、実例を以てこの点を明らかにしており（〔オヤングーレンの『文典』〕五九、七七ページ）[31]、多くの場合、〔人称〕代名詞に、助詞〈ノ〉を加え〔それに動詞を続け〕ている。複数の〔人称〕代名詞であるワガラ《ママ》ハ〔ワレラハの誤りか〕、ソナタドモハ、ナンダチは、〔この助詞〈ノ〉を〕欠いたままであるが、ソレガシは、その語の後に〈ガ〉という助詞を取る。〈ノ〉、および、〈ガ〉は、所有格を示す助詞であり、所有代名詞を形づくる役割を果たすものである。ソナタ＝ノ　モトムル、ソレガシ＝ガ　モトムルは、それ故、文字通りに訳せば、〈汝の　得るもの　在るもの〉〈私の　得るもの　在るもの〉(ton, mon acquérir être) ということになり、こういう言い方では、動詞は全く実名詞のごとくに扱われていることになってしまう。もっとも、こういう奇妙な現象を私が発見した最初の言語が、日本語である、というわけではない。

ところで、以上述べたことに、私は固執するつもりはない。オヤングーレン神父によれば（一三ページ）、〈ノ〉は、また、主格の助詞でもある。そして、〈ノ〉および〈ガ〉は、日本語できわめて重要な役割を果たしている、身分の相違とも関わっているのである。〔ロドリゲス、および、オヤングーレンの〕二人の神父が、この重要な問題点について、明瞭かつ正確な考えを少しも述べていないことは、残念ながら事実であると認めざるを得ない。

動詞の活用に補助としての役割を果たす動詞の〈アル〉〈カル〉[32]〈ソロ〉[33]は、疑う余地なく、指示代名詞の〈アル〉〈カレ〉〈ソレ〉と同一の語である[34]。これらの語を、存在動詞となった〔指示〕代名詞と考えるべきなのか、それとも、本来は動詞であったが、やがて代名詞に変ったとみなす方がよいのであろうか。いま私は、後者の考え方を支持したいと思う。オヤングーレン神父は断言しているのであるが、〈アル〉（〈ゴザル〉が〔〈アル〉を含んだ〕合成語であることは明らかである）は、〈ゆく、くる、在る、じっとしている〉(aller, venir, être, tenir) を意味している（八〇ページ）。それ故、〈アル〉という代名詞〔ロドリゲス、八二ページでは、〔ラテン語の〕quidam（ある種の）と同じ、とある〕は、動詞的名詞であるかもしれないし、あるいは、むしろ、日本語は、この語を時により、

〈である〉(être) という動詞として用い、また時には、〈あるところのもの、現存しているもの〉(celui qui est, un être existant) という代名詞のように使うのかもしれない。」(V、二四四、パリ本、八)

このように、フンボルトは、形容詞—形容動詞—動詞—動詞の代名詞的用法—代名詞と、日本語に見出した問題を、それなりに一貫して追求してきたのであるが、ここでいよいよ、彼を最も悩ましたところの、代名詞、特に人称代名詞の問題に入ってゆくわけである。

(2) 日本語の人称代名詞について

(a) フンボルトの論文Ⅰにおける代名詞論——前節で紹介した形容詞、動詞に関する論議に続き、同じ論文Ⅰにおいて、フンボルトは代名詞について、次のように述べている。

「いま我々が取り上げている〔ロドリゲス、および、オヤングーレンという〕二人の文法家が、代名詞を取り扱っている箇所は、残念ながら、最も不完全で支離滅裂なところと言わざるを得ない。[35] ワレはロドリゲスでは一人称、オヤングーレンでは二人称とされている。ワガは、ロドリゲスでは二人称、オヤングーレンでは一人称、コナタは、二人の文法家がともに二人称としてはいるが、このコナタは同時に、ロドリゲスによれば三人称、[36] オヤングーレンでは一人称でもある、と述べられている。

そもそも、ある言語において、このような混乱が本当に存在し得るものなのか、私には信じ難いのである。それにも拘らず、この二人の文法家〔パリ本、著書〕の言うところが正しいとすれば、かかる混乱の原因は、社会的な身分の表現が日本語の代名詞の中に定着させた、さまざまな区別の仕方のなかに見出されると思われる。つまり、その大部分は、身分や地位の相違の微妙な陰翳を表現するものであることは確かである。もしそうだとすれば、目下の者が目上の人に対する場合に用いられる一人称の代名詞が、長上の人物が目下の者に向うという関係では、二人称の代名詞になってしまうことも、充分起り得るのである。(37)〔日本語という〕この言語のこのような特性〔パリ本、異常性〕を仔細に検討してみると、この問題についての判断を、日本語について私より深い〔パリ本、幅広い〕知識を獲得し得る人々に委ねたい、と思う心境になってしまうのである。

日本語の〔人称〕代名詞のすべてが、とにかく、一定の決まった方法で、三つの人称のうちのどれかひとつに割りつけられているようではあるが、本来はみな三人称の代名詞であったかもしれない。……中略……〔眼前にいる〕他人に向って、〔三人称の表現を用いて〕閣下・猊下（Votre Grandeur〔あなたの偉大さ〕）と呼びかけることがよく行なわれるが、また、自分自身を〔三人称の表現を用いて〕拙者（mon humilité〔私の卑小さ〕）と言い表わすこともできる。〔ラテン語で〕「賤しい私が行なった」（ego indignus feci）〔動詞は一人称〕と語ることができると同じく、全く同じ内容を、「賤しい〔我なる〕者が行なった」（indignus fecit）〔動詞は三人称〕と言ってもよい。こういう形容の仕方が、一度、身分を異にする人々の間に定着してしまうと、〔このような表現を生んだ〕考え方は、代名詞の本来の意味についての捉え方と融け合い混り合ってしまい、その結果、もともと目上の人、もしくは、目下の者を表現していた代名詞や形容詞が、いつしか、一人称あるいは二人称の代名詞になりきってしまうのであろう。私が今述べた言明が正しいことを自ら納得するためには、日本語の代名詞の語源を知る必要がある。ところが、私がいま汲み取ることの許されている源泉は、そういう考証を行なうには不充分なものでしかない。ただ、ボンズ（坊主）にとっての一人称代名詞であるグソウ（愚僧）〔という三人称の表現〕（ロドリゲス、八一ページによれば、ego indignus と同義とある）のグは、無知の意であると思われる。（ロドリゲス、〔『文典』末尾に付せられた〕「語彙一覧」、グニン（愚人）参照）二人称の代名詞とみなされているソナタと、私が前に触れたコナタは、両者ともに、場所の副詞（adverbes de lieu）であり（ロドリゲス、七九ページ、第七十二節。オヤングーレン、二二、二三ページ）、いずれも疑問詞であるドナタに答えるものである。従って、この〔コナタ・ソナタの〕二語は、代名詞としては、〈ここにいる人、そこにいる人〉(celui qui est ici ou là) を意味するものであり、ロドリゲス、オヤングーレン両神父によれば、コナタがそうであるように、この二語はすべての人称にわたって用いられてよいはずである。そして、この語を用いようとする人物が、みずからどのような〔人間〕関係の中に置かれていると気づくかによって、その用いようとする語の人称が決められることになる。これは、私には非常に貴重なことのように思われる。というのは、〔二人称、および、二人称という〕最初の二つの人称が三人称と混り合っていること〔パリ本、混乱を起していること〕は、従来考えられてきたように、身分や地位についての考え方に由来するというよりも、〔人間関係という〕もっと一般的な源泉から生れたものであることを立証しているように思われるからであるし、また、このような混淆が、実は、人間精神の構造そのもの〔パリ本、人間の知性の本来の性質〕に基づいていることを、示しているようにも感じられるからである。(38)

子供は、自分自身のことを、よく三人称で語る癖があるものであるが、このことは、〈自我〉の観念が把握し難いことの証である、と考えられている。そして、〈汝〉の観念は、〔自我に比べれば〕容易に得られるもののごとく思われている。(39) しかし、〈汝〉の観念は、そんなものではない、厳密に考えてみると、〈汝〉は、語り手以外のすべての存在するものを、語る人に対立させて分離するものであり、それ故に、〈自我〉の観念をも、おのずからその中に蔵していることになるからである。だいたい、代名詞に関する抽象概念、すなわち、あらゆる他の性質を切り捨てた人称概念は、一般的に言って、深い省察 (réflexion) を必要とする。それ故にこそ、品詞のなかで、代名詞が最も遅く展開してくるものである、とする考え方を、誰でも支持したいと思ってきた次第なのである。しかし、こういう仕方で、〔人称代名詞に関わる〕事柄を説明しようとしても、事実はおよそ逆なのである。実際のところ、未開としか言えない多数の言語を見ても、代名詞に関しては、開化した言語と全く同じに、〔代名詞は最後に作られる品詞であるという考え方とは〕異質の展開を見せて〔当初から存在して〕いるものであって、こういう未開言語の文法組織は、すべて代名詞の上に築かれている、と言っても過言ではない。このことで証明されていると思われるのであるが、人間は生れながらの本能に基づいて、〈我〉とか〈汝〉とかの観念〔を示す語〕を、思考の表現に必要なところに配置するものであり、そうだからと言って、そのために、厳格な概念や抽象的な観念という点で成長していることにはならないのである。ところで、多くの言語において、恐らくすべての言語において、と言えるのであろうが、一人称、二人称の代名詞は、その起源は三人称の代名詞であった可能性が強いし、あるいは、むしろ、名詞か形容詞であった場合が多いらしい。いずれにせよ、何らかの方法によって、語り合っている人々を言い表わしつつも、話をする人、話しかけられている人との対立する関係を、〔語源的な意味の人称に頼って〕直接的に表現することは、決してしないのであろう。そして、語り合いの仕方が、〈我〉と〈汝〉の観念の相違を構成するものなのである。」（V、二四六、パリ本、一〇）

さて、ここでは、フンボルトの書いたものを長文のまま訳出しておいたが、それは、彼の思考活動の実態をその筆に即して紹介しておきたいと思ったからである。そして、フンボルトの思索が、既成の品詞概念や整理され尽した文法組織の枠内で行なわれているのでは決してなく、むしろ、文の構成要素を品詞なる発想で区分する必要性が感じ取られたり、人間の言語活動を文法という体系で捉えようとする機運が生じてくる基盤まで掘り下げようとする底のものであることを、読者諸賢に直接味わって頂きたいと念じたからである。

(b) **フンボルトの論文IIにおける代名詞論**——さて、先に紹介した論文Iを発表してから数年後に、フンボルトは論文IIを執筆する。この未完の長い論考は、アカデミー版著作集で一九四ページにも及ぶが、そのうち、ほぼ四ページが日本語に充てられている。そして、そのテーマは、論文Iの末尾と同じく、人称代名詞の問題である。

フンボルトは論文IIにおいて、まず、マレー語と日本語には、特に人称代名詞の種類が多く、日本語の場合は、子供、老人、女性のそれぞれに特有のものさえあることを指摘している。[40]（VI、一六六）

ついで、フンボルトは、日本語の遠近感の表現について述べるのである。すなわち、日本語では、語る人、語りかけられている人、および、これら二者以外のところという三態の場所を、コ・ソ・アの三語で表現するが、その場合、〈ノ〉や〈レ〉という接辞の音節を付して、コノ・ソノ・アノ、および、コレ・ソレ・アレなどの語を用いる。人称代名詞のソナタは、ソノの縮小形と、前置詞《ママ》アタリ（近く）の語幹の合成されたもので、[41] 文字通りの意味は、〈そこの場所にいる人〉（der bei der Stelle dort）であり、ラテン語の istic に相当する。このソナタなる語は、人称代名詞として用いられるが、その際、語源はすっかり忘れ去られて、前置詞《ママ》がもう一度付け加えられ、ソナタアタリという使い方がなされ、〈汝のもとで、汝たちのところで〉（bei dir, euch）の意味を示すことになる。[42] ソナタ、コナタは、元来は場所の概念であるが、ソナタは二人称、コナタは一人称、および二人称の代名詞になりきってしまう、とフンボルトは指摘しているのである。

ところが、この点に関し、フンボルトは次のように述べている。

「さて、ここに混乱が始まる。というのは、コナタは、その本来の正しい意味に反して、二人称の代名詞として挙げられており、しかも、〔語り手よりも〕上位の人物に対して用いると述べられている。要するに、〈ここなる汝、および、そこなる汝〉（Du hier und Du dort）ということになるらしく、これでは〔コナタはここにいる語り手という意味における一人称の代名詞たるべきものと〕前に述べたこととは矛盾してしまう。ただし、実態はそんなことではないように思われる。つまり、本当のところはコナタもソナタも、〔例えば、ロドリゲスなどは、それらを三人称の名詞でありながら、二人称の敬語として用いられる〕閣下（Excellenz）という称号と比べているくらいであるから、〔コナタやソナタは〕代名詞としては本来三人称であって、それを二人称として通用させているように見える。もっとも、日本語の動詞は〔人称変化をせずに主語となる〕代名詞を介してのみ〔動詞の〕人称を区別するのであるから、〔三人称の代名詞を二人称として用いているという〕そのことを、〔動詞の人称変化の形で〕判然と眼に見るわけにはゆかない。」（Ⅵ、一七〇）

そして、フンボルトは、このコナタの人称の混乱について、文中のみならず、脚註にも次のごとく記している。

「ロドリゲスは、コナタを一人称の代名詞としては全く触れていない。彼は、個々の人称代名詞を、語源論と統辞論とに分けて見事に分類しているのであるが、語源論では、ソナタ（ランドレスは〔フランス語の〕Vous と訳している）を唯一の二人称代名詞として挙げている。後者の統辞論では、〔二人称を示す〕他のいくつかの表現と混って、コナタとソナタ（Votre Excellence〔貴殿あるいは閣下〕に比定されている）は termes honorifiques〔敬意を示す語〕として扱われている。（第十八節、第七十六節、八一ページ[43]）

オヤングーレンによれば、コナタは、一人称として身分の低い者の用いる代名詞、二人称としては、長上の人に対して使う代名詞であり、二人称としては、同等の者の間で用いられるソナタと対比される、とする。〔オヤングーレンの『日本文典』二一、二二ページ[44]〕ロドリゲスとオヤングーレンは、このように、ソナタについては互いに矛盾している。そして、こういう代名詞と場所の表現とが関連している可能性については、両者とも思い及ばなかったようである。」（Ⅵ、一七一、脚註）

(c) **フンボルトの論文Ⅲにおける代名詞論**——さて、論文Ⅲは、「場所の副詞と人称代名詞との親縁関係」を主題とするもので、一八二九年十二月、ベルリンの王立アカデミーで、フンボルトが行なった講演である。従って、論文Ⅱとは時期的に近接しており、論文Ⅱの記述内容がそのまま、論文Ⅲに再録してある箇所が、随所に見出される。そして、この講演のテーマである「場所の副詞と人称代名詞の親縁関係」、すなわち、「空間概念と人称表現との関

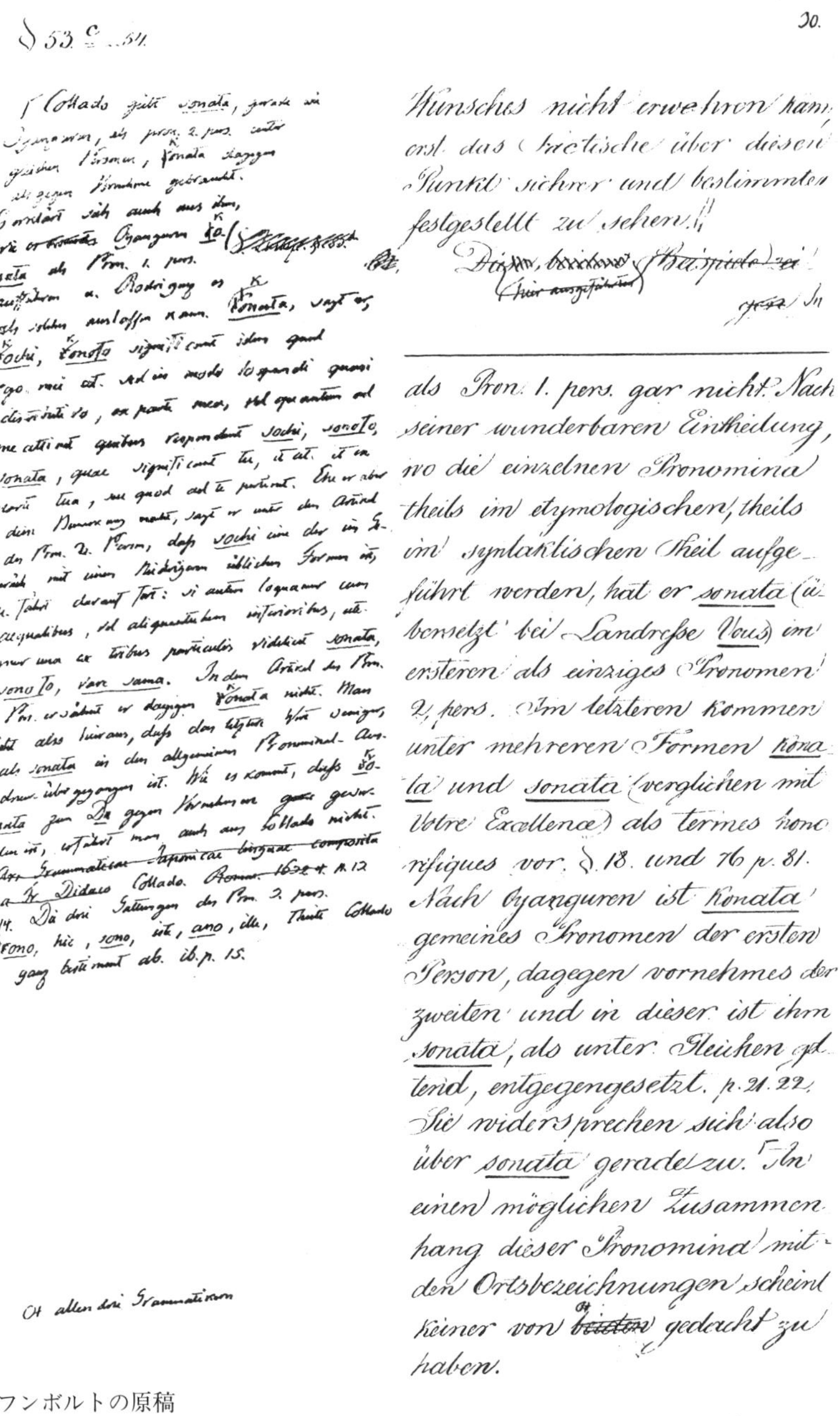
§ 53. & 54.

30.

Wunsches nicht erwehren kann, erst das Kritische über diesen Punkt sicherer und bestimmter festgestellt zu sehen.!!

als Pron. 1. pers. gar nicht. Nach seiner wunderbaren Eintheilung, wo die einzelnen Pronomina theils im etymologischen, theils im syntaktischen Theil aufgeführt werden, hat er sonata (übersetzt bei Landresse Vous) im ersteren als einziges Pronomen 2. pers. Im letzteren kommen unter mehreren Formen konata und sonata (verglichen mit Votre Excellence) als termes honorifiques vor. §. 18. und 76 p. 81. Nach Oyanguren ist konata gemeines Pronomen der ersten Person, dagegen vornehmes der zweiten und in dieser ist ihm sonata, als unter Gleichen geltend, entgegengesetzt. p. 21. 22. Sie widersprechen sich also über sonata geradezu. In einen möglichen Zusammenhang dieser Pronomina mit den Ortsbezeichnungen scheint keiner von allen gedacht zu haben.

Ob allen drei Grammatikern

フンボルトの原稿
「人間の言語構造のさまざまな相違点について」(1827～29)(VI，171脚注)
「場所の副詞と人称代名詞の親縁関係について」(1829) にも再録 (VI，319脚注)
日本語のソナタ，コナタについて論じた箇所である
右側が書記の筆録したところ，左側がフンボルトの加筆したところ
ベルリン国立図書館　手稿部門　言語学関係文書　フォリオ版146

連性とはそもそもいかなるものか」という問いは日本語研究の途上で自覚されてきたものと思われる。そこで、フンボルトは、多くの言語について、空間意識と人称表現との関連に関わる実例を収集・分類すると同時に、原理的な立場から、改めて人称区分の成立根拠を問い直す、という作業を始めようとするわけである。

では、ここで、フンボルトの語るところに耳を傾けてみよう。

「語るということ（das Sprechen）は、思考活動に対して内的に深く関連するものとして考察しようが、あるいはまた、言語活動によって確立された人と人との間の共同体に対して、外的でどちらかといえば感性的な関連性をもつものとして捉えようが、本質としては、語る人が、語りかけている相手を、語り手に対立するものとして、すべてのそれ以外のものから区別することを前提とするものである。対話（das Gespräch）は、このような考え方の上に成立するものであり、〔言語活動のみならず〕思考という純粋に精神的な機能であっても、その例には洩れない。思考作用は、思考能力を備えた他の人からも、自分が思考したものと同じものとして、自分にはね返ってくると思われるようになったときにはじめて、〔思考としての〕規定性と明晰性を得るものなのである。考えられた対象（der gedachte Gegenstand）は、主観の前で〔主観と相関関係に立つ〕客観にならなくてはならない。しかし、このような純粋に観念的かつ主観的な形での〔主・客の〕分離だけでは〔認識としては〕不十分であり、客観性が完きものとなるためには、〔対象を〕表現している人が、思考の内容を本当に己れの外に看取できるとき――それは、自己と同じように表象し思考する他の人を見出すことによって、はじめて可能となる――に限られるのである。言語というもの（die Sprache）は、完全に独りきりで思考するときでさえも、その思考には不可欠なのであるし、また、語り合っている人たちのひとりひとりが、言語活動をしながら、実は、己れ自身の内からのみ〔思考の糸を〕を紡ぎ出すときにでも、とにかく、言語は何らかの二者性

(Zweiheit)〔我と汝、自我と非我など〕においてのみ、そして、それを媒介としてのみ、成立することができるものなのである。

右に述べた事柄は、どんな民族においても等しく感じ取られていたらしく、高度の文化を実現している民族であれ、未だに内面的には未発達の民族であれ、〔人称〕代名詞は〔個々の言語ごとに〕同一の形式のものが用いられており、ただ〔それぞれの〕人称を示す音声だけが異なっているのが通例となっている。そして、特に眼につくのは、こういう同一形式を保とうとする性質は、〔一人称・二人称という〕最初の二つの人称においては、あくまでも堅持されることになっており、三人称になってはじめて、そういう形式から逸脱した形が見出されるものである。(45)

〔人称〕代名詞〔によって示される人称区分の概念〕が、その本来の完き姿を保ったまま、思考活動の中に入り込んでくるのは、言語に依らなくては応わぬものであって、言語が思考活動に関わっていることを示す最も重要なものが、この代名詞なのである。思考活動を論理的に分析するだけで、実際の発話を〔生きた〕言語という視点で分析するのではない立場に限ってみると、思考活動には、二人称〔で表わされるべき人物〕は、全く不必要であり、そうなると、一人称〔で表わされる思考の主体も、生きた言語を分析するときとは〕別の姿を呈するようになってくる。我々が取り扱っている大方の文法は、主に論理的な立場を原点とするのが慣例であるから、そういう文法における代名詞は、文法が発話の分析を現に行なっているにしても、言語そのものを〔言語活動の生きた現場で〕分析しようとする場合に得られる展開とは、異なった形で我々の眼に映ずるはずである。〔現に語られている〕言語そのものを考察するときには、代名詞は、他のいかなるものよりも優先する地位を占め、代名詞の語がそのままそれなりに意味を表わしているのに対し、思考活動を論理的に分析するという立場に立つと、文を構成する主要な要素〔すなわちさまざまな品詞〕が、十分説明され尽した挙句にやっと登場するのが代名詞ということになり、その呼称が何であろうと、基本的には〔他の何ものかに替ってそれを〕代表するという性格を持つものとなる。ここに述べた二つの考え方は、立場が異なっているが故に、それぞれの立場に立てば、二つともそれなりに正しいのであって、余りにも一面的に、いずれか一方の立場のみに固執してはならないのである。と言うのも、代名詞が、言語の最も内なる本性に深く根差していることを認識するようになってはじめて、代名詞の真の意味とその用いられる範囲を、誠実に洞察できるからである。そして、言語そのものの最も内部に秘められている性質は、実際の言語が個々に異なってはいても、代名詞の形式および性状には、等しく決定的な影響を及ぼしているものなのである。」（VI、三〇五）

以上のごとく、人称名詞に関する問題を原理的に考察してから、フンボルトは次に、空間概念と人称区分や人称表現との関連性を説くのである。

「人称代名詞として選ばれるべき表現は、まず、ありとしあらゆる個人に適合するものでなくてはならない。というわけは、何人ともいえども、我にも汝にもなり得るからである。しかも、この表現は、〔我と汝という〕二つの概念の相違を、確実に言い表わし、かつ、この相違を関係〔概念の〕対立（Verhältnis-Gegensatz）として示すものでなくてはならない。こういう〔人称の〕表現は、〔個々の人間の〕質的な相違から切り離されていなくてはならず、しかもそれでいて、感性的な表現でなくてはならない。さらに、この感性的な表現は、我と汝を二つの相互に異なった領域に閉じ込めておくものでありつつも、この二者の分離と対立をまとめて、第三者に拮抗し得るものたらしめる表現でなくてはならない。

このような条件をすべて満たすものは、空間概念（der Begriff des Raumes）であり、この空間概念を〔人称〕

代名詞概念に関連させている言語が、いくつか現に存在していることを示す数々の事実を、私は例証するつもりである。〔第一の類型として〕場所の概念〔を示す語〕が、三つの〔人称〕代名詞の同行者となり、形影相伴う間柄になりきってしまうために、人称代名詞は不要のものと思われる場合が多く、その代りに場所の概念〔を示す語〕が代役を果たせばよいと思われる言語を挙げることができる。しかし、この場所の概念〔を示す語〕は、文法的には明らかに代名詞とは区別されるものである。〔第二の類型というべき〕次の場合には、場所の概念〔を示す語〕が、実際に代名詞になりきってはいるが、しかし、代名詞の形式全般を体系的に貫いていると は言えないような言語を取り上げることができる。第三の場合においては、場所の概念と代名詞概念とが、全く同じ音声で言い表わされ、両者は同一であるとみなさざるを得ないほど、密接に結びついている言語を指摘できよう。さて、ここに挙げた事実を体現している実際の言語を、上記の順序に従って列挙してみることにする。〔第一の例としては〕南海諸島の言語のひとつ〔であるトンガ語〕を、ついで〔第二の例としては〕中国語を、そしてさらに、〔第三の例として〕日本語とアルメニア語を、それぞれ挙げることができる。」（VI、三二一）

フンボルトは、場所概念と人称表現との関連性を、具体的な言語に即して考察した上、両者の親縁性を三段階に分け、それぞれの段階の実態を報告するのである。

第一段階の実例としてフンボルトの選んだのは、トンガ語であるが、その考察に当っては、トンガ語の代名詞の構造に近い組織を持つタガログ語、ビサヤ語、ニュージーランド語、タヒチ語の中の酷似した現象をも援用し、それらの言語では、空間概念を、静止した場所としてではなく、むしろ、運動の方向として捉えており、この運動性と人称表現との関連性が取り扱われているのである。

第二段階の実例として選ばれたのは、中国語である。フンボルトは、アベル＝レミュザと、ドイツの東洋学者ノイマン教授の所説に基づき、中国の比較的古い文体において、二人称の代名詞として用いられているnaiという語を取り上げるのである。この語の成立した由来を調べると、実は、この語がもともとは場所の概念であることに気づいた、と述べ、次のように記している。(46)

「中国語の研究者の言うところでは、この語に用いられている漢字の古い形は、苦労しなくては吐き出せない息を示す象形文字（Bild）であり、この字に、突き放したり切り離したりする力を表わす漢字を接辞として結びつけたものである。象形文字の意味を、余りこと細かに穿鑿するのは考えものではあるが、このnaiという〔二つの漢字からなる〕語は、押し出された呼気という象徴にふさわしく、語り手、ないし、行動している人物の外側に在るものを暗示していることになり、結局、場所の概念を示すものである。中国語には、ほかにも、〔人称〕代名詞として用いられている場所の副詞があるが、今述べた〔naiなる語のもつ〕場所概念、他の場所の副詞と比較した上で、さらに詳しく規定しようとすれば、直ちに注目すべき現象に気づくのである。すなわち、〔中国語の〕tche, na, naiの三者〔這・那・那位であろうか〕は、後に述べるアルメニア語のsa, ta, naや、ラテン語のhic, iste, illeなどと全く同じような相互の関連性をもっていることを発見するのである。tcheは語り手に近いところを指し、naは語りかけられている人の居る場所と考えてよい。naiがそれよりもさらに離れている場所を示していることは、用例を見れば明らかである。このことは、〔naiという〕語の作られ方の中に潜んでいると言ってよい。つまり、naiのnaに対する関係は、tai（非常に、例外的に大きい）がta（大きい）〔太と大であろうか〕に対するのと同じであって、naが、ただ、遠くのものの意であるのに対し、naiは、はるかに遠くにあるものを示すのである。……中略……空間的な位置関係から言えば、naiは二人称ではなく、三人称の代名詞の役割を果たしてもよいように思われる。ところが、このnaiは必ずしも二人称に限って用いられるのではなく、〔二人称と三人称の〕両者にこの語が何らかの仕方で関わるときには、一人称に対立する人称を指すことになる。この点では、中国語は、〔いま私が問題にしているトンガ語、および、アルメニア語という〕二つの言葉とは異なっているが、このような相違の生じてくる根拠は、次の点にあると思われる。すなわち、上記二つの言語においては、語り手からの〔近・遠〕二通りの距離が、それぞれ固有の語で言い表わされるのに対し、中国語においては、同一の〔na という〕語を用いて〔それに i という音を加えることによって〕その語の〔距離感の〕度合を高め、それによって二様の距りを示すことになっている点がそれである。」（VI、三一七）

さて、場所の副詞と人称代名詞が、最も見事に対応している言語として、フンボルトは日本語とアルメニア語を特に取り出しているわけであるが、この指摘は実は問題を孕んでいる。というのは、日本語の場合、コナタ・ソナタ・アナタを見る限り、空間概念と人称表現とが相即していることはまさに事実なのであるが、しかし、フンボルトがみずから述べているように、日本語はマレー語と並んで、世界の言語の中でも稀有なほど多種多様な人称代名詞に富んでいる言語であり、その点では、アルメニア語のように、数少ない代名詞がみな空間概念ときれいに対応している言語とは異なっているからである。

フンボルトは論文IIIで、空間概念と人称表現との関連を、三つの類型に分けて考えているが、この分類方法によれば、日本語は、第三の類型というよりは、むしろ、中国語のように、第二の類型に帰属させる方がより実態に近かったはずである。これにも拘らず、フンボルトは、日本語の代名詞を考察する際、論文IIおよび論文IIIにおいては、コナタ・ソナタ・アナタのみを取り上げ、それ以外の多彩な代名詞をすべてのその視野から追放してしまった。フンボルトは、空間概念と人称表現とが相即している稀有な言語として日本語を位置づけるため、コナタ・ソナタ・アナタだけを選び出し、今度は、空間概念と人称表現との相即性という性格をア・プリオリな座標軸として日本語を考察するという姿勢を取ったのであるが、そういうフンボルトに迫ってきたものは、この三つの代名詞の実際の人称を判定するときの〈混乱〉であった。

(d) 日本語の人称代名詞における〈混乱〉——それならば、フンボルトを悩ましたこの混乱の正体は、いったい何であったろうか。

それは空間概念からすれば、当然、一人称となるべきコナタが、一人称としては余り用いられることなく、二人称の代名詞、しかも、terme honorifique として使われる、という事実に要約することができる。コナタ・ソナタ・アナタの三者のうち、ソナタ[47]とアナタ[48]については、特に問題とするほどのことはない。二つとも、場所の副詞でありつつ、それぞれ、その場所概念にふさわしく、二人称、および、三人称の代名詞となっているからである。

ただし、我々現代の日本人の間では、アナタが敬意のこもった二人称代名詞として貴殿・貴方の意味に用いられているが、フンボルトはこの事実は知らないのである。と言うのは、アナタの用法については次のことを指摘できるからである。「室町時代にはコナタは目上に言い、ソナタは同等もしくは幾分目下に使う。江戸時代になるとコナタも敬意が薄くなり、代ってアナタが敬意の高い二人称として現れた。」（『岩波　古典辞典』、「あなた」の項）従って、フンボルトの用いた資料には、敬意の高い二人称としてのアナタが全く載せられていないのも当然なのである。

また仮に、三人称たるべきアナタが、敬意のこもった二人称の代名詞として用いられることを、フンボルトが万一知ったとしても、それを〈混乱〉として捉えることはなかったであろう。

ドイツ語で現在、二人称の敬称代名詞として、単数にも複数にも用いられている Sie は、もともと三人称複数の代名詞であり、大文字で書きはじめることによって二人称に転用されていることを示してはいても、その本籍地は今でも依然として三人称複数であることに変りはない。また、少し古く、例えばフンボルトのこよなく愛読し、かつ、その成立に応分の関与をしているゲーテの『ファウスト』[49]などを見ても、三人称単数の男性、女性の代名詞を大文字で記し、その Er もしくは Sie を、若干敬意の含まれた「貴方」「貴女」という意味の二人称代名詞として使っているところがある。[50]一般的に言って、三人称の代名詞を二人称として用いることは、別に珍しいことではなく、ましてや、〈混乱〉ではないのである。

さて、フンボルトは、すでに論文Ⅰの段階で、日本語の人称代名詞の〈混乱〉には気づいており、その〈混乱〉を収拾する理論をそれなりに考えてはいた。

そのひとつは、日本語の代名詞の用法の〈混乱〉のごとく見えるものは、実は、「身分や地位の相違の微妙な陰翳を表現している」ものであるとし、そういう一例としてフンボルトが考え出した説明は、目下の者が目上の人に対する場合に用いる一人称の代名詞が、長上の人物が目下の者に向かうという関係では、二人称の代名詞となることもあり得る」というもので、これについては註記しておいた。今ここで問題となっているコナタについても、フンボルトのこの立言は適用し得るのである。右に引用したフンボルトの言葉の中の、目上と目下を仮に入れ替えてみる。そして、コナタをその空間概念にふさわしく一人称の代名詞であると仮定する。ただし、一人称としてのコナタは、身分の高い人が謙譲の意を込めて用いる自称であると想定しておく。こういう操作をした上で考えてみると、身分の高い人物は自らをコナタと呼ぶが、身分の低い者は、コナタと自称する人を名指して呼ぶのを憚かり、「コナタと己れを呼ぶ御方」の意味で、コナタと呼びかけることも可能である。そして、もしそれが社会的に定着すれば、一般的に、身分のある人物に対する二人称代名詞としてのコナタが成立してくることになるわけである。

フンボルトが日本語の代名詞のいわゆる混乱の中に、身分や社会的な力関係の微妙な相違の表現を見出そうとしたことは、ひとつのすぐれた見識と言うべきであろう。しかも、代名詞の人称に混乱、もしくは、混淆が生じたことを、フンボルトは論文Ⅰにおいて、「人間精神の構造そのものの所産」ないし「人間の知性の本質から生れたもの」として捉えようとすらしていたのである。しかし、この洞察も、論文Ⅱ、論文Ⅲと、日本語との接触が深まるにつれて、十分に展開されていったかといえば、残念ながらそうではない。逆に、フンボルトの日本語の代名詞に対する柔軟な姿勢は弱まっていった。その理由として考えられるものは、まず第一に、資料の不備であり、所与の資料相互の間に見られる甚だしい不整合である。それと同時に、フンボルト自身の基本的な〈哲学〉が、人称代名詞の考察の場面においても強く働いていて、それが日本語の代名詞の一人称と二人称が容易に入れ替り得る実態を把握するのに、最大の障害となっていることも事実である。この点については、後に述べることにする。

さて、フンボルトが、〈人称の混乱〉を説明する根拠として、「身分や地位の相違の微妙な表現」と並んで考え出した第二の仮説がある。それは、人称代名詞のすべてを、その語源的な意味とは関わりなく、みな一旦は三人称に投影してしまい、三人称として定着したもののなかから、一人称および二人称として適当なものを選び出して用いるのが、人称代名詞成立の機序であろう、という想定である。この考え方の前提としては、人称代名詞として用いられる語の多くは、もともと名詞であったという認識が、フンボルトにはある。ここに述べた「人称代名詞の三人称起源論」は、日本語のヒトという語の用い方などみても分るように、確かにひとつの有力な考え方ではある。(51)

しかし、フンボルトが、論文Ⅲで取っている立場は、この議論とは両立しない。フンボルトの強調していることが、日本語では、空間概念を示す場所の副詞は、そのままの形でその場所に対応する人称代名詞として用いられる、というものである以上、そして、フンボルトが、コナタ・ソナタ・アナタのみを取り上げて、他の多くの日本語の人称代名詞を彼の視圏から排除している以上、「三人称投影論」はここでは採用できないのである。コナタやソナタを一旦三人称として定着させるということが、空間概念と人称代名詞の見事な対応という、フンボルトが日本語に見出した特色とは、全く矛盾してしまうからである。

論文Ⅲにおけるフンボルトは、特に問題の生じてこないソナタ・アナタを除き、一人称たるべきコナタが、二人称の敬称として用いられる理由を説明しなくてはならない。そのためには、論文Ⅰで考えた二つの理論のうちの、「すべての代名詞は元来三人称であった」というテーゼを主張し続ける可能性が消滅したからには、「身分や地位の相違の微妙な陰翳の表現」によって、一人称たるべきコナタが二人称の敬称となったと言わざるを得ない。しかし、フンボルトにとっては、実はこの考え方にも抵抗を感じないわけにはゆかないのである。以下、その理由について述べることにする。

(e) 日本語における人間関係の重み ——フンボルトは、コ・ソ・アで表現される日本語の遠近法を、純粋な場所の副詞、すなわち、純然たる空間概念として捉えようとしている。しかし、日本語のこの〈遠近法〉は、実は、空間概念というよりは、人間関係が空間に投射されて純粋な空間概念のごとくに見えるようになったものであり、本質的には人間関係である。そして、人間関係の中に必然的に渦巻いている身分関係の上下、支配・被支配の間柄、年齢や男女の差、こういう関係から生じてくる人間的な力の強弱、および、このような人間関係の中でおのずから醸し出されてくる共通の関心事の濃淡や方向性が、当然、空間意識には強く反映しているはずである。つまり、フンボルトが純粋な空間概念とか場所の意識とかの名のもとに考えていたものは、実は物理的な空間ではなく、人間関係の空間化であり、仮に空間概念とそれを呼ぶにしても、人間関係という強い磁場によって歪みを受けた空間とでも言うべきものであった。コレ・ソレ・アレは、人間関係から生じたさまざまな関連性や話題となる共通の関心事の指示であり、関連し合い互いに重なり合っているいくつかの主題があれば、それらの順序の指摘でもある。そして、コナタ・ソナタ・アナタは、それぞれの度合に応じて注目の的となる人物を表現するものである、と言ってよ

い。コナタが二人称敬称として用いられ得るのは、一座の焦点となるべき地位高く力ある人物を、直近の場所に位置する関心の的、ないし敬意の中心、として浮彫にするからである。

日本語の表現が、ヨーロッパの言語のように、情報の伝達や事柄についての知識の授受を直接の主題にするのでなく、それよりも、事柄の上を厚い人間関係の被膜で蔽うことを以て第一義とすることに、フンボルトは気づくべくもなかった。もしもフンボルトが、否定の問いかけに対する返答の諸否の仕方が、日本語とヨーロッパの言語とで正反対になることを知っていたとすれば、あるいは、この点に気づく端緒を得たのかも知れない[52]。しかし、ロドリゲスやオヤングーレンにはこの点の指摘は見られず、フンボルトといえども、日本語がそれほどまでに人間関係が言語体系の隅々まで浸透している言語であるとは知る由もなかったわけなのである。

論文Iにおいてフンボルトは、人称の判定の問題をめぐって、言語における人間関係の重要性に眼を向けようとはしていた。しかし、その後、資料の不備もあって、この問題を充分には展開することができなかった。その主たる原因は、彼の〈哲学〉の構造に見出すことができると思う。

(f) **フンボルトの〈哲学〉**――フンボルトの思想的骨格は、〈ドイツ観念論〉である。もちろん、彼は、プラトン、アリストテレスなどのギリシア古典哲学から多くを学んでいることは事実である。しかし、彼が時代を同じくし、直接的な人間の触れ合いを通して吸収したのは、ドイツ観念論であった。

フンボルトが十八歳のときものした最初の論文には、発表されたばかりのカントの『純粋理性批判』の影響が明らかに見て取れるし、『純粋理性批判』（第二版）『実践理性批判』『判断力批判』も刊行と同時に実に熱心に読んでその成果を吸収している。また、フンボルトがその設置に奔走したベルリン大学の初代学長はフィヒテであるし、フンボルトの確立した大学の理念は、シェリングの『学的研究の方法についての講義』に負うところが多い。フンボルトは、カントとはついに面晤の機会はなかったものの、それ以外のドイツ観念論の哲人とは、みな公私ともに親しかった。そして、フンボルトの終世の友であり、かつ最も厳しい師でもあったシラーは、思想的系譜から見れば、カントの直系の弟子であったと言ってよい。

要するに、フンボルトは、ドイツ観念論哲学の展開とその生涯の時期を等しくしていたばかりでなく、その内面形成に即してみても、この大きな哲学的潮流の申し子であった。

それならば、フンボルトの思考方法とその言語哲学の基盤となっている〈ドイツ観念論〉の基本的な性格は、いったい何であろうか。

一言で尽せば、主体としての精神が自己自身を定立することである。ヘーゲルの『精神現象学』(*Phänomenologie des Geistes*)(一八〇六)の「序論」によれば、「真なるものを、実体(Substanz)としてではなく、主体(Subjekt)として把握し、かつ、表現する」ことが哲学の課題であった。そして、ここにいう主体とは、実は精神の働きにほかならず、精神の働きとは、主体としての精神が自己自身を定立(setzen)することであった。ここでは、〈主客の対立〉は、実体相互の静的な関係としてではなく、両者の間の動的な関連として新しく据え直され、主体の圧倒的な優位のもとに主客の緊張関係が〈関連性〉という場面で展開されていった。

フンボルトが言語の問題に心を傾けたのは、言語において人間の可能性を探り、理念の展開の仕方を求め、思考体系と感受のあり方の多様性を知るためであったが、フンボルトのこの念願は、ドイツ観念論における主体の活動の追究と、構造的にはまさに軌を一にしているのである。

さて、ドイツ観念論において、未だかつて例を見ないほど、〈主客の動的な関連性〉という形での主客の対立が厳しい様相を呈してくると、この対立は、言語を考察の対象としているフンボルトの姿勢にも反映してくるのは当然のことである。

我々の当面の問題である人称代名詞について見ても、この対立は、まず、一人称と、二人称、および三人称との対立として現れてくる。二人称の世界が三人称の領域から一人称の主体によって選び出されて汝となったものなのか、それとも、一人称と対立する可能的な汝としての非我の世界のうちから、二人称世界となり得ないものが、後退していって三人称の場面として定着するのか、という問いはさて措き、結果としてみれば、〈自我と非我〉の対立は、存在そのものを真二つに切り裂く二分法であり、この二者は相互に関わりつつもその関連性はまさに断絶なのである。そして、自我に対する非我の領域は、内容的には、二人称・三人称の二重構造となっており、〈自我と非我の対立〉は直接的には〈我と汝の対峙〉として現前している。そこで、フンボルトの言葉によれば、人称代名詞の果たすべき課題は、「我と汝の分離と対立をまとめて第三者に拮抗させる」ことになってくるわけである。それ故、フンボルトから見れば、我と汝を表わすべき代名詞が相互に入れ替ることなど、原理的にありえないこと、論理的には許すべからざることになる。

フンボルトのこの立場を代名詞に即して考えてみると、三人称の代名詞が一人称として使われることはあり得るし、また、許される。自我が客体化され三人称の場面に投影されるときで、ラテン語の前に掲げた(ego) indignus や日本語の愚僧・拙者という自称がそれに当る。

また、三人称が二人称に転用されることも許される。ドイツ語の三人称複数の代名詞 Sie を二人称の敬称として用いるごとく。

さらに、ヨーロッパの言語においては、本来厳しいはずの単数・複数の別を無視して、複数を示す代名詞を単数として用いて敬意を表すことも許せよう。例えば、もともとは複数を示すべき英語の you やフランス語の vous およびドイツ語の少し古い形の Ihr のごとく。

しかしながら、フンボルトの立場で絶対に認められないのは、一人称と二人称の代名詞の入れ替りであり、相互転用である。その理由は、我と汝が断絶という関連性に置かれているからであり、我と汝が、実は存在そのものを見事に二つに立ち割っているからである。もしも我が汝となり、非我が我となるようなことがあれば、それでは、主体としての我は消滅してしまう。

ドイツ観念論の立場に立つフンボルトとしては、日本語の一人称、二人称の代名詞が簡単に入れ替ったり、相互に乗り入れたりしているように見えることは、単に理解を絶しているばかりでなく、原理的に許されない〈混乱〉以外の何ものでもなかったわけである。

(g) **日本語の発想基盤**——ところが、上記の〈混乱〉は、資料の不備や不整合に基づく見せかけのものではなく、実は、日本語の性格の根源から湧き出てくる本質的なものであった。日本語においては、我と汝の間には本質的な断絶は存在せず、一人称と二人称の間を同じ代名詞が融通無碍に揺れ動くのが、むしろ本来の姿なのである。フンボルトを悩ましたコナタのみならず、ワ、ワレ、ナ、オレ、オノレ、テマへ等々みな然りである。(53)

それならば、日本語においては、何故、一人称と二人称の代名詞の間に、かくも著しい互換性が見られるのであろうか。また、フンボルトにとって大前提となっていた〈我と汝の対立〉あるいは、〈自我と非我の断絶〉に相当する日本語における存在の二分法は、いったい何なのであろうか。

この二つの問題は、実は内面的に最も密接に結びついたものであると言ってよい。日本語における存在を切り裂く分割の仕方が、我汝の対立でもなく、自我と非我の断絶でもなく、全く別のものであるが故に、結果として一人称と二人称の代名詞の互換性が生じてくるからである。

それならば、日本語における最も基本的な存在把握の裂け目はどこに見出し得るのであろうか、それこそ、日本語の性格を決定するいちばん根本的な原理となるべきものであろう。

端的に言えば、日本語における根源的二分法は、ウチとソトの断絶であると言ってよい。このウチはまたムラと呼んでもよかろう。日本語においては、天地の間にただ独り佇立する個なる自我が発想の原点となっているのではなく、大小は別にして、複数の個からなるウチなる世界が基盤であり、それがトもしくはソトとなる領域と断絶して対峙するという構造を備えている。このウチなる世界の原理は一体性であるから、複数の構成員を内部にかかえていながら、ソトに対しては全体が恰も大きなひとつの主体のごとくまとまって対立し断絶しているわけである。従って、そのウチなる世界においては、いかに多数の人間がいようと、それ全体でひとつの完結し融合した世界が形成されており、そこでは強い相互理解が常に行なわれているのであるから、語り合うときに主語が省かれていても自然であり、一体化している構成員相互間で、いわゆる一人称と二人称の代名詞が入れ替ったりしても、むしろ当然なのである。そして、このウチなる世界の一体性を守るためには、その内部にいる成員の間の上下の秩序が厳しく守られなくてはならない。日本語の相互の呼称や言葉遣いで、相手が目上か目下かそれとも対等なのか、親しんでいるのか卑しんでいるのか、年齢が上か下か、男女の性別がどうなのか等々に異常に強い関心が寄せられるのは、そのためである。

日本語の構造の成立基盤となっているこのウチとソトの対立は、記紀万葉の古は固より、恐らくは縄文・弥生の頃より、今日に至るまでそのまま保ち続けられていると言ってよかろう。そして、最も西欧的に構築されているはずの現代における官庁・企業・大学等の近代的組織も、意識の上では依然として太古と同じく、それぞれが閉鎖的なウチなる世界を形成しているのである。

フンボルトほどの言語に対する学殖および経験を以てしても、日本語の構造の基盤となっているこのような性格を洞察することはできなかったのである。

おわりに

以上、甚だ不充分ではあったが、フンボルトの捉えた日本語像について報告しておいた。彼の遺した所見の中には、我々日本人が母語である日本語の実態解明に迫ってゆこうとするとき、示唆を与える考え方がいくつか含まれているように思われる。この得難い指摘を我々がいかに吸収し、我がものとして、日本語の実像を改めて問い直すかは、現代の日本人に与えられた重要な課題であろう。

それにつけても、今日より三百八十年も前のロドリゲスの『日本文典』『小文典』、また、百五十年以上も前のフンボルトの日本語についての業績を見るとき、先学たちの努力と達見についての敬意を改めて喚起される思いがするのは、果たして筆者のみであろうか。

今日、日本語についても、言語一般についても、過多とも言えるほどの情報が我々に与えられている。情報・知識が豊かであること自身は、感謝に値すると言わねばなるまい。しかし、情報が多量であることと、我々がその情報を使いこなして、日本語および言語そのものについて、深い洞察を持つこととは全く別物である。

本稿において取り扱ったポルトガルやスペインの神父たち、パリのアベル＝レミュザやランドレス、そして誰よりもまずフンボルトが、今日の日本の我々に教えてくれていることは、この一事ではないだろうか。

註

（1）〈カールスバートの決議〉とは、オーストリアの首相メッテルニヒの主導のもとに、ドイツ各国の代表をボヘミアの保養地カールスバートに集め、一八一九年八月末、行なった決議である。そこでは、次の三項が決められた。

㈠　学生運動の禁止と、大学に対する監視の強化。

㈡　政治的出版物の検閲の強化。

㈢　マインツ市に、政治的策動を封ずるための中央調査局の設置。

フンボルトは、この決議は国益に反するとして、閣内での反対運動の先頭に立った。

(2)　フンボルトの『著作集』のうち、言語に関する作品の編纂責任者、ライツマン教授の考証によれば、『カヴィ語研究』の執筆の時期は、一八三〇年の夏から、一八三四年四月八日に歿する直前までのことである（VII、三五〇）。

(3)　石田幹之助『欧米における支那研究』（創元社、一九四二）参照。

(4)　『アジア評論』(*Journal Asiatique*)は、アベル＝レミュザが中心となり、ドイツからパリに移り住んだ東洋学者クラプロート等とともに、一八二二年発刊し、やがて、「アジア協会」の機関誌となったものである。

(5)　この論文の初版本は、慶応義塾大学言語文化研究所に、市河三喜教授の旧蔵本が架蔵されている。

(6)　ベルリンのアカデミーは、一七〇〇年、万能の学者ライプニッツが創設したものであるが、いつしか、学術活動よりは老学者の社交場という色彩が強くなっていた。それを、学者、研究者の討論の場に変革したのが、フンボルト兄弟である。特にフンボルト兄は率先して、講演を行ない、論文を次々と発表した。

(7)　ここに引用したものとほぼ同一の文が、この講演の数年前に書かれた長篇の論文「言語構造の相違点」にも記されている（VI、一七一）。ただし、上記「相違点」の論文では、コリャドの名が掲げられていない。従って、フンボルトは、一八二九年の講演の草稿を作る際に、初めて、コリャドの文典を参照したことが分る。

(8)　コッタ社からは、『フンボルト作品集　五巻本』が出版されており、善本である。この五巻本はベルリンのアカデミー版を底本とするが、各巻の編輯の仕方、与えた註記においてすぐれており、特に第五巻（一九八一）の集註は秀逸である。編者はテュービンゲン大学の教授。次にその書名を掲げる。

Wilhelm von Humboldt : Werke in Fünf Bänden, hrsg. von A. Flitner und K. Giel, Cotta, Stuttgart, 1960-81

(9)　この表現上の異同は、ベルリンから送られた原稿をパリで印刷するときに生じたものと思われる。その〈校訂者〉が何人であるかは明らかではない。パリに在住していた弟のアレキサンダーなのか、それとも、アジア協会の誰かがフランス人としての立場から、ドイツ人フンボルトの書いたフランス語を、よりフランス語らしくするために手を加えたのであろうか。

(10)　この天草本のアルヴァレス『ラテン文典』は、世界で二部現存しており、ローマのアンジェリカ図書館、および、ポルトガルのエヴォラ図書館にそれぞれ架蔵されている。そして、日本には一部も残存していない。言うまでもなく、厳しいキリシタン弾圧のためである。

(11) ロドリゲスについては、『日本文典』すなわち、いわゆる『大文典』のみを掲げ、『小文典』の書名は挙げられていない。「アジア協会」は、マカオで刊行された『小文典』が存在することを知らなかったのである。

(12) 『小文典』の刊本で現存しているのは、ロンドン大学のオリエント・アフリカ研究所、および、リスボンのアジュダ図書館にそれぞれ架蔵されている二部のみである。

(13) この『大文典』の日本語訳である『日本大文典 ジョアン・ロドリゲス原著、土井忠生訳註』(三省堂刊、東京、一九五五)(本文、八五九ページ、索引、二三六ページ)は、このオックスフォード大学ボードリアン文庫蔵本を底本としている。

(14) 『大文典』影印本、(勉誠社、東京、一九七六)、土井忠生解題、四九三ページ。

(15) 「序文」(九ページ)には、「引用したり、註を付したりする際の便をはかって、短かく区切って番号を付し、小節を分かったが、これは訳者の施したひとつの改善策である」とある。

(16) 『小文典』の原典とフランス語訳との比較については、左の資料を参照。

土井忠生『吉利支丹論攷』(一九八二、三省堂)所収の論文 *Das Sprachstudium der Gesellshaft Jesu in Japan im 16. und 17. Jahrhundert* S. 68.

(17) 福島邦道『キリシタン資料と国語研究』(一九七三、笠間書院)所収、「ロドリゲス日本小文典考」二四七以下。

福島邦道『キリシタン資料と国語研究』所収「ロドリゲス日本小文典考」二七〇以下。

(18) 福島邦道「ロドリゲス日本文典考」(二四七)によれば、同書は東大・京大・東京教育大(現、筑波大)・慶大・国会図書館などに架蔵されている由である。

(19) この『補遺』の初版本も、東京、国際交流基金図書館に所在している。

(20) これらの文典は、幸いにして影印本によって見ることができる。以下それを紹介しておく。

アルヴァレス『ラテン文典』(天草本)(天理図書館善本叢書、洋書之部、一九七四)

ロドリゲス『大文典』(一九七六、勉誠社)

ロドリゲス『小文典』(天理図書館善本叢書、洋書之部、一九七二)

コリャド『日本文典』(右に同じ)

オヤングーレン『日本文典』(右に同じ)

ランドレス訳のロドリゲス『小文典』(フランス語訳)は、影印本が出ていないので、原本について見なくてはならない。

(21) 『カヴィ語研究序説』、アカデミー版、九〇ページ、一〇四ページ参照。

(22) ロドリゲスの『小文典』に関しては、以下の労作に詳しい。
土井忠生『吉利支丹語学の研究』(一九四二、靖文社)
土井忠生『吉利支丹論考』(一九八二、三省堂)
福島邦道『キリシタン資料と国語研究』(一九七三、笠間書院)

(23) ロドリゲスは、実名詞と形容名詞の両者を名詞と呼んでいる。この広義の名詞は、我々の古い言葉遣いでは、「体言」とみてよい。

(24) ここに格助詞と訳したフランス語の言語は article である。そして、ランドレスがこの訳語を当てはめたロドリゲスの用いたポルトガル語の原語は artigo である。辞書的には、ポルトガル語の artigo はフランス語の article であるから、その限り何も問題はない。しかし、ロドリゲスは、この artigo を限定して格助詞の意味に用いている。artigo にも article にも、節目を示す意味があるので、ロドリゲスはその意味に注目して、格助詞に相当する語として artigo を選んだのであろう。しかし、そういう限定をつけることなく、artigo を article と無造作に訳してしまうと、この語は、ヨーロッパ語の文法では、名詞の前について、男性・女性・中性の別、単数・複数の別、場合によっては文中の役割である格、を示す「冠詞」の意となってしまうので、ロドリゲスの意図は十分には伝わらない。フンボルトが、果して、ここに訳出したような「格助詞」という理解を得たか、甚だ疑問である。

(25) ここに助詞と訳したものは、particles が原語である。particle は小詞であって通常不変化である。ヨーロッパ人の不変化小詞と、日本語の助詞とは性格が異なっている。従って、ランドレス訳の『小文典』で、フンボルトにどの程度、日本語の助詞の機能が伝えられているか、甚だ疑問である。

(26) この「形容詞が名詞と格を等しくする」ことが、何を意味しているか不明である。ヨーロッパの原語の類推がつい顔を出した表現なのか、それとも名詞の前に置かれた形容詞が、名詞と親密に結びつくときの表現なのであろうか。

(27) ここに指定されている「九二節」を見ると、実は、形容動詞のことのみが掲げられていて、本文とは十分に適合しない。そこで、ここでは、「九二節」の冒頭に記されている「七一節参照」という指示を生かして、「七一節」の所説をここに紹介しておく。そこでは、まず、所有格を示す助詞〈ノ〉のついた語が掲げられている。例えば、カズカズノ、アマタノ、マコトノのごとくである。そして、上記の形容詞以外の形容詞が二種類あることが述べられている。

そのひとつは、不規則動詞と呼ぶべきもので、一語のうちに、形容名詞と存在動詞の両者を含むもので、この不規則動詞が名詞の前に置かれると、形容詞もしくは関係文となる。タカイヤマは montagne élevée あるいは montagne qui est élevée であり、ヌルイミヅは、eau tiède あるいは eau qui est tiède である。

もうひとつの形容詞は、タカヤマ、クロフネ、シライト、シラガ、スネモノ、フルダウグなどのように、名詞の前に形容名詞が直接置かれるものである、とする。

(28) 日本語の形容動詞の活用語尾を示す標音綴りは、ポルトガル語の原典『小文典』（一四丁裏）の書き方をほとんどそのまま踏襲したものである。ただ、ウイとナルだけが、フランス語流に書き直してある。すなわち、ui を oui に、naru を narou に変えてある。

(29) ここには、タカイヤマのほか、シゲイキ〔繁い樹〕、アタラシイイへ〔新しい家〕、ヨイヒト〔善い人、良い人〕、ヌルイヒト〔温い人〕、アキラカナダウリ〔明らかな道理〕が例示されている。

(30) 『カヴィ語研究序説』、アカデミー版、一四五ページ以下、二二三ページ以下、二六六ページ以下を参照。

(31) パリ本、七ページにランドレスがオヤングーレンの『文典』に基づいて付した脚註を紹介しておく。なお、底本にはこの註はない。

直説法　現在

（単数）	ワガノ　アグル	（複数）	ワガラハ（ママ）　アグル
	ソナタノ　アグル		ソナタ　ドモハ　アグル
	アレノ　アグル		アレラノ　アグル

第二変化の直接法現在
ソレガシガ　ヨム
ソレサマノ　ヨム
ナンダチ　ヨム
単純過去（Prétérit）
ワガノ　ヨ〔ン〕デ　アツタ

ソナタドモハ　ヨ〔ン〕デ　アッタ
アレノ　ヨ〔ン〕デ　アッタ

未来
ソナタノ　ヨマウ
ワガラハ（ママ）　ヨマウズ
アレラノ　ヨマウズル

(32)　福島邦道『キリシタン資料と国語研究』三〇七以下参照。

(33)　ソロ　参考のため『邦訳　日葡辞書』（一九八〇、岩波書店）のソロの項を紹介しておく。

「ソロ（候）ソーロー（候）に同じ。存在動詞。有・在る、または、居る、など。また、時としては、意味をもたないで、書き言葉の動詞に連接する助辞である。*

＊（原註）　ロドリゲス日本大文典にも、次のように説いている。ソロは書き言葉の助詞か存在動詞かであって、助辞であるものは、一般の書状か書き言葉の舞や物語において、〈習はれそろ、読み申しそろ、上げ参らせそろ〉の如く、動詞の語根（連用形）に接続して、動詞の意味を変えることなく、ただ文を完成せしめる働きをする。存在動詞と見られるものは、葡語のSer, Auer, Estarに相当する。」

(34)　『小文典』（フランス語訳）の巻末に付せられた「語彙一覧」により、これらの語がいかに取り扱われているか、紹介しておく。フンボルトがこれを参照したことは確かである。

「アリ（ル）　実体・存在動詞、（第五五節）。動詞の分詞、（第八四節）
アル　何らかの、〔ラテン語の〕quidam（ある者の、ある種の）
カレ　その、その人に（ce, lui）
カレガ　それ・彼、それ、彼に（il, lui）〔このluiは所有を示すときもある〕
ソレ　虚辞（explétive）、（第八三節）〔ソロのことでもあろうか〕
ソレ、ソレガ　それ・彼、それ・彼に（il, lui）（第二〇、第七六節）」

(35)　この箇所には、パリ本にのみランドレスの付した脚註がある。それを紹介しておく。
〔ロドリゲス、オヤングーレン、およびコリャドによれば、ワレは一人称にも、二人称にも用いられる。ワガについては

「ロドリゲスでは二人称、オヤングーレンでは一人称であると、フンボルトは本文で述べているが〕、コリャドは少しも触れていない。しかし、コリャドは、コナタが一人称、二人称。および、三人称の代名詞であることを認めている点では、他の二人の著者〔ロドリゲスとオヤングーレン〕と一致している〔この点はランドレスの誤りである〕。ただ、コリャドの言うところでは、一人称の代名詞としてのこの語の意味は、周布的・配分的（distributif）であって、〔主格のみならず〕〈私としては〉、〈私に関しては〉、〈私に属するものについては〉の意である。ソナタは、これに対応する語で、二人称であって、〈汝にとって〉、〈汝に属するものについては〉を表す。」

(36) ロドリゲスの『小文典』（フランス語訳）の第七六節の「三人称の代名詞」の項には（パリ本、八二ページ）、次のような語が三人称の代名詞として列挙してある。

「ヌシ、アレラガ、アレガ

アレ、アレガ、ソレ、ソレガ、カレ、カレガ、コレ、コレガ

アノ、ソノ、ソノミ、アナタ、カノ、コノ、コノミ、コナタ

アイツガ、アイツメガ、アレメガ、コイツガ、コイツメガ

オノオノ

アル（quidam）、アルヒト（quidam homo）」

(37) このフンボルトの考え方を日本語に実際に当てはめてみると、例えば、目下の者が長上の人物に対して、「おん前（に）」と自称的に語るとすれば、目上の人は、その表現をそのまま二人称として用いて、眼前の目下の者に対して、「お前」と呼びかける場合、などが考えられよう。

(38) フンボルトは、ここでは、物理的な空間概念や距離観念と、一・二・三の人称表現とが、必ずしも一致する必要がないことに気づいている。そして、こういう歪みの生じてくる原因は、人間関係しかないことにも想到している。

(39) 論文IIIにも、内容的によく似た記述が見出される。

(40) 全く同じ文章が、論文IIIにも再出している。（VI、三一〇）

(41) そなたについては、『大言海』（大槻文彦著、富山房、一九三四）には次のごとく記されている。（註、万葉集、謡曲等の引用文は省略した）

そなた（代）［其方］〔そのかたノ約、こなた（此方）の語源ヲ見ヨ〕*（一）〔稍、身ヨリ離レタル方位ニ云フ代名詞。ソチ。

（こなた、又、かなたナドニ対ス）（二）対称ノ代名詞。下輩ニ用ヰル。ソチ。ソノハウ。ナンヂ。
＊こなた（代）[此方]〔このかたノ、の、が約《ツヅマ》リテ、なトナル、そのかた、そなた。かのかた、かなた。あのかた、あなた。どのかた、どなた。皆、同ジ。このあたりノ約カトモ思ヘド、以前《コナタ》、以後《コナタ》ニ通ゼズ〕（一）〔最モ、身ニ近キ方位ニ云ノ語。コチ。コチラ。（そなた、かなた、あなたニ対ス）（二）自称の代名詞。我レ。我ガ身。（三）対称ノ代名詞。汝。ソナタ。アナタ。ソコモト。

(42) このソナタ　アタリという用法は、オヤングーレン『日本文典』（一三）の例に拠っている。

(43) ロドリゲス『小文典』（フランス語訳）のフンボルトのここに指定したところには、日本語の二人称の代名詞が列挙してある。それを紹介しておこう。

「ナンヂ、ワガ、オノレ、オノレガ、ソチ、ソチガ、オノガ、ヌシ……家人、弟子、子供に対して用いられる。最後の五つ《（ママ）》の代名詞に関しては、語の後にメをつけることもあるし、最後にガをつけることも、つけないこともある。例えば、オノレメまたはオノレメガ、ソチメあるいはソチメガのごとくである。

（註言）メで終るほとんどすべての代名詞が軽蔑を表す。これは〔人に関して用いるもので〕物についてはほとんど用いない。後にガをつけるのは、最大の蔑視または最大の恭順を示す。

コナタ、キハウ、キヘン、キソウ、キデン、ソノハウ、ソナタ　は vous〔あなた〕の意で、votre excellence〔貴殿、閣下〕のごとく敬意を示す語となる。実例、コナタハ　コレヲ　ゴゾンジ　ナイカ《（ママ）》。キハウ、キヘン、キソウ、キデン　は文語でしか用いられない。そして、それに最大の敬意を示すときには、小辞サナ〔サマの誤りか〕をつける。

キロウ、キソウは、ボンズ〔坊主〕と老人に対して用いる。

オミ、敬語である。

オノオノ、カタガタ、オカタガタ。あなた方。

(44) この箇所は、論文IIIの脚註にも全く同じものが採録されている（VI、三一九）。なお、論文IIIの脚註では、これに続けて、論文IIIではじめて利用したコリャドの『日本文典』からの引用が付記されている。

(45) 恐らくフンボルトが真先に思い浮べたものはドイツ語の人称代名詞、特に単数の一人称と二人称の格変化であろう。次にドイツ語の人称代名詞の一覧表を紹介しておく。

（単数）

	一人称	二人称	三人称（男）	三人称（女）	三人称（中）
主　格	ich	du	er	sie	es
属　格	meiner	deiner	seiner	ihrer	seiner
与　格	mir	dir	ihm	ihr	ihm
目的格	mich	dich	ihm	sie	es

（複数）

	一人称	二人称	三人称
主　格	wir	ihr	sie
属　格	unser	ihrer	ihrer
与　格	uns	euch	ihnen
目的格	uns	euch	sie

(46) 次に引用する箇所は、アカデミー版によると、引用符によって囲まれているので、その限りでは、ノイマン教授の文の引用のように見える。しかし、よく読んでみると、そこでは、フンボルトの文章と、引用した文とが交っている。アカデミー版『フンボルト著作集』（第六巻）の編者ライツマン教授は、フンボルトの地の文と、引用されたものとを厳格に区別することなく、このあたりの文章全体を、引用符でくくってしまったらしい。ここでは、筆者が、引用符の所在にも拘らず、内容と文体

から見て、フンボルトが書いたと判断したものを、彼の文と解して紹介することにした。

(47) ソナタについては、フンボルトの参照したロドリゲス『小文典』（フランス語訳）巻末の「語彙一覧」には、次のごとく記されている。

「ソナタ　場所の副詞。

ソナタ　貴殿、汝（vous, tu）」

また、参考のため付け加えておけば、『日葡辞書』には次のごとく記されている。（『邦訳　日葡辞書』土井、森田、長南編訳、岩波書店、一九八〇）

「ソナタ　あなた、あるいは、貴殿。

ソナタ　そちらの方向。」

(48) アナタについて、ロドリゲス『小文典』（フランス語訳）および、『日葡辞書』の記載を紹介しておく。

「アナタ　彼、彼に、ひと（il, lui, celui）

アナタ　そこ（ここ）」（ロドリゲス『小文典』（フランス語訳）「語彙一覧」）

「アナタ　副詞。あそこ、または、あちらの方。

アナタ　あちらの者、または、そちらの者。」（『邦訳、日葡辞書』）

(49) フンボルトとゲーテの『ファウスト』とは、きわめて縁が深い。一七九〇年、ゲーテが『断片ファウスト』を発表したとき、まだ二十代前半のフンボルトとその婚約者カロリーネは、真先にそれを読んで、二人の相聞の便りの恰好の話題にしている。その後一八二六年冬、たまたまゲーテの書斎に在ったシラーの頭蓋骨を前にしてゲーテとフンボルトが語り合った時の話題も、『ファウスト』第二部第三幕に入るはずのヘレナの場面で、ゲーテはフンボルトにその原稿を読んで聞かせている。実は、これが両者の最後の対面となった。そして、ゲーテの最晩年、『ファウスト第二部』の公刊を頑なに拒否するゲーテに対し、その発表を強く勧めたのもフンボルトである。そして、一八三二年三月、八十二歳を超えたゲーテの絶筆となった書翰も、この問題をめぐって、フンボルトに与えた返書であった。

(50) このSieの動詞は単数の形を取る。複数の三人称を二人称に転用したSieの動詞は複数形であるから、この二つのSieは動詞の人称変化で容易に区別される。

(51) ヒトは普通名詞であるが、実際の用法では、文脈によって、一人称、二人称、三人称の代名詞のごとくに使われる。例えば、

「ヒトの気も知らないで」「まことにヒトは十三我は十五より見そめ奉り」「ヒトのふり見て我がふり直せ」は、それぞれ一人称、二人称、三人称のごとく用いられているわけである。

(52) 例えば、日本語の「君は学校へ行かなかったね」という問いに対して、我々は、「いいえ、行きました。」あるいは、「はい、行きませんでした」と答える。ところが、ヨーロッパの言語では、この肯定と否定の正負の符号が逆となる。

日本語の場合は、登校という事実そのものの諾否を「はい」「いいえ」で答えているのではなく、質問者の発言をひとつのまとまりとみなし、それに対して「はい」「いいえ」で答えている。ところが、ヨーロッパ語の場合は、質問者が肯定文で尋ねようと否定文で問おうと、答えの諾否は登校の事実の有無に対してのみ関わるのである。

(53) ワ　(1)一人称。わたし。自分。(2)二人称、親しんで、または相手を卑しめ軽んじて呼ぶ語。

ワレ　(1)一人称。わたし。古くは「わ」とも。(2)自分自身。(3)二人称。御自分。そなた。のちには相手を卑しめていう。

ナ　(1)一人称。われ。自分。(2)二人称。あなた。おまえ。

オレ　(1)二人称。相手を低く見ていう。(2)転じて一人称。相手が同等または目下のときにいう。

オノレ　(1)一人称。卑下していうことが多い。自分。わたくし。(2)二人称。目下の相手にいう。

また、相手をいやしめ、ののしっていう。おまえ。てめえ。以上『岩波　古語辞典』に拠る。

テマヘ　(一)自称ノ代名詞。稍、謙シテ用ヰル。オノレ。自分。私。

(二)転ジテ、対称ノ代名詞。下輩ニ用ヰル。其方。汝。貴様。訛シテ。てめえ。以上『大言海』に拠る。

〔補註〕　一九九五年五月八日、ベルリン中心部にあるベルリン市およびブランデンブルク州の科学アカデミーにおいて、フンボルト大学（旧ベルリン大学）の主催にかかる〈東―西―討論会〉（Das Ost-West-Kolloquium）が開かれた。このアカデミーの現在の所在地は、奇しくもかつてのフンボルトの邸のあったところで、アレキサンダー・フォン・フンボルトがここで生誕した旨の銘盤が建物の入口の近くの壁面に掲げられている。なお、兄のヴィルヘルムはベルリン市内で生れたのではなく、プロイセン国王の宮殿のひとつが所在していた郊外のポツダムで生れている。

さて、この学会の「東―西」というのは、東洋の学者で西欧の言語を研究し、西洋の学者で東洋の言語を研究した人々を取り上げ、その研究の姿勢や成果を論じようとするものである。

この場合、東洋の人とは、日本人で西欧の言語、就中、ドイツ語の文法を研究して多くの成果を挙げた開口存男を指し、東洋の言語を研究した西洋の人とは、言うまでもなく、数多くの東西の言語の実証的研究と人間の言語活動そのものの哲学的解明との綜合を計ったフンボルトと、中国語の詳しい研究を行なったドイツ人ガーベレンツを指している。

フンボルトは驚くほど多くの言語の構造に精通し、最晩年の仕事はジャワ島の古典の言葉であるカヴィ語の研究に捧げられているが、その前には、フランスの中国学者アベル‐レミュザに宛てた手紙の形で中国語についての所見を明らかにしている。さらに、中国語と関連してビルマ語、タイ語についても『ガヴィ語研究序説』では詳しく述べているが、それならば、フンボルトは日本語についてはどのような態度を取ったのであろうか。フンボルトの畢生の大作である『カヴィ語研究序説』では、一言半句、日本語に触れていないことは事実である。そこで、日本人としては、フンボルトの日本語との接触の有無、および、もし有ったとすればどのような所見を遺したのか、が強い関心の的となるわけである。フンボルトの活動していた時期の日本は鎖国の厳しい時代であったから、自由に日本語資料を入手することはできなかったし、従って日本語を正面から標題に掲げた労作もない。「フンボルトの日本語研究」という主題は、日本人以外には仲々思いつかないテーマであると言ってよかろう。筆者が『カヴィ語研究序説』を翻訳して世に問うた際、付録論文として「フンボルトの日本語研究」を載せたのは、そのためである。

この主題は世界でも初めてのものであったので、一九九五年五月のベルリンにおける学会では、この論文についての講演を依頼された次第である。そこで、この論文の骨子となる問題点だけをドイツ語のレジュメの形にまとめて来会者に配り、細部については口答で説明した上で、質疑に応えることにした。

次頁以下に、そのドイツ文のレジュメを載せる。

Kenkichi Kameyama, Wilhelm von Humboldts Japanisch-Studien

In diesem Beitrag geht es um folgende Fragen :

1. Wann hat sich Humboldt mit dem Studium des Japanischen beschäftigt?
2. Welche Abhandlungen, Aufsätze und Rezensionen hat Humboldt über das Japanische verfaßt?
3. In welchem Zusemmenhang hat Humboldt sich für das Japanische interessiert?
4. Welche Texte und Materialien hat Humboldt zum Studium benutzen können?
5. Was für Ansichten oder Meinungen hat Humboudt über das Japanische geäußert?

Zu 1 : Humboldt begann seine Forschungen über das Japanische im Jahre 1825 in Tegel, setzte sie einige Jahre lang fort und brach sie Ende des Jahres 1829 für immer ab.

Der Grund für diesen Abbruch wird weiter unten angesprochen.

Zu 2 : Humboldts Äußerungen über die Charakteristik des Japanischen finden sich in folgenden Abhandlungen :

—— Notice d'une grammaire japonaise imprimée à Mexico (geschrieben in Berlin, gedruckt in Paris, 1826)

Diese zehnseitige Abhandlung ist in dem "Supplément à la Grammaire Japonaise du P. Rodriguez" (Société Asiatique, 1826 Paris) enthalten und bezieht sich auf die "Arte de la lengua Japona" von Oyanguren (1728, Mexiko).

—— Über die Verschiedenheiten des menschlichen Sprachbaues (1827-29, Berlin)

—— Über die Verwandtschaft der Ortsadverbien mit dem Pronomen in einigen Sprachen (gelesen in der Berliner Akademie am 17. Dezember 1829)

Zu 3 : Humboldt hat sich selbstverständlich immer für alle Sprachen interessiert. Aber seit der Mitte des 17. Jahrhunderts bis zur zweiten Hälfte des 19. Jahrhunderts schottete sich Japan gegen Fremde, Chinesen und Holländer ausgenommen, völlig ab. Zur Zeit Humboldts hielt sich kein Japaner in Europa auf, und es gab keine Möglichkeit, Bücher über die japanische

Grammatik einzuführen oder in Europa zu bekommen.

Der unmittelbare Anlaß für Humboldts Interesse am Japanischen war die Herausgabe einer japanischen Grammatik durch die Société Asiatique in Paris im Jahre 1826.

Deise Gesellschaft wurde von Abel-Rémusat (1788-1832), einem französischen Sinologen, in den frühen 20er Jahren des 19. Jahrhunderts in Paris gegründet ; der deutsche Orientalist Klaproth gesellte sich dazu.

Abel-Rémusat war seit 1814 als Professor der Sinologie am Collège de France tätig und veröffentlichte im Jahre 1822 die "Eléments de la grammaire chinoise".

Der zweite Schritt der Société Asiatique war die Herausgabe der japanischen Grammatik. Denn das Japanische war den Europäern, außer den wenigen Jesuiten, Dominikanern und Franziskanern, die im 16. und 17. Jahrhundert als Missionare nach Japan geschickt worden waren, eine völlig unbekannte Sprache, und die meisten Europäer hatten fast keine Kenntnisse von japanischer Kultur, Geschichte, Geographie usw. Die Société Asiatique fühlte sich berufen, diese Lücke zu füllen.

Zwischen Abel-Rémusat in Paris und Humboldt in Berlin entstand ein enger Bund der Freundschaft und Wißbegierde. Humboldt ließ Rémusats chinesische Grammatik nach Berlin kommen, und nach genauem Durchlesen stellte er seine neuen Erfahrungen mit dem Chinesischen in seiner Abhandlung "Über das Entstehen der grammatischen Formen und ihren Einfluss auf die Ideenentwicklung" (1822) dar. Auf Abel-Rémusat machte diese Abhandlung einen sehr großen Eindruck, und er rezensierte sie im "Journal Asiatique", der Zeitschrift der Gesellschaft. Humboldt war selbstverständlich einer der ausländischen Abonnenten.

Zu 4 : Die Société Asiatique hegte das Anliegen, sich näher mit dem Japanischen zu beschäftigen. Eines Tages wurde in der Bibliothèque du Roi in Paris eine handschriftliche japanische Grammatik, die im Jahre 1620 von dem Jesuiten Rodriguez auf Portugiesisch in Macao geschrieben worden war, entdeckt.

Abel-Rémusat entschloß sich sofort, diese Rarität ins Französische übersetzen zu lassen. Er wählte ein Mitglied der Gesellschaft, C. Landresse, als Übersetzer, und die Grammatik wurde im Jahre 1825 in Paris mit dem Titel "Élémens (sic) de la Grammaire Japonaise par le P. Rodriguez" veröffentlicht.

Sie kam sogleich in Humboldts Hände, und er fing an, sie aufmerksam durchzulesen.Bei der Lektüre verglich er sie mit anderem Material,das er bereits seit 1805 als Geschenk besaß, das ihm Alexander von Humboldt von seiner amerikanischen Forschungsreise mitgebracht hatte. Es handelte sich dabei um die Grammatik "Arte de la lengua Japona, divido en quatro libros segun el arte de Nebrixa" (1728, Mexiko), die Oyanguren, ein Franziskaner, geschrieben hatte.Diese Grammatik war in Europa kaum bekannt, weil sie in Mexiko nur in einer kleinen Auflage erschienen war.

Die erste Äußerung Humboldts zum Japanischen überhaupt findet sich in seiner Darstellung dieser Literatur.

Später benutzte er als weitere Literatur die "Ars Grammaticae Japonicae Lingvae", die von Diego Collado, einem Deminikaner, in Rom im Jahr 1632 veröffentlicht worden war.

Zu 5: Es ist zu fragen, ob Humboldt aus der vergleichenden Lektüre dreier Grammatiken ein einheitliches Bild des Japanischen bekommen konnte. Die Antwort ist leider nein.

In allen Äußerungen Humboldts zum Japanischen geht es immer wieder um einen Punkt, nämlich um das Problem der Kennzeichnung der Person durch die Personalpronomina. Diese Frage hat Humboldt sehr beschäftigt.

Worin liegt die Eigentümlichkeit des japanischen Pronomens, mit der sich Humboldt so abgequält hat, daß er im Jahre 1829 die Japanischstudien abbrach mit der Klage, daß "man sich des Wunsches nicht erwehren kann, erst das Factische über diesen Punkt sicherer und bestimmter festgestellt zu sehen"? Nach 1830 findet man kein einziges Wort über das Japanische in Humboldts Schriften, besonders in seinem postum erschienenen großen Werk "Einleitung zum Kawi-Werk", seinem opus magnum, in dem soviele Sprachen erwähnt werden.

Das Eigentümliche des japanischen Pronomens, das Humboldt so vexierte, ist die Unfixierbarkeit der Personenkennzeichnung. In den meisten Sprachen, besonders in den indogermanischen, bleibt das Pronomen der ersten Person immer das der ersten und das der zweiten immer das der zweiten. Dadurch kann der Satz von der Identität seine Rolle als der letzte Satz der Logik spielen. Was die dritte Person betrifft, so kann das Pronomen der dritten Person für die zweite Person gebraucht werden, *sie* (3. Pl.)> *Sie* (2. Sing. und Pl.). Was Humboldt in den Grammatiken der drei Missionare fand, ist der Wechsel der Pronomina im Japanischen. Der Gebrauch der dritten Person für die zweite, z. B. *Sie* oder *Seine Majestät*, ist, wie gerade gesagt, erlaubt. Aber die Verschiebbarkeit der ersten Person zur zweiten und umgekehrt, die Austauschmöglichkeit der ersten und zweiten Person war dem Idealisten Humboldt unverständlich und erschien ihm unmöglich.Denn, dadurch, daß das Ich sich als die erste Person setzt, entsteht das Selbstbewußtsein, und dem Ich gegenüber wird das Nicht-Ich sichtbar. Man wählt aus diesem Nicht-Ich das Du, und das übrige wird zur dritten Person.

Aber das japanische Pronomen *ware* ist bei Rodriguez die erste Person, bei Oyanguren die zweite ; *waga* ist bei Rodriguez die zweite, bei Oyanguren die erste ; *konata* ist bei Rodriguez die zweite und die dritte, bei Oyanguren die zweite und die erste Person.

Humboldt findet diesen Zustand des Gebrauchs der Pronomina verwirrend, und diese Konfusion zwingt ihn, seine Japanischstudien einzustellen. Er versucht, seine Verwirrung zu überwinden, indem er verschiedene Hypothesen zur Lösung des Problems erwägt. Aber alle Versuche sind vergebens. Denn diese offenkundige Verwirrung ist auf die Charakteristik des Japanischen selbst zurückzuführen. In Europa besteht der erste Schritt des begreifenden Teilens des Seins im Setzen des Ich. Dadurch entsteht die tiefe Kluft zwischen dem Ich und dem Nicht-Ich. Im Japanischen existiert aber eine solche Kluft nicht zwischen Ich und Nicht-Ich, sondern zwischen *Utschi* (das Innere) und *Soto* (das Äußere). Dieses Innere kann sich zu einem Individuum zusammenziehen, aber es kann auch aus einigen oder vielen Personen bestehen, die ganz innig zusammen leben und arbeiten. In dieser Gruppe verstehen sich alle Mitglieder sehr gut, und sie fühlen sich vereinigt, so als ob sie alle zusammen eine Person ausmachten. Innerhalb einer solchen Gruppe ist die Möglichkeit des Austausches der Pronomina der ersten und der zweiten Person ganz natürlich und nicht verwirrend.

Humboldt konnte mit seinen linguistischen Erfahrungen und philosophischen Einsichten keine Einsichten in diese Eigenheit des Japanischen gewinnen.

Aus : „Sprachwissenschaftgeschichte und Sprachforschung“
Ost-West-Kolloquium Berlin 1995,
Sprachform und Sprachformen : Humboldt, Gabelentz, Sekiguchi
Herausgegebn von Eugenio Coseriu, Kennosuke Ezawa und Wilfried Kürschner,
Max Niemeyer Verlag, Tübingen 1996

第七章　ドイツ観念論哲学における言語の問題

——シェリングの場合

はじめに

カント、フィヒテ、シェリング、ヘーゲル——この中の誰一人を取ってみても、いずれも逞しい問題意識に支えられ、強靱な論理を駆使して、それぞれの哲学的思索を体系的に展開している。これらの学者の打ち建てた体系が次々と聳え連なる「ドイツ観念論」という壮大な山脈は、人間の思惟能力の可能性がいかに偉大であるかを証する一大景観であると言ってよい。そして、彼らの取り上げた問題領域は、単に狭義の哲学という範囲に留まらず、人間の活動するすべての分野に及んでいると言い得るであろう。

しかし、それにも拘らず、ドイツ観念論の哲学者たちの中で、言語の問題をひとつの重要な独立した問題領域として積極的に選び取り、「法哲学」、「美学」、「宗教哲学」、「歴史哲学」、「倫理学」、「自然哲学」等と並んで独自の「言語哲学」を体系的にまとめるという仕事をした者は一人もいない。もちろん、これらの哲学者たちも、断片的には言語について問題にしなかったわけではないし、言語というものについての鋭い洞察や明智を数多残してはいる。しかし、重要なのは、それぞれの哲学者において体系的にまとめられた言語哲学がないという事実なのである。

この事実の原因を明らかにするためには、ドイツ観念論をその最奥部まで掘り下げて、その体質を露わにするという批判的な研究が必要であろう。

ここでは、この問題に立ち入ることはせずに、シェリングにおいて意識的に取り上げられた言語に関わる問題、および彼が取り上げはしなかったが、本来は取り扱うべきであったような言語の問題、を考察してみようと思う。

さて本稿ではシェリングの二つの論文を取り上げて論ずることにしたい。ひとつは『我が哲学体系の叙述』（一八〇一）であり、他は『哲学的経験論の叙述。哲学入門より』（一八三六年を最終とする講義集）である。

この二論文を選んだ理由について先ず述べておこう。

シェリングの長年にわたる哲学的思索の歩みを概観して、問題史的、年代史的にどう区分するかについては、既にニコライ・ハルトマンが一九二三年の『ドイツ観念論の哲学、第一部』(1)において五つの体系に分っている。すなわち、

1　自然哲学　一七九九年まで
2　先験的観念論　一八〇〇年頃
3　同一哲学　一八〇一―一八〇四年
4　自由の哲学　一八〇九年頃
5　後期シェリングの宗教哲学的体系　ほぼ一八一五年以降

また、『シェリング著作集』の編者であるマンフレット・シュレーターは、一九二七年に新しい全集を編纂するに当って、次のように分類している。

1　青年期の論文　一七九三年―一七九八年
2　自然哲学　一七九九年―一八〇一年
3　同一哲学　一八〇一年―一八〇六年
4　自由の哲学　一八〇六年―一八一五年
5　歴史的な哲学　一八二一年―一八五四年
6　宗教哲学　一八四一年―一八五四年

シュレーターはハルトマンが独立させて考えている『先験的観念論の体系』（一八〇〇）を「自然哲学」の中に包括させ、ハルトマンが一括して考えている「後期シェリングの宗教哲学的体系」を二分して、「歴史的な哲学」と「宗教哲学」とに分類している。

体系的という点では、シュレーターよりも、ハルトマンの分類の方がシェリングの思索の内容によりよく合致していると思われるが、彼の哲学の歩みを内的に一層体系的に捉えているのが、ヴァルター・シュルツである。シュルツの大学教授資格請求論文として書かれた労作『後期シェリングにおけるドイツ観念論の完成』（一九五五）の中では、シェリングの活動全体を二期に分ち、それぞれが一定の準備期間と完成期とに分たれるとする。すなわち、フィヒテの圧倒的な影響の下にあった頃を準備段階として、そこからシェリング独自の同一哲学という客観的観念論（objektiver Idealismus）の高みに到達した時期が前期である。ここに客観的観念論という所以は、概念を中心とする合理主義の立場ではなく、世界が自己展開をする実在者であり、生ける全体であるという立場を取っているからである。しかし世界が生き生きとした展開であるという立場に立つ限り、この生命性の根源は何かという問いに直面せざるを得ない。この問いを契機にして、後期の思索が繰り拡げられていく。人間の持つ相対的な自由を問うことによって有限な存在であることとは何かを明らかにし、こういういわば迂路を経た上で、世界の根源としての神は絶対的に自由であるという立場に到達する(2)。

シュルツの指摘するように、シェリングの哲学を前期と後期とに分つとすれば、前期の哲学の核心は同一性の哲学であり、後期の哲学の中心課題は神の問題である。本稿において『我が哲学体系の叙述』と『哲学的経験論の叙述』とを選んだ所以は、前者が同一性の哲学を初めて中心問題とした作品だからであり、後者においては神の自由という問題を論理的に取り扱おうとする姿勢が顕著に認められるからである。

第一節　『我が哲学体系の叙述』

この論文は一八〇一年にイェナで書かれている。時にシェリングは二十六歳、少壮の教授として一七九八年、二十三歳の夏にイェナに赴任してきてから三年程経った頃である。イェナ時代の若きシェリングは、短い年月の間にハルトマンの言うところの第一、第二、第三の体系、すなわち、自然哲学、先験的観念論、同一哲学という体系を目まぐるしいばかりに次々と展開してゆく。シュルツは、シェリングの作品の中、内容的に見ても、形式的に言っても、最も完成度の高いもののひとつとして『先験的観念論の体系』を挙げているが(3)、この作品を一八〇〇年の三月に完成したシェリングは、一八〇一年には『我が哲学体系の叙述』を発表して、同一性の哲学の立場を鮮明にする。

では、この同一性の哲学では一体何が主張されているのであろうか。ほぼ百ページにわたり、多くの註や説明それに補足条項を伴った百五十九項のテーゼからなるこの書物で問題となっている事柄は何か。

前書きの初めの所でシェリングはこう述べている。「長年私は自ら正しいと思う唯一の哲学を、自然哲学と先験哲学という全く異なった二つの側面から叙述しようと努めてきたのであるが、この異なった叙述の仕方の根底に横たわっている体系そのものを大方の前に提示することが——私が望んでいたよりも若干早目にではあるが——、現時の学的状況から見て必要であると思わざるを得ない」(Ⅳ108)。ここでシェリングが「現時の学的状況」と呼んでいるのは、具体的には、フィヒテの哲学が強い影響力を持っていること、そしてシェリングは、このフィヒテ哲学を克服することが当面の課題であると確信していることを指しているものと思われる。ところで、ここで特に注目すべきことは、シェリングが、自然哲学——先験的観念論　という延長線上に同一性の哲学を位置づけているのではなく、両者の根底にある体系として捉えている点である。

この言葉でも分るように、シェリングは、既に歩んできた同じ延長線の上で直線的に思索を発展させてゆく思想家ではなく、また、対立する矛盾を止揚することを繰り返し、高みを目指して螺旋状に上昇し飛翔してゆく弁証法の哲学者でもない。逆に、一旦到達した立場や立論の根底にあるものを常に求めて、不断に深く深く直下にあるものへと下降し続けてゆこうとするのが、シェリング哲学の基本的な性格であるように思われる。『哲学的経験論』(一八三六)の中にあるシェリングのこういう特徴を示す一節を紹介しておこう。

そこでは、彼は、単に客観的にのみあるもの、いわば盲目的に客観的なものをBと名づけ、認識するものをAと呼ぶが、このAとBの関連を、まるでニーチェを思わせるように次のごとく述べている。「AであることはBにとって否定である。つまり、AであることにおいてBは破滅し消え去る(untergehen)ことになる。別の言い方をすれば、ドイツ語では、的確に表現されているのであるが、Aであることにおいて、Bは没落しつつ実は根底に到る(zu Grunde gehen)ことになるのである」(Ⅹ241)。

さて、ここで『我が哲学体系の叙述』にもどろう。そこでシェリングは、実在する唯一のもの、「主と客との全き無差別（totale Indifferenz des Subjektiven und Objektiven）」（§1）が理性（die Vernunft）であり、「この理性以外には何ものもなく、理性の中にはすべてがある」（§2）とする。この理性は唯一者であり、「A＝Aによって表現される」（§4）。そして、この図式の「前の方のAは主語であり、後の方のAは述語である」（§5）が、しかし、「このA一般があるのでもなく、主語ないし述語としてのAがあるのでもない。そうではなく、この同一律によって定立されている唯一の有ること・有るもの（das einzige Sein）は、同一性そのもの（Identität selbst）であり、この同一性それ自身は、主語としてのAからも、述語としてのAからも全く独立して定立されているものである」（§6）。こういう絶対の同一性が正に理性そのものであり（§9）、この同一性を認識することこそ「唯一の無制約な認識」（§7）であるとする。

ところで、「この同一性は成り出でた（entstanden）ものではなく、端的にあるもの、つまり時には何の関連もなく、あらゆる時の外に定立されているものである。その理由は、それ（同一性）が有ること（ihr Sein）は永遠の真理だからである」（§13）。そして「有るものの総体（das Gesamte, was ist）は、それ自体においては、或いはその本質に即して見れば、絶対的同一性そのものであるが、そういう総体は、その有るという形式に即して見れば、絶対的同一性がその同一性において自己を認識することなのである」（§19付則）。A＝A という図式の主語と述語は、絶対的同一性に関連する限り何らの対立もないのであって、この両者の間にあり得るのは「量的な差別」（quantitative Differenz）以外にはない（§23）。この量的な差別というのは「有ること・有るものの量の大きさに応じて」（in Ansehung der Größe des Seins）（§23）見出されるものである。

A＝Aの主語部分のAと述語部分のAとの間には本質的な差別がないばかりでなく、「両者の絶対的な無差別」（§23説明）が定立されているのであるが、「有ることの量の大きさに応じて」差別を見出すというのは、「主観性（認識すること・もの）或は客観性（有ること・もの）のいずれか一方に比重が傾いて」（§23）唯一なる同一者が定立されてくることを意味する。ここで注意しておきたいのは「定立する」(Setzen) ということの意味である。別のところでシェリングが言っているように (X 269)、「定立する」というのは、何かを作り出すことでも、何らの事態を惹き起すことでも決してなく、有るもの、或いは、有る事柄の根底になっているものは何であるかを明らかにすることなのである。ところで、「もし両者の差別、或いは区別 (Unterscheidung) があり得るとすれば、それは優勢な主観性、或いは優勢な客観性が定立されたときに限られる。その場合、A＝A は A＝B (B は客観性の表示とする) に移行することになろう。……主観性ないし客観性いずれか一方の優位を、主観的な要因である力 (Potenzen) という表現を用いて言い表わすとすれば、A＝B が定立された時には、既に A の持つ積極的或いは消極的な力が考えられていたことになるし、A^0＝B は正に A＝A［＝1］そのもの、すなわち、絶対的無差別の表現となるに相違ない。こういう仕方以外には、端的に差別を把握することはできないのである」(§23説明)。

さて、「絶対的同一性の本質から直接に導き出される (その同一性の) 有ること［の表現］(das Sein) は、A＝A という形式、すなわち、主観・客観性 (die Subjekt-Objektivität) という形式を措いてはない。しかし、この形式それ自体は、主観性と客観性とが量的な差別を以て定立されない限り、存立しないのである」(§30付則3)。そして、こういう差別は、「絶対的なものそのものに関しては定立され得ないものである。というのは、絶対的なものが何であるかという規定は、認識することと有るということ、並びに主観性と客観性との総体としての無差別であることは、常に変わることがないからである。つまり、差別は、絶対的なものから分離抽象されたもの (was von dem Absoluten abgesondert wird) に関してのみ、また、絶対的なものから分離抽象される限りにおいてのみ、定立され得るのである。こういう分離抽象されたものは、個別的なものであるが、こういう個別的なものによって、直接に全体的なものが同時に定立される。要するに、全体的なものが全体的なものとして定立されるのは、専ら、その全体者が、個別者においては量的な差別を以て、そして全体者においては無差別であるということで以て定立される時に限られる。こういう個別者に置ける差別と、全体者における無差別とが正に総体性（die Totalität）なのである」（§30付則5）。

さてここで注意すべきは、A＝Aという同一性の図式なるものは、単に主観と客観、認識することと有ることとが、根底においては実は同一であるということだけを意味するのではないという点である。前にも紹介した通り、同一律によって言い表わされているものは、「主語としてのAからも、述語としてのAからも全く独立して定立されている」（§6）同一性そのものなのであった。この同一性そのものは、単に主と客、認識と有るものというような通常区別されて考えられるものが、根源にまで立ち至って捉えれば、実のところ全く同一であるということを示すばかりでなく、主観は主観自身に対して同一であり、客観は客観自身に対して同一であるということをも指すのである。そうなると、こういう二重構造を持つ同一性の事態を表現する言葉遣いは、「絶対的な同一性は、同一性の同一性（die Identität der Identität）としてのみ有る」（§16付則2）ことになる。

さて、シェリングは、同一性それ自身が、主客という対立として現象してくることを、量的な差別という原理によって説明しようとするのであるが、主観か客観かのいずれかが量的な優位を占めるに至る原因をポテンツ（潜勢的な力、可能性）という主観的な概念に求めようとする。そして、このポテンツの本質は、分離を促す力であり、関連性の働きを示すものであり、理性の基本概念でもある。

ハイデガーは、一九五七年のフライブルク大学五百年祭記念講演『同一律』で、「AはA」という同一律のよりよき表現は、「どんなAでも、自己自身に関し、自ら常に同一である」（Mit ihmselbst ist jedes A selber dasselbe.）と語り、この「自己自身に関し」という点を捉えて、同一であるということが、「……に関し《ミット》」或いは「……と共に《ミット》」に依る関連であり、媒介であり、結合であり、綜合であることを指摘している。(4) シェリングの同一哲学におけるポテンツという力は、ハイデガーの言うところの関連性を生み、媒介を促し、結合を進める力なのである。シェリングにおけるこのポテンツ概念の異同を彼の哲学の各時期について検討することは、興味ある問題なのであろうが、ここでは、同一哲学の段階では、ポテンツが、媒介と関連の原理として捉えられていることだけを指摘しておこう。

ところで、ここに紹介したような同一哲学の立場の難点は、何と言っても個別的なもの、有限なものが存在することを基礎づけることができないことである。同一哲学においては、真に有るものは、無差別な同一性それ自身であり、時間とは何の関わりも持たない永遠の絶対者である。ヘーゲルが一八〇七年の『精神現象学』の序論で言っているように、「この絶対者を夜になぞらえると、そこでは牡牛が全部真黒になってしまう」ことになる。シェリングは、主客の対立が成り立ってきて、有限なものがあるようになることの根拠を、「有るということの量の大きさ」の相違、すなわち量的な差別に求めようとする。しかし、たとえ差別が質的なものではなく、量的なものであっても、それがポテンツによって作り出されてくるという論理は明らかにはされていない。事柄を関連性ないし媒介によって捉えるというドイツ観念論に共通の性格を示す原理としては、ポテンツ概念は有効であるかも知れないが、時を越えた絶対的なもの、すなわち同一性そのものから、有限者が生じてくる根拠としては、ポテンツは何の役にも立たないのである。

ところでシェリングに依れば、実在する唯一のものは「同一性そのもの」であるが、それは「無差別」であり、「理性」でもある。また、「絶対的なもの」、「自体」、「総体性」でもあり、「同一性の同一性」でもある。「A＝A」でもあり、「A^0」でもあり、「1」でもある。こういうさまざまな呼称を脈絡に応じて使い分けることによって、対象化することもできず、実体としても捉え得ない同一性そのものを把握し、かつ表現しようとする。

さらに、同一哲学では、有るもののあり方に量的な差別があり、その上、そういう差別を持ちつつ存在しているものも、本質的な意味における総体として捉えれば、無差別なのであるから、有るということのあり様には、質的、量的に無限に多くの相があることになる。そういう相異なる有ることも、みな一様に同じ有るという動詞、「である」というコプラで表現せざるを得なくなる。こういう難問と格闘しようとするシェリングの作業は、正に言語への挑戦と言ってよい。それと同時に、「AはAである」という同一律を軸として展開されている同一哲学の真の問題は、「である」という事態の追求のみではなく、「である」の形式を用いて「がある」を明らかにすることであった。すなわち、quid sit ではなく、quod sit が問題であるということになる。「がある」の問題を問うということは、とりもなおさず、「有るもの・有ること」の総体から我々自身が問いかけられていることにもなる。このことを思えば、シェリングの仕事は、言語からの挑戦に応えることでもあったのである。つまり、シェリングの同一哲学は、内容的、実質的には、言語そのものが中心的課題であったと言っても過言ではない。それにも拘らず、彼は自覚的に「言語哲学」の体系を展開することもせず、「言語批判」を事とするわけでもなかった。

そこで、彼が問うべくして問わなかった問いは何であったろうか。それは、そもそも表現さるべき事態と表現すべき語や文との関係は何であるのか、言語による論理の展開と事柄そのものの動きとの間には、一体乖離があるのかないのか、また、人間が言語を持つということの意義を何処に見出せばよいのか、何によって人間には言語活動が付与されているのか、本来的に語るものは、そもそも人間であるのか、それとも有るものなのか……等々の問題だったのである。

第二節　『哲学的経験論の叙述』

この作品は、ミュンヘンにおける講義の自筆原稿が遺稿として残っていたもので、最後の部分の講述は一八三六年になされたものである。ハルトマンによれば、この作品の一部は一八一五年以降に書かれていると言われる。[5]『シェリング著作集』の編集であるシュレーターは、「哲学入門より」という副題がついているこの作品について、序文の中で「聞き手を一歩一歩体系の高みにまで導いてゆく道程」に過ぎず、「彼の体系を知悉する読者にとっては、哲学的な意味における経験的なものから出立するという展開の仕方は、〔新しい体系の提示ではなく〕彼の体系を別の立場から検証するもの（eine Gegenprobe）のごとく思われるであろう」と述べている（XVI）。

さて、シェリングが、前章で述べた『我が哲学体系の叙述』を発表した結果、フィヒテの考え方との根本的な相違が明らかになって疎遠となり、一八〇二年には遂に交わりを断つに至る。事実、『哲学的経験論の叙述』、なかんずくその前の方の部分には、フィヒテを観念哲学を破滅に導いた元凶とし、それに対する攻撃が充満している。イエナを去ったシェリングは、間もなくヴュルツブルク大学に赴任し、三年後の一八〇六年にはミュンヘンに移住して学士院の会員となる。一八二〇年以降は、エルランゲン大学で講筵を張り、一八二六年、ランツフートの大学がミュンヘンへ移設されると同時にその教授となる。

『哲学的経験論の叙述』は、ミュンヘンで講述されたことは確かであり、その最後のものが一八三六年になされたことは、シュレーターの『著作集』に記載されているので誤りはなかろう。しかし、初めの方の部分の講演は、いつ行なわれたものであろうか。我々にはその時期を確定する術がないが、この作品を読んだときの印象では、問題の捉え方、用語の選択、論旨の展開の仕方など、初めての部分と中間部、末尾部それぞれ、相当の時間的な隔たりがあることを感じざるを得ない。

さて、シェリングのこの作品において、我々の当面の課題である言語という問題が、どのような形で提起され、どのような論理で展開されているのであろうか。

この作品でシェリングは、先ずデカルト以降の近代哲学の展開を問題史的に展望する。そして、近代哲学でシェリングが注目しているのは、デカルト、スピノザ、マールブランシュ、ニュートン、ダランベール、カント、フィヒテである。近代哲学以外のものでは、ピタゴラス、特にプラトンであり、異色のものとしては、アラビア語の構造と、ラテン語訳聖書の一句を立論の傍証として、引用していることを挙げることができよう。

先ずシェリングは、哲学のなすべき仕事は事実《タートザッヘ》の認識であると説く。「世界における本来の事実、純粋な事実とは何であるかを探究する」（X 228 Xは旧版『著作集』の巻数、数字はそのページ。この作品はすべて旧版の第十巻に収められているので、以下ページ数のみを示す）ことが歴史的に言って哲学の第一の仕事である。こういう「事実に対する洞察」を得たことが「自然哲学のもたらした純粋な成果」（231）であったが、しかしその自然哲学にも乗り越えることのできない限界があったことは否めない。その限界というのは「一言で言えば、自然哲学も〔他の哲学体系と同じように〕根底においては単なる事実を超え〔て事実の生起してくる機構や原因を説明し〕なかったこと」（231〔括弧内は筆者の補足。以下同じ〕）である。そこでシェリングは当然、「事実を純粋に学的な立場で叙述する」（232）ところの哲学を始めなくてはならないことになる。

ところで、哲学はどんな哲学でも、「自己自身を反省することから始まる」（232）のであるし、「哲学において問題となるのは認識であることを自覚せざるを得な」（232）くなる。そこで哲学は当然のことながら、「哲学に固有の認識というものの仕方および性質を探究しようと努める」（232）ことになり、その意味で、カントが「哲学は認識能力の批判を以て始めなくてはならない」（232）と言ったのは正しい。しかしその場合、認識能力の批判だけに留まって、認識されるもの〔有るもの・実在するもの〕を排除してしまって考えてゆくとすれば、そこで中心問題となってくるのは「認識の認識」ein Erkennen des Erkennens（233）ということになり、そのため「認識そのものを対象たらしめ」（233）てしまい、その結果「認識ということを、他の何らかの形で存在しているものと同じようなひとつの有るもの（ein Seiendes）であると宣言するに等しい」（233）状況に立ち至ってしまう。そうなると、「認識するものと存在しているものとの間にある対立とか区別とかは、一寸反省してみるだけで消滅してしまう」（233）ことは明らかである。このように認識するものではなく、端的に「存在しているものを私が避けようと思ったり、まるで敵であるかのようにそれをよけて逃げまわろうと欲したところで、そういう〔認識するものではないものが現に〕有ること（Sein）を回避することはできない」(233) のである。というのは「認識するところのものも、認識されるところのものも、両者共に有るもの・存在しているもの（ein Seiendes）だからである」(233)。こういう次第であるから、「世界の中の認識するのではない方の部分に対しても、それが有ること（Sein）を承認する」(235) ことが哲学の第一歩ということになる。この辺の議論は多分にフィヒテを意識していると言えよう。ところで、有ること・存在していることを認めるとは言っても、そういうもののあり方は「認識するものが有ると言うのと全く同じ意味で有るというのではないが、しかしそうは言うものの全く有りはしないのではない」(235) ということになる。「自己自身を意識するものが有るというほどの勝れた意味において有るのではないものについて、私は次のような表現を用いたいと思う。すなわち、それを、自己を意識しているものに対抗させてみると、別の言い方をすれば、自己を意識しているものと比較してみると、今挙げたものは有りはしないもの（das nicht Seiende）である。こういう表現で何が言い表わされているかというと、今挙げたものは相対的な非有（ein relatives nicht-Sein）にすぎないということである。そして、この相対的な非有と呼んだものは、それ自身においては、或いはそれ自身とだけ比較すれば、無（nichts）ではなくして、とにかく何もの（etwas）かであり、〔その意味では〕確かに有る（allerdings seiend）のである。先に述べたことと、今述べたこととは矛盾することはない」(235)。それ故「ギリシャの哲学者たちは、有りはしないもの＝メー・オンについて、恰もそれが存在している何ものかであるかの如く語ったので、その語り方が多くの人々に矛盾しているように思われたのであるが、それは上記のような意味において語ったわけである」(235)。シェリングはこの間の事情を知るためには、プラトンの対話篇『ソフィステース』を一読することを勧めている(236)。

以上、フィヒテを絶えず論敵として視野の内におきながら、認識するところのものと認識されるところのものとの両者が、共に厳然として有ることを論証しようとしたシェリングの思考過程を紹介したわけであるが、我々はこの辺で神の問題を主題として取り上げなくてはならない。

シェリングは、神の問題を多様な角度から、しかも、一旦到達した議論の根底を抉り出すような仕方で捲き返し繰り返し掘り下げてゆく。もちろん、神を主題として思索を進めてゆくさまざまな問いかけの立脚点は、それぞれ相互に内的な連関を持っているのではあるが、ここでは、シェリングにおいて言葉の問題が比較的多く取り扱われているところの、神と有るものとの関わりをめぐる議論に注目して見ようと思う。

さて一般的に言って、神について考えようとするとき、有りとしあらゆるものの原因として、或いはその根拠として、或いは聖書で言われているような意味合での主として捉えるというふうに、神に迫ってゆくいろいろな視点があり得るのであるが、いずれにせよ、原因というものは何かの原因、根拠とは何かの根拠、主は何かの主であるから、神は結局そういう何らかのものとの相関関係に立っていることになり、その意味では相対者であって、絶対者ではなくなってしまう。神の問題には常に付きまとっているこういう構造的な難問を、シェリングは一体どのようにして克服してゆこうとするのであろうか。

神を主として捉えた場合、主とは何ものかの主であるから、その何ものかは主なる神の相関項であり、神もまた相対者に堕してしまうことについて、シェリングはこう言っている。「〔そういう神の捉え方は、神は絶対に自立しているもの、端的な絶対者、すなわち、あらゆる関連性から解放されているものであるという通常の神概念に背くという異議に対し〕、取り敢えずこう答えておいてよかろう。すなわち、神は実際はそれ自身としてみる限り正に何ものでもない。神というのは関連性、しかも純粋な関連性以外のものではない、(Gott ist eben wirklich nichts an sich ; er ist nichts als Beziehung und lauter Beziehung,)、と。というわけは、神はただただ只管主なのであり、我々がそれ以上に、或いはそれ以外に何らか〔の性質〕を神に付け加えるとすれば、その神は〔相対的で対象的な〕単なる実体になってしまうからである。神はいわばありとし有るものの主（der Herr des Seins）であるためにのみ、正に現実のものとしてある（er ist wirklich）のである。神は、自己自身と関わりを持つことなく、自己自身から免除され（seiner selbst ledig）、それ故にこそ正に絶対に自由であることを本性とする唯一のもの（die einzige...absolut freie Natur）である。……神は全く己れの外に出ているのであり、それ故に己れから自由であり、そのために他のすべてのものを解放するものである」(261)。シェリングはこのように神を実体性、相対性から解放してから、ニュートンの『自然哲学の数理的原理』(„Principia philosophiae naturalis mathematica") の末尾部分の神についての発言を手がかりにして思索を続けてゆく。すなわち、ニュートンによれば、神を神たらしめている本質は支配という働き（Deitas est dominatio Dei）である。しかし、支配するためには、支配されるもの、つまり創造による被造物が有ることを前提とする。しかし、ニュートンは同時に「支配なき神は宿命にして自然（Fatum et Natura）以外の何ものでもない」(261) と言っているので、神は創造後にはじめて神なのではなく、「神が神としてあるや否や神は主でなくてはならない（..., er muß, sowie er Ist, Herr sein....）」(262) ことになる。

　しかし、神が主であるという以上、依然として、主と支配さるべきものが有るという二元性は残らざるを得ない。そこでシェリングは次のように議論を展開してゆく。「我々はありとし有るものから切り離された神を神と呼んでいるのではなく、あらゆる有るもの（das Sein）の主としての神を神と呼んでいるのである。つまり、神があらゆる有るものを包含する限りにおいてなのである。従って、絶対的な立場で考察しても、神は、有るものの主＋有るものそのもの　ということになり、その限りにおいて、全く自己自身で完結しているもの、終っているもの、その意味での絶対的なもの」(262) ということになる。この場合、神と有るものとは二元的ではなく、統一における二元であり、しかもこの統一は生きて動く統一であるとする (262)。

　しかし、そうは言うものの、ここで有るものとして捉えられているもののあり方が問題である。シェリングはここで前に紹介したメー・オンを手掛かりにし、実在する神との関連で考えられているこの有るものをメー・オンのあり方に則って「有り得ないことはないもの（das nicht nicht sein Könnende）」(263) と規定する。我々は主としての神を定立しようと思うと、気づきもせず、欲しもしないのに、こういうメー・オンとしての有るものを定立してしまうことになる。しかし、ここに打ち立てられた有るものは実は「有ることの根源」(eine Wurzel des Seins) であるから、これを「純粋な有り得ること・もの」(lauteres Seinkönnen) (263) と呼んでよい。

さて、この有り得るものは神に対しては未だ有るものでないにしても、「正にそのためにこそ神の主体・基体 (Subject Gottes) である」(264) ことになる。ここでシェリングは「知るもの (das Wissende)」(264) という重要な概念を登場させてくる。真に有るものに対しては非有ではあるが、有り得るものとして真に有るものに関わってゆくのが、この知るものである。この知るものというのは、己れ自身に対峙して (für sich) 有るものでない限り、自己自身を知るものではないが、神を知るもの (das Gott Wissende) ではある。しかし、こういう形の神を知るものは、いわば神に心奪われたごとくにうっとりした法悦境に浸っているようなもので、神を知るものであるとはいっても、実は、動きのない、実体的なものであるにすぎない。ところが、自らが知るという活動をしつつあることを知りながら同時に神を知るものというのは、先ず神から出立し、更に神に還帰し復帰することで、実際に神を知るものとなるのでなくてはならないことになる。その限りにおいて、神を知るものは神の主体・基体として働くわけである。このように神の主体・基体として以外の何ものでもないような全く自己を持たないものについて、我々はある意味で「それは神である (es sei Gott)」(264) と言ってよい。その理由は、こういう言い方は、コプラの本当の意味に従って解すれば、「それは神の主体・基体 (Subjekt von Gott) である」というのと全く同じことだからである。「AはBである」というのは、「Aはそれ自身では何でもないものであり、AはBを担うもの、すなわち、Bの主体・基体・主語でしかない。(A ist nichts selbst, es ist nur Träger, d. h. Subjekt, von B.)」(264) ことを意味しているからである。

こういう論点にまで到達したシェリングは、更にこのであるというコプラの働きをめぐって議論を続けてゆく。彼によれば、アラビア語のであるは、ドイツ語の Können に対応する意味を持った動詞 kan によって示される。アラビア語のこの動詞は、本質、実体という意味を持ち、従って対象を固定するものとか根拠となるとかいう意味を持っている。つまりシェリングによれば、アラビア語のであるという語の用い方は、有ることは実は有り得ること (Seinkönnen) であるという事柄自身の本質を表現していることになるわけである。そしてシェリングは、アラビア語のこの動詞が純粋のコプラとしてであるの意味に用いられるときは、述語部分は対格を取るのであり、その意味で、ドイツ語のなし得るに酷似している点に注目し、先程の「それ〔自己〕が知るという活動をしていることを自覚しつつ神を知るもの」は神である」という表現を「それは神をなし得る (es vermag Gott)」と同義であるとする。更に「それはポテンツであり、それは力 (Macht) である」(265) ということにもなる。そして、更に「それ〔神を知るところのもの〕は神の魔力 (Magie) である」と言ってもよい。

シェリングはついで、このマギーという神秘的な力を意味するペルシアに由来する語がドイツ語の Mögen と同根であり、このメーゲンは、ここで問題になっているような文脈では、できるという意味としたいという意味とを併せ持っているのであるから、なし得る (Können) と欲する (Wollen) とは同一であることになる。更に なし得る (Können) と 知っている (Kennen) とは本来同一の語であったが故に (265)、ここに一連の同じ働きを持ったものの系列、すなわち、 である ＝ なし得る ＝ 欲する ＝ 知る という等符号でつなげられる連鎖式が成立してくることになる。

さて、ここまでくると、有ること・もの と 神とがどのように関わっているかが、少なくともシェリングにとっては、窮極的に規定されるに至ったと言うことができよう。すなわち、有ること・ものを神と対比させると、その

「最も根源的な限定は、有りはしないもの、〔現実の形を取らない〕単なる本質、単なる実体、単なる主体・基体、己れ自身については知ることなくただ神を知るだけのもの、みずからのみでは真に有ることなく、神でありつつ有るにすぎないもの (das nur Gott Wissende, nicht selbst Seiendes, sondern nur Gott seiend zu sein)」(266) ということになる。

こういう神でない有るものは実は苦悩に満ちている。自然全体の顔貌や動物たちの顔つきに刻まれている苦悩の表情は正にその証明である。しかし、この苦悩も、知りつつ知るものとなって自由に神に還帰してゆくときの浄福 (Seligkeit) に比べれば、何の事やあろう。この最高の浄福は、「有の中の非有という喜び、非有の中の有という喜び」が融合した二重の歓喜である。

しかし、有ると同時に有ることはないというようなこと、すなわち「有るということの桎梏を担うと同時に担わない」(267) ことは本来は苦痛なのである。五十年程前にダランベールが「神として有ることの不幸」(malheur de l'Existence) を説いて世人の失笑を買ったが、この言葉は実は這般の事情を指したものであった (267)。

しかし、有るということのこういう不幸も、「人間が可能な限り有るものから自由になろうとする態度を保持する (behaupten) ことによって、有が実は非有であると考えられ、そう受け取られるようになってくると解消する」(267) ものなのである。これこそ「真の〔人間の〕自由であり、本当の哲学は正にこういう自由へと導く」(267) ものであるとする。

さて、有は、無限定で盲目的な有と、この無限定性が否定された有とに分けて考えることができるが、この無限定なものを限定するのは精神であることを思うと、神はこの三つのものすべて包含するものということになる。「神はこの三つの形式を貫通して動いてゆく働き (Aktus) であり、この三つの形式を通じて動いてゆく過程 (Prozeß) の不可分の統一性である……神は、無限定なものでもなく、またそれを否定するものでもなく、更に精神として定立されたものでもなく、そういう三つの形式の内なる分ち難い生命である」(277)ということになる。
『哲学的経験論の叙述』はここで終ってはおらず、関係概念（その中には原因概念を含む）としての神から、より高次の実体概念として神の追求へと進んでゆくわけであるが、我々はこの辺で、今まで紹介した限りでのこの書物の中の問題点を拾ってみる必要があると思われる。

言語の問題に関心を懐く我々としては、であるというコプラが一体シェリングにおいてどのような働きをしているのかという問題を取り上げないわけにはゆかない。そして、このコプラの問題はシェリングの生涯を通じての問題であったと言い得るのである。「個物が実体と絶対の立場で結合するのはコプラの力に依る（kraft der Copula）」のであるから、「どのようなもの（Ding）においても、コプラすなわち絶対的同一性は、永遠のものである」（『自然哲学についての箴言』§30、§31（VII 204））。また、「我は我なり（Ich＝Ich）」という図式を、シェリングは綜合的命題とみなしたが、それは、同じ我という語の中に生産する我と生産された我を見出し、そういう両者の同一性を説くのがこの命題だからであった。この例を見ても分るように、シェリングにとってであるで繋がれる主語と述語の関係は、主語概念が述語概念に包摂されるのでもなく、また、主語の持つ属性を述語が示すのでもない。本稿でも紹介したように、担い手としての主語は、実は、述語の底部に潜み、述語を支え、述語を欲し、述語を可能にするものであった。シェリングにとってであるは、主語と述語との同次元における平面的で静止した結合ではなく、主語が述語の根底にあってそれを支えるという重層構造をとっており、しかもそこには有るということの動きが生き生きと活動し続けているという事態を表現するという底のものであった。シェリングのように、「である」というコプラにこれほどの重荷を背負わせるという方法を取るのは、我々の言語表現の可能性のぎりぎりの限界を狙ったものであると言わねばなるまい。シェリングの作品が無類に難解である理由の一端はここに潜んでいるようにも思われる。

さて、ここで名詞の属格および形容詞の用法についても簡単に触れておく必要があろう。シェリングは自己の消極哲学と積極哲学とを比較してこう述べている。「消極哲学とは先験的な経験主義（apriorischer *Empirismus*）である。すなわち、消極哲学は、経験的なるものの先験主義であって、正にそれ故に経験主義ではなくなってしまう（sie ist der Apriorismus des Empirischen, aber eben darum nicht selbst Empirismus）。これとは逆に、積極哲学は経験的な先験主義（empirischer *Apriorismus*）、換言すれば、後なるものによって先なるものを神として証する限りにおいて（inwiefern sie das Prius per posterius als Gott erweist）、積極哲学は先験的なるものの経験主義である」（XIII 130 傍点は筆者）。

これを見ると、消極哲学は経験主義であるが、実は先験主義なのであり、積極哲学は先験主義であるが実は経験主義であることになる。こういう語義の逆転ともいうべき変換が行なわれるようになる軸は、形容詞に果たさせている役割と名詞の属格の使い方であった。消極哲学が先ず「先験的な経験主義」という場合、「先験的」とは、「先験的な方法による」の意であり、「経験主義」とは「経験的なものを主題として取り扱うこと」を意味している。しかし、哲学において重要なのは、方法的立場であるから、それを形容詞ではなく名詞とし語の中心に置けば「先験主義」という表現が定着してくる。この名詞を修飾するものとして「経験的なもの」を属格としてその後につけると「経験的なものの先験主義」が消極哲学の本来の意味を担ってでき上ってくるわけである。しかし、更にここで注意すべきことは、こういう名詞の属格は、内容的にみると、主格的にも、対格的にも用いられ得る点である。この場合について言えば、「経験的なものの先験主義」は、「経験的なものが先験主義の立場を取ること」の意味にもなり得るし、また、「経験的なものを先験主義の立場で捉えること」にもなり得る。この場合は、もちろん、後者の意味に用いられているのであろうが、名詞の属格の二様の意味を峻別する必要があることは、論を俟たないところである。ハイデガーが『フマニスムス書翰』の中で「有ること・有るものの思惟」（das Denken des Seins）を

「有るものの側から起り、有に帰属するという意味の有の思惟」と、「有るものに向けられる思惟」とに分けるべきことを指摘しているのも正にこの点に依るのである。(6) 消極哲学と積極哲学の比較の場面では、この属格名詞の用い方が、主格的であるか対格的であるかはそれほど問題にはならないかも知れないが、神とか有るものとかいう、主客の関係が収斂してゆくような重要な概念の場合は、正に一大事である。

「神の根拠」、「神の知」、「神の魔力」というとき、「神が根拠であり、神が知る主体であり、神が魔力を持つ」ことを意味し得ると同時に、「神を根拠たらしめ、神を我々が知り、神を誘引する魔力があるということ」をも意味し得る。「神」とか「有ること・もの」とかの重要な概念に関して名詞の属格を用いるとき、意識的にか無意識であるかは別にして、結果として、こういう二義性に依り懸ってしまった論理の展開をするようなことがあれば、哲学は、ヴィットゲンシュタインの言う「ハエ取りのガラス瓶」(Fliegenglas, fly-bottle) になってしまうであろう。そうなってしまえば、哲学の体系はいくら壮大な構造を誇っていても、その内実は、言葉の多義性を利用して築かれた大きな「ガラス瓶」にすぎなくなる。そのときは、哲学の本来の仕事は、この瓶の中に閉じ込められている無実な憐むべきハエをこの瓶から脱出させる方途を講ずること以外にはなくなってしまうはずである。(7) シェリングの哲学体系は、確かに理性と精神によって構築された一大殿堂であろうが、しかし、解釈の仕方によっては、人間を閉じ込める巨大なガラス瓶に転化してしまう可能性がないわけではない。これはシェリングのみならず、カント、フィヒテ、ヘーゲル、いずれの哲学者についても言い得るところである。ドイツ観念論の研究に当っては、特に批判的態度を堅持する姿勢が必要な所以はここにある。

シェリングの文章・文体について云々するだけの充分な資格は筆者にはないが、彼の作品、なかんずく、若い頃の著作の中には、難解な論理の展開のはざまに、往々にして深い詩情が縹渺として漂っているのを感ずる。青年期のシェリングは、A・W・シュレーゲルと、ダンテの『神曲』の「天国篇」を互いに訳し合ってはその草稿を交換したそうである。そしてシュレーゲルのダンテの翻訳作品の中にはシェリングの訳の影響が色濃く反映しているといわれるが、シェリングにみられる詩情は両者の交流の余波ででもあろうか。それとも、テュービンゲン大学で、ヘーゲルと共にシェリングが机を並べて学んだ旧友ヘルダーリン――ハイデガーによれば詩人の詩人として唯一の詩人である――との魂の共感の故ででもあったろうか。

W・v・フンボルトは、その最後の言語哲学の労作である『人間の言語構造の相違性とその人類の精神的展開に及ぼす影響について』（一八三六）[8]の中の第三十三節「詩と散文」でこう言っている。「〔プラトンとアリストテレスの文体を比較した後で〕抽象的な概念を追求してゆきつつも、比類のないほどの美しさを備えた哲学的文体を完成させることができるということは、我々ドイツの例で言えば、フィヒテ、シェリングの書物を見れば分ることででもあるし、カントの場合は、比較的限られた箇所にしか見られないとはいえ、見出し得るときには、その美しさたるや正に感動的であると言ってよい。」シェリングは確かに難解ではあるが、フンボルトの指摘しているような文章の美しさは随所に見られると思う。

最後に、訳語についてであるが、ザインを「存在」、ザイエンデスを「存在者」と訳すのが慣行になってはいるが、時間・空間の契機を多分に孕んでいる「存在」という語を、ザインの訳語として定着させることには大いに問題があろう。「有」の方がより適切かとも思われるが、しかし、また、ザインを直ちに「有」としてしまうと、大方の読者には理解し難いであろう。そこで本稿ではザインを実験的にいろいろな形で訳し分けてみた。

註

本稿ではシェリングの原典としては、シュレーター版の『シェリング著作集』(„Schellings Werke" Nach der Originalausgabe in neuer Anordnung herausgegeben von Manfred Schröter. München 1928) に拠った。

第一節で扱った『我が哲学体系の叙述』は、右著作集第三巻所収のものであるが、その引用箇所を示すのは、ページ数ではなく、テーゼ番号を用いた。その理由は、作品の構成が、番号順のテーゼ、説明、付則という形式になっていて、番号を用いた方が便利であろうと判断したからである。

第二節で取り上げた『哲学的経験論の叙述』は、右著作集第五巻所収のものであるが、出典を示すページ数は右著作集のページ数ではなく、その中に示されている旧版のものに拠った。その理由は、シェリングについての研究書は、ほとんどすべて、旧版の巻数、ページ数を用いているからである。

引用した語句のドイツ語の書字法は筆者によって現行のものに変えてある。

(1) Hartmann, N.: „Die Philosophie d. deutschen Idealismus", W. de Gruyter, 3. A. 1974, S. 112
(2) Schulz, W.: „Die Vollendung d. deutschen Idealismus in d. Spätphilosophie Schellings", Kohlhammer 1955, S. 13
(3) Schulz,W.: „Einleitung zu „System des transzendentalen Idealismus"', Phil. Bib., F. Meiner, 1957, S. IX
(4) Heidegger, M.: „Identität und Differenz", G. Neske, 1957, S. 15
(5) Hartmann, N.: a. a. O. S. 111
(6) Heidegger, M.: „Über den Humanismus", Klostermann, 1949, S. 7
(7) Wittgenstein, L.: „Philos. Untersuchungen", Macmillan, 1968, S. 103. § 309
(8) Humboldt, W. v.: „Über d. Verschiedenheit d. menschl. Sprachbaues und ihren Einfluß anf d. geistige Entwicklung d. Menschengcschlechts", Sämtl. Werke. Akademie Ausg., Bd. 7, S. 201

あとがき

本書はヴィルヘルム・フォン・フンボルトの言語論をさまざまな視点から考察しようと試みたものである。骨子となっているのはいずれも既発表の論文であるが、発表の際、紙幅の関係で省略せざるを得なかったものや、発表以降に刊行された文献や資料を註記のかたちでできるだけ紹介することに努めた。

さてここで、フンボルトに筆者がいかにして出会い、その後、どのような形でフンボルトと関わってきたか、簡単に振り返ってみようと思う。筆者は西ドイツの公的な学術交流機関である〈アレキサンダー・フォン・フンボルト財団〉から奨学金を与えられ、一九五六―五八年、ハイデルベルク大学、および、テュービンゲン大学に留学する機会を得た。この財団は休暇のとき世界各国からの留学生や研究者を、西ドイツ一周の長期の研修旅行に招いてくれた。そして西ベルリンには数日滞在して各地を見学する機会に恵まれたが、そのときの見学先のひとつに、ベルリン郊外テーゲルの地にあるフンボルトの旧邸が含まれていた。しかし、当時はフンボルトについて余りにも無知だったので、折角の機会も生かす術がなかった。

フンボルトに筆者が強い関心を抱くようになったのは、留学から帰国した翌々年の一九六〇年のことである。刊行されたばかりのハイデガーの『言葉への途上』(*Unterwegs zur Sprache*)(一九五九)を手にし、その第六論文の「言葉への道」を読み、その主題となっているフンボルトの言語論に触れたハイデガーの所論に接したとき、あたかも天啓の如くフンボルトを研究しようという想いに駆られたのである。そして、言葉の問題がいかに深く大きな問題であるか、眼を開かれる思いがした。それから三十年余りの歳月を経て、ハイデガーのこの著書を邦訳して世に送ることができたのも奇縁といえよう。『言葉への途上』(ハイデッガー全集、第十二巻、亀山健吉、ヘルムート・グロス訳、創文社、一九九六)がそれである。そしてフンボルト研究の第一歩は、ハイデガーが言語研究史上最高の作品という折紙をつけた『カヴィ語研究序説』と取組むことであり、できればそれを翻訳することであると思うようになった。

一九七六年夏、〈フンボルト財団〉は、神学および哲学を専攻する、かつての留学生をルートヴィヒスブルクに招いて数日間にわたり、学会を開いた。筆者はその帰途ベルリンに赴き、ダーレムの「国立古文書館」でフンボルトの未刊のサンスクリット研究の草稿を発見したが、その後、ハイデルベルクを訪れて二十年前の留学生時代の想い出にひたったことがある。帰国する前夜、ハイデルベルク名所の塔のある古い石橋のたもとに佇んで、ネッカー川の流れを見ていたとき、すぐ近くの骨董店の看板をふと見ると、フンボルトという名前が目についた。フンボルトという姓は滅多にあるものではない。ちょうどその頃発表されたばかりのソール・ベローの長篇小説『フンボルトの贈り物』以外見たことがないほどである。その店の主人に会い、ヴィルヘルム・フォン・フンボルトの縁戚かどうか尋ねると、その主人は、フンボルトの次男テオドールの直系の子孫であると答えた。同氏はドイツが東西に分割されてからは、東ドイツに住んでいたが(フンボルト家の所有地は東側に帰属していた)、最近になって苦労して西側に移ってきたと話してくれた。

フンボルトの『カヴィ語研究序説』の翻訳作業は、原典批判に多くの時間が割かれたため、遅々として進まなかったが、その間に集めた資料を整理している間に、いつの間にか一冊のフンボルトの小さな評伝ができ上ってしまった。それが一九七八年に刊行された『フンボルト　文人・政治家・言語学者』(中公新書)である。

一九八〇年春から、一年間、西ベルリンの国立図書館で研究生活を送ったときは、毎日がフンボルトの手稿との対決であった。そして、何回となくテーゲルの旧邸を訪れてはフンボルト在世当時の生活を偲んだものである。

一九八四年の暮、『カヴィ語研究序説』はやっと出版された。翻訳を決意してからいつのまにか二十年近い年月が経ったことになる。そして、刊行に当っては、「フンボルトの日本語研究」という附録論文を添えた。

一九八五年夏には、ボストン公共図書館を訪れ、フンボルトがボストン在住の学者ピッケリングにベルリンから送った仏文の手紙十三通の実物と、ピッケリングの英文の返書二十一通のコピーを見ることができた。二人のすぐれた学者が大西洋を隔てて、誠実に知見を交わし合った事実を目の当りにして、その学問的情熱にはただただ感動し敬服するほかはなかった。

一九九〇年の春、東西ドイツの統一が緒についたので、それまでは手続が厄介なため行きそびれていた旧東ドイツを訪れてみた。ドイツ古典主義の活動の舞台となったイェナ、ヴァイマル、ライプチヒを歴訪し、エルフルトにも足を伸した。フンボルトの妻カロリーネの生家、ダッヘレーデン侯の旧邸を見るためである。ゲーテも訪れたというその邸は、門も前庭もなく、大通りに直接面した大きな建物であるが、当時改装中で、やがて市立の美術館になるとのことであった。

一九九五年五月八日、ベルリンのアカデミーにおいて筆者がフンボルトの日本語研究について発表し、その後質疑応答が行われた直後のことである。アカデミー周辺の建物すべての屋根には突如として狙撃兵が多数配置され、アカデミーとシラーの銅像のある広場を隔てて立っているオペラ劇場の周辺や道路という道路は、すべて軍隊で一杯になった。その騒音とものものしさとで学会は暫時休憩のやむなきに至った。これはドイツの降服五十周年の記念日で、オペラ劇場にはフランスのミッテラン大統領、イギリスのメジャー首相、アメリカのゴア副大統領、ドイツのヘルツォーク大統領、コール首相などが数多くの随員とともにこの劇場に集い、式典が開かれたからであった。この緊迫した雰囲気で想い出したのは、一九八〇年の夏、当時の西ベルリンの国立図書館でフンボルトのグリム宛て書翰の解読に励んでいた頃のことである。ある夜半、住居が轟音とともに地震のように揺れて眼を覚した。窓を開けて大通りを見下すと、西ベルリンの中心部に向う巨大な戦車と砲車が道路を埋め尽くしていた。ポーランドのグダンスクの造船所で起った労働運動が東ヨーロッパに蔓延する気配を見せ、それがNATOとワルシャワ条約加盟国との軍事的緊張をもたらしたからである。西ベルリンは当時法的には英米仏の占領下にあったため、この三か国の数万の軍隊が一斉にベルリンの壁の内側に展開したのであった。

国境という実感のないまま一億を超える同胞が同じ言葉を語っている我々日本人と、多くの国境に阻まれ、異なった言葉を語っているヨーロッパ人の生活感情の違いを、痛いほど感じさせられたことを思い出したのである。

さて、フンボルトの作品の中でも、『カヴィ語研究序説』は最近一九九八年には、ドイツで詳しい註とともに新しく刊行されているし、一九八八年には『序説』の新しい英語訳がアメリカで出版されている。一九八〇年代の半ばには『序説』を含み数多くのフンボルトの労作がロシア語に訳されてもいる。言葉の問題という人間の本質に最も深く関わっている主題を、根本的に考えようとすれば、いかなる時代にあっても、フンボルトの言語論を振り返る要があることをこれらの事実は示しているように思われてならないのである。

最後になってしまったが、本書の刊行が可能になったのは、文部省の一九九九（平成十一）年度科学研究費補助金「研究成果公開促進費」の助成を受けたお蔭である。篤く御礼申し上げる次第である。

また、本書の編集・出版に当っては、法政大学出版局、とくに前編集長の稲義人氏、現編集長の平川俊彦氏、および本書のみならず、フンボルトの訳書『言語と精神――カヴィ語研究序説』のとき以来お世話になっている担当の藤田信行氏には深甚なる謝意を表したいと思う。

一九九九年十二月

東京にて

亀山健吉

初出一覧

第一章　ヴィルヘルム・フォン・フンボルト――その生涯と活動
『ゲーテ年鑑24』（「ゲーテ歿後百五十年特集―ゲーテ時代のドイツ人たち―」）、日本ゲーテ協会、南江堂、一九八二

第二章　フンボルトにおける言語比較の方法
『理想539』（「比較研究の反省」）、理想社、一九七八

第三章　フンボルトとヤーコプ・グリムの学的交流
『日本女子大学文学部紀要31』（「創立八十周年記念号」）、一九八一

第四章　フンボルトとマルティン・ハイデガー
『実存主義77』（「ハイデガー追悼号」）、以文社、一九七六

第五章　言語の民俗性研究の系譜――ヘルダー、フンボルト、ヴァイスゲルバー
『言語と倫理』（日本倫理学会論叢）、理想社、一九七一

第六章　フンボルトの日本語研究
『フンボルト　言語と精神―カヴィ語研究序説』附録論文、法政大学出版局、一九八四

第七章　ドイツ観念論哲学における言語の問題――シェリングの場合
『実存主義71』（シェリング生誕二〇〇年記念号）、以文社、一九七五

著者紹介

亀山健吉（かめやま　けんきち）

1922年生まれ．1948年東京大学文学部倫理学科卒業．1950-51年ガリオア留学生としてクレアモント大学院に留学．56-58年 A. v. フンボルト財団留学生としてハイデルベルク大学，テュービンゲン大学に留学．日本女子大学教授，城西国際大学教授を経て日本女子大学名誉教授．著書：『フンボルト』（中公新書）．訳書：ヴィルヘルム・フォン・フンボルト『言語と精神――カヴィ語研究序説』（法政大学出版局，第21回日本翻訳出版文化賞受賞），G. スタイナー『バベルの後に（上・下）』（同），マルティン・ハイデッガー『言葉への途上』（全集第12巻，創文社）．

言葉と世界
ヴィルヘルム・フォン・フンボルト研究

2000年 2 月29日　初版第 1 刷発行
2012年 5 月15日　　　第 2 刷発行

著　者　亀　山　健　吉

発行所　財団法人法政大学出版局

〒102-0073 東京都千代田区九段北 3-2-7
電話 03（5214）5540／振替 00160-6-95814
製版・印刷／三和印刷　製本／誠製本

ISBN 978-4-588-15035-7

フンボルト 著／亀山健吉 訳 ●第21回日本翻訳出版文化賞受賞

言語と精神 カヴィ語研究序説

《ギリシア以来今日にいたるまでの、西洋における言語研究の最高峰であり、すべての言語論や言語哲学を陰に陽に規定している古典的労作》、とハイデガーをして絶賛させた、フンボルトの大著『ジャワ島におけるカヴィ語について』の「序説」の全訳。

オンデマンド版／706頁／20000円

バベルの後に 上・下 言葉と翻訳の諸相　G・スタイナー著／亀山健吉訳　(上)5000円 (下)6000円

解決志向の言語学 言葉はもともと魔法だった　S・ド・シェイザー著／長谷川啓三監訳　4600円

ソシュール講義録注解　F・ド・ソシュール著／前田英樹訳・注　2700円

ロゴスとことば 言語・詩学・聖書解釈　S・プリケット著／小野功生訳　5200円

言葉の暴力 「よけいなもの」の言語学　J–J・ルセルクル著／岸正樹訳　5200円

意味と世界 言語哲学論考　野本和幸著　6800円

法政大学出版局刊
（表示価格は税別です）